ein Ullstein Buch

Von Rex Stout
liegen in der Reihe
der Ullstein Bücher vor:

Die goldenen Spinnen (797)
Vor Mitternacht (816)
P. H. antwortet nicht (839)
Die Champagnerparty (859)
Der Schein trügt (879)
Das Plagiat (911)
Zu viele Klienten (933)
Erstens kommt es anders ... (961)
Gift à la carte (972)
Schwarze Orchideen (991)
Tod eines Dämons (1003)
Morde jetzt – zahle später (1100)
Wenn Licht ins Dunkel fällt (1138)
Leiche in bestem Verhältnis (1140)
per Adresse Mörder X (1167)
Die Sünden der Väter (1209)
Blutige Blaubeeren (1308)
Das große Fragezeichen (1326)

William S. Baring-Gould

Nero Wolfe
35th Street West, New York City

ein Ullstein Buch

Ullstein Buch Nr. 2861
im Verlag Ullstein GmbH,
Frankfurt/M – Berlin – Wien
Amerikanischer Originaltitel
»Nero Wolfe of West Thirty-fifth Street«
Übersetzt von Renate Steinbach

Erstmalig in deutscher Sprache

Umschlagentwurf: Dorland – Berlin

Printed in Germany 1972
Gesamtherstellung:
Augsburger Druck- und
Verlagshaus GmbH
ISBN 3 548 02861 6

INHALT

Vorwort

»Wenn es mir keinen Spaß machen würde,
Bücher zu schreiben, würde es niemandem
Spaß machen, sie zu lesen.«

Rex Stout

In New York City werden jährlich etwa 600 Morde verübt (1965 waren es 634, im Jahr davor 637), und nach Nero Wolfes Ansicht würde, ohne sein Eingreifen, von drei Fällen des Morddezernats jeweils einer unaufgeklärt bleiben.

Er sagt von Inspektor Cramer, dem Leiter des Morddezernats: »Er ist ein ausgezeichneter Mann. In neun von zehn Fällen wären seine Dienste wertvoller als meine. Um nur einige Punkte zu erwähnen: ich muß regelmäßige Zeiten einhalten; ich könnte nirgends auch nur passabel arbeiten, wo nicht stets richtig gekühltes Bier greifbar ist; und ich kann nicht schnell laufen. Wenn ich zu einer außergewöhnlichen physischen Anstrengung, wie etwa in meinem Büro eine Schlange zu töten, gezwungen werde, bin ich danach tagelang hungrig.«

Das *P. S. Magazin* bezeichnete, nach einem Interview mit Rex Stout, dem selbsternannten »literarischen Agenten« von Archie Goodwin, in der Augustnummer 1966 Nero Wolfe als »einen der überzeugendsten und ganz bestimmt den liebenswertesten aller Romandetektive seit Sherlock Holmes«.

»Wie bei Holmes«, so fuhr *P. S.* fort, »fühlt der Leser, daß er Wolfe persönlich kennt, und wie im Fall der Baker Street 221 B braucht er nur die Augen zu schließen, um das Büro in Wolfes altem Braunsteinhaus vor sich zu sehen.«

In zweiundvierzig Bänden über einundvierzig Jahre hinweg hat Nero Wolfe kühl bis ans Herz hinan und immer erfolgreich einem ehrfurchteinflößenden Aufgebot von Mördern die Spitze geboten. (Der Autor schreibt im Winter und rechnet pro Buch fünfunddreißig bis vierzig Tage. Vorher veröffentlichte Wolfe-Archie-Abenteuer wurden in fünf Sammelbänden zusammengefaßt.)

Niemand weiß genau, wie viele Exemplare von Archies Berichten, broschiert und gebunden, in den Vereinigten Staaten und in Übersee verkauft worden sind, doch sind seine Bewunderer ebenso zahllos wie über die ganze Welt verbreitet. »Haben Sie jemals eine Nero-

Wolfe-Story in singhalesisch gedruckt gesehen? Wow!« sagte Rex Stout einmal.
Mr. Stout bekommt pro Woche durchschnittlich sechzig Briefe von begeisterten Lesern. Wenigstens verhielt es sich so, bis die Viking Press im Jahr 1965 »Per Adresse Mörder X« herausbrachte; seitdem hat sich die Zahl der Verehrerpost verdreifacht. Er mußte einen Grundriß vom Erdgeschoß von Wolfes Haus entwerfen, weil so viele Leute bei ihm anfragten, wie das Erdgeschoß wirklich aussähe.
Er wurde in Hunderten von Briefen gebeten, ein Nero-Wolfe-Kochbuch zu schreiben. »Ich hab's abgelehnt, weil es zu verdammt viel Arbeit macht. Aber drei Redakteure für Ernährungsfragen und ein professioneller Lebensmittelspezialist schreiben gerade eins für die Viking Press.« Stout wird den Text genehmigen und dann ein kurzes Vorwort schreiben. Vielleicht sollte an dieser Stelle darauf hingewiesen werden, daß Stout, mit der Unterstützung einer alten Freundin, der verstorbenen Sheila Hibben, langjährige Ernährungsexpertin beim New Yorker, sämtliche in den Abenteuern erwähnten Gerichte selbst »mindestens zwei- oder dreimal« zubereitet hat.
Archie Goodwins erster Bericht über eine Nero-Wolfe-Aktion war ›Die Lanzenschlange‹, in Buchform (er war vorher in Fortsetzungen in der ›Saturday Evening Post‹ erschienen) im Jahr 1934 veröffentlicht; er ist Nummer 131 in der Howard Haycraft — Ellery Queen Definitive Library of Detective-Crime-Mystery Fiction Liste; Archies zweiter Bericht, ›Die Liga der furchtsamen Männer‹, 1935 in Buchform veröffentlicht, ist Nummer 132 derselben Liste.
Was nun die Gestalt des gewichtigen knurrigen Privatdetektivs Nero Wolfe anbelangt, so würden wir wohl gern fragen: Hat Rex Stout dabei an ein lebendes Vorbild gedacht? Nun, Alexander Woollcott behauptete bis zu seinem Tod, er wäre das Modell gewesen. Aber Rex Stout hat gesagt: »Bei der Schilderung von Charakteren in meinen Kurzgeschichten oder Romanen habe ich nie an lebende Personen gedacht. Ich sage nicht, daß es nicht eine gute Idee wäre. Ich tue es eben nicht.« Nero Wolfe ist eine einzigartige Persönlichkeit, weil sein Schöpfer eine einzigartige Persönlichkeit ist. Wie Alva Johnston es einmal ausgedrückt hat: »Nero Wolfe ist sonderbar und ein bißchen grotesk, weil er alle menschlichen Schwächen und Wunderlichkeiten in sich vereint . . . Der fette Detektiv . . . wird gespeist von den mannigfaltigen Erfahrungen des Autors.«
In Wirklichkeit jedoch ist Respektlosigkeit einer der wenigen Züge, die Rex Stout und Nero Wolfe miteinander gemein haben. Wolfe ist

reizbar und zieht eine sitzende Lebensweise vor; Stout ist beweglich und umgänglich; Wolfe ist ein Kenner guter Küche und ein Gourmet; Stout mag gutes Essen und kocht es selbst; wird aber ein Paar Wiener nicht zurückweisen. Wolfe verläßt selten das Haus; Stout ging mit neunzehn Jahren aus Kansas fort und trieb sich jahrelang in der Welt herum, bevor er mit dem Schreiben Ernst machte. Physisch hat Stout nicht die mindeste Ähnlichkeit mit seinem Geschöpf. Nero wiegt eine Siebenteltonne, und seine Faulheit ist notorisch; Stout hält seit Jahren dürftige 150 Pfund und besitzt die Energie eines Zugpferds. Nero ist glattrasiert; Stout trägt einen Bart, der mal von einem Schreiber der ›New York Post‹ als »ein nichtssagendes Etwas« beschrieben wurde, »das aussieht, als hätte er es einem Ziegenbock oder womöglich G. B. Shaw gestohlen«. Nero ist ein überzeugter Weiberfeind; Stout hängt an seiner Frau Pola, einer Modezeichnerin, und hat ein Auge für hübsche Mädchen; er und Pola haben zwei verheiratete Töchter, Barbara und Rebecca. Nero ist ein eingefleischter Stubenhocker; Stout hat Spaß am Angeln und an Wanderungen über Land oder durch Großstadtstraßen.

Mit der Ähnlichkeit zwischen Stout und Nero sieht es jedoch besser aus, wenn man ihre intellektuellen Eigenschaften betrachtet: Beide sind furchtbare Gegner in einem Disput; beide scheuen nicht vor irregulären Mitteln zurück, um zu beweisen, daß sie recht haben. Ferner gleichen sich auch beider Hobbies. Nero ist besessen von Orchideen; Stout hat auf landwirtschaftlichen Ausstellungen Preise für seine Riesenkürbisse und Erdbeeren eingeheimst. Sein Garten quillt über von Obst, Gemüse und Blumen (in einem Jahr vernichtete Rotwild fünftausend Tulpen); sein Haus enthält dreihundert Grünpflanzen, und von der Decke seiner Garage hängen zahllose Flaschenkürbisse.

»Ich liebe Bücher, gutes Essen, Musik, den Schlaf, Leute, die arbeiten, hitzige Debatten, die Vereinigten Staaten von Amerika, und meine Frau und meine Kinder«, sagte einmal der Autor der Nero-Wolfe-Detektivgeschichten und fügte dann hinzu: »Ich verabscheue Politiker, Prediger, feine Leute, Menschen, die nicht arbeiten oder Urlaub machen, beschränkte Geister, Film und Fernsehen, Lärm und Speichelleckerei.«

Es wird oft gefragt, warum Nero Wolfe und Archie Goodwin nicht häufiger im Film erscheinen und bisher noch nie im Fernsehen aufgetreten sind[1]. Der Grund ist einfach der, daß Rex Stout die von ihm geschaffenen Charaktere ins Herz geschlossen hat; er selbst hat weder Zeit noch Lust, die Drehbücher zu schreiben und will andererseits nicht zulassen, daß jemand anders seine Romane ›bearbeitet‹ oder, was noch schlimmer wäre, neue Abenteuer von Wolfe und Archie fürs Fernsehen verfaßt. Hinzu kommt die Tatsache, daß er nicht immer hundertprozentig begeistert war von den Darstellern, die Wolfe und Archie im Film verkörpert haben (Lionel Stander, an sich ein guter Schauspieler, war in der Rolle des Archie Goodwin eine absolute Fehlbesetzung).

Rex Todhunter Stout ist am 1. Dezember 1886 in Noblesville, Indiana, geboren[2]. Er war eines von neun Kindern. Ein Wunderkind, hatte er im Alter von drei Jahren bereits zweimal die Bibel durchgelesen und sich vor seinem zehnten Lebensjahr an die zwölfhundert Bände Geschichte, Biographien, Romane, Philosophie, Wissenschaft und Gedichte aus der Bibliothek seines Vaters John Wallace Stout, eines Quäkers und Lehrers, einverleibt. Seine Lieblingslektüre war damals Bacon und Macaulay.

Als er ein Jahr alt war, übersiedelte sein Vater nach Topeka, Kansas, weil er »von der Politik in Indiana die Nase voll hatte«. Rex besuchte die dortigen öffentlichen Schulen und war mit dreizehn Sieger in einem staatlichen Rechtschreibewettbewerb. Mit achtzehn ging er zur Marine, wo er schließlich einen guten Posten als Verwaltungsunteroffizier an Bord der ›Mayflower‹, der Jacht von Präsident Theodore Roosevelt, ergatterte; er behielt den Posten, bis er 1908 aus der Marine austrat.

Wieder sein eigener Herr, beantwortete der junge Mann Stellenangebote in New York City. Für die königliche Summe von 18 Dollar wöchentlich wurde er von der ›Pharmaceutical Era and Soda Fountain‹ als Buchhalter eingestellt; es war ein kurzlebiger Job, denn die Geschäftsleitung kam bald dahinter, daß ihr Angestellter nebenbei als Anzeigenwerber arbeitete. Auf seinen Streifzügen überland als wandernder Buchhalter versuchte sich Stout auch als Zigarrenverkäufer in Cleveland, als Reisender in indianischen Korbwaren in Albu-

[1] Das deutsche Fernsehen brachte in nicht allzu geglückter Besetzung eine Verfilmung des Romans »Zu viele Köche«.

[2] Das Folgende sowie manches Vorangegangene stützt sich, mit Erlaubnis, vielfach auf »Rex Stout: Eine biographische Notiz« von J. I. C., erstmals veröffentlicht in ›A Birthday Tribute to Rex Stout‹ (New York: The Viking Press, 1965).

querque, als Führer zu den Indianerpueblos bei Santa Fé, als Kundenfänger für eine Stadtrundfahrt in Colorado Springs, als Verkäufer in Buchhandlungen in Chicago, Indianapolis und Milwaukee und Stallknecht in New York. Insgesamt brachte er es auf dreißig Jobs in vier Jahren.

In dieser Zeitspanne stieg Stout nur ein einziges Mal und mit erstaunlichem Erfolg in den Journalismus ein: er schrieb einen Artikel, in dem er die Innenhandabdrücke von William Howard Taft, dem damaligen republikanischen Präsidentschaftskandidaten, und von Tom L. Johnson, einem prominenten Demokraten, analysierte, und verkaufte ihn für 200 Dollar an die ›New York World‹.

1912 beschloß Rex Stout für Zeitschriften zu schreiben und produzierte — und verkaufte — bis 1916 Manuskripte am laufenden Band für ›Munseys‹ und andere zeitgenössische Magazine. Geld wurde bei ihm nicht alt; er gab es so schnell aus wie er es verdiente. In dem Wunsche, sich durch ein hinreichend dickes finanzielles Polster die Muße für ernsthafte schriftstellerische Arbeit zu verschaffen — die projektierte Summe von 200 000 Dollar erhöhte er später auf 400 000 Dollar —, rief er das Schulsparsystem ins Leben. Es wurde in vierhundert großen und mittleren Städten des ganzen Landes eingerichtet, und in jeder Schule, die den Spartag einführte, pflegte Stout den Schülern die Vorteile des Sparens zu erklären. Bei seinen Bemühungen, die amerikanische Jugend zur Sparsamkeit zu bekehren, stieß er nur einmal auf unbeugsamen Widerstand: Ein renitenter Knabe aus Pittsburgh behauptete eisern, »wenn man einen Dollar in die Bank tut, sieht man ihn nie wieder«.

In den zwanziger Jahren entwickelte sich das Sparsystem so kräftig, daß Stout sich einige Reisen gönnen konnte. Mehrere Jahre lang ging er im Sommer nach Montana und zog mit dreißig Packpferden und zwei Cowboys in die Rocky Mountains, wo er drei Monate über angelte, las und wanderte; bei einem dieser Ausflüge legte er sich seinen Bart zu. In dem gleichen Jahrzehnt reiste er durch Europa. Er ging einmal 180 Meilen zu Fuß, um sich die Thermopylen anzusehen. Aber Karthago beeindruckte ihn am meisten. »Da waren keine Ruinen«, erinnert er sich, »bloß eine wunderschöne Wiese mit gelben Blumen.« Stout lebte auch zwei Jahre lang in Frankreich, obwohl er es ablehnt, jenen Amerikanern zugerechnet zu werden, die Paris in jener Epoche als freiwilliges Exil betrachteten; er sieht sich lieber in der Rolle eines Globetrotters, der sich ihnen für ein, zwei Jahre anschloß.

1927, als er genügend Geld angesammelt hatte, zog sich Stout aus der Welt der Finanzen zurück und begann wieder zu schreiben. Sein erster Roman ›How Like a God‹ erschien 1929; ihm folgten vier weitere Unterhaltungsromane. »Sie wurden alle gut aufgenommen«, erinnert er sich, »aber ich entdeckte zwei Dinge: ich war ein guter Geschichtenerzähler, und ich würde nie ein großer Schriftsteller werden.«
Sein erster Kriminalroman ›Die Lanzenschlange‹ (1934) war ein solcher Erfolg, daß Stout diese Literaturgattung gar nicht mehr hätte verlassen können, selbst wenn er es gewollt hätte. Und er wollte es nicht. »Eine der drei besten Detektiverzählungen der Welt zu schreiben, könnte meine Seele ebensosehr befriedigen wie alles, was ich mir sonst vorstellen kann«, sagte er einmal.
Nach Stouts Auffassung »erwähnt das letzte Dutzend Bücher, das ich durchgeblättert habe und das sich mit englischsprachiger Literatur des vergangenen Jahrhunderts befaßt, kaum je das Buch, das ich von allen Büchern des letzten Jahrhunderts am liebsten selbst geschrieben hätte, ›Alice im Wunderland‹«. An zweiter Stelle kommt ›Die sieben Säulen der Weisheit‹ von T. E. Lawrence (Sie werden in unserem Text feststellen, daß Wolfe es dreimal gelesen hat).
Auf dem Gebiet der Kriminal-Detektiv-Literatur hält Stout Dashiell Hammetts ›Der Malteser Falke‹ für »den besten Detektivroman, der in unserem Jahrhundert geschrieben wurde«. Was Spionageromane anlangt, so mag er ein oder zwei von Graham Greene. ›Der Spion, der aus der Kälte kam‹ »und mindestens ein halbes Dutzend anderer Spionagegeschichten sind so gut erzählt, daß man ihresgleichen nicht so leicht findet. Aber es sind keine Detektivgeschichten.«
Stout betrachtet auch den verstorbenen Ian Fleming als guten Geschichtenerzähler, doch wies er Flemings Vorschlag zurück, daß M. James Bond, Nero Wolfe und Archie Goodwin zusammen in ein und demselben Roman auftreten sollten. »Bond hätte sich alle Mädchen geschnappt«, gesteht Stout bedauernd.
Natürlich hegt Stout, wie allgemein bekannt, eine grenzenlose Bewunderung für den verstorbenen Sir Arthur Conan Doyle. Er ist langjähriges Mitglied der Baker Street Irregulars, jener kauzigen, aber durch und durch liebenswerten Gruppe von Holmes Enthusiasten. Er ist seit mehr Jahren, als die meisten Mitglieder sich erinnern können, bei ihren jährlich stattfindenden Festessen Toastmaster gewesen, und er ist der Autor einer bis dato unerreichten Münchhausiade in Holmesscher Manier, einer ›unbedeutenden Abhandlung‹

mit dem Titel ›Watson war eine Frau‹. Sie enthält ein Akrostichon, in dem die Anfangsbuchstaben von elf Holmesschen Abenteuern den Namen IRENE WATSON ergeben. (Irene Adler war für Sherlock Holmes immer die Frau schlechthin.) Stout argumentierte, daß sie Mrs. Sherlock Holmes wurde, auch bekannt als der absolut fiktive ›John Hamish Watson, Doktor der Medizin‹. Beim Festessen der BSI im darauffolgenden Jahr legte Dr. Julian Wolff – kein Verwandter von Nero außer in punkto Korpulenz – seinen Aufsatz: ›Das war keine Dame‹ vor; das darin enthaltene Akrostichon lautete: NUTS TO REX STOUT!

Stouts vorherrschende Lektüre besteht mindestens zur Hälfte aus Büchern, die er schon mal gelesen hat – Sherlock Holmes natürlich und die Sonette von Shakespeare, die er auswendig gelernt hat und als das nahezu vollkommenste Beispiel für die Anwendung der englischen Sprache betrachtet. Yeats ist, seinem Gefühl nach, der einzige Dichter unseres Jahrhunderts, dem man das Attribut ›groß‹ zubilligen kann. »Was ich am meisten bedauere«, gesteht er, »ist, daß ich einige klassische Werke – beispielsweise ›Krieg und Frieden‹ – nicht in der Originalsprache zu lesen vermag.« Der deutschen Literatur wirft er vor, daß sie keine wirklichen Menschen sondern nur stereotype Figuren enthält. Er äußerte diese seine Meinung einmal gegenüber dem höchst verblüfften Thomas Mann, der von seiner Tochter mit den Worten getröstet wurde: »Das macht nichts, Vater. Du bist ja zur Hälfte Brasilianer.«

Stout hat ›Double for Death‹[1] als die beste Detektiverzählung, die er je geschrieben hat, bezeichnet. »Weil einfach alles so glatt aufzugehen schien. Mit Gewalt läßt sich das natürlich bei jeder Geschichte erreichen, aber der Leser merkt es immer, wenn man die Dinge zurechtbiegt. Sobald jedoch die Dinge in einer Geschichte gut vorankommen und zwanglos und ohne Kniffe zusammenpassen – na, und so ist es mir bei ›Double for Death‹ ergangen.«

Die Tätigkeit von Nero Wolfe und Archie Goodwin wurde im Jahr 1940 unterbrochen, als sich Stout in Wort und Schrift für die Vorbereitung und Beteiligung der Vereinigten Staaten am zweiten Weltkrieg und später für das Leih-Pacht- und das Rekrutierungsgesetz einsetzte. Er gab ein Buch ›The Illustrious Dunderheads‹ (Die erlauchten

[1] Kein Nero-Wolfe- sondern ein Tecumseh-Fox-Abenteuer. Zu der Serie gehören ferner: ›Die zerbrochene Vase‹, ›Schlecht fürs Geschäft‹. Stout schuf auch Alphabet Hicks (Roman gleichen Namens) und Dol Bonner (The Hand in the Glove), dem wir auf diesen Seiten noch begegnen werden.

Schwachköpfe) heraus, eine Analyse der Beschwichtigungspolitiker und Isolationisten im Kongreß. Während des Krieges war er Sprecher beim Rundfunkprogramm ›Speaking of Liberty‹ des Council of Democracy und Vorsitzender des Writers' War Board von 1941 bis 1946. Seit 1949 ist er Vorsitzender des Writers' Board for World Government. Von 1943 bis 1945 war er Präsident der Authors Guild. Er war ferner von 1951 bis 1955 Präsident der Authors League of America, von 1955 bis 1961 Vizepräsident und ist seit 1962 wiederum Präsident. Er wirkt außerdem bei Mystery Writers of America mit, deren Slogan lautet: »Verbrechen bringt nicht genug ein.« Vor kurzem hat er sich in Washington für eine Reform der amerikanischen Copyrightgesetze eingesetzt. Stout gehört auch zum Aufsichtsrat von Freedom House.
Die Berichterstattung über Wolfes Abenteuer wurde 1946 wieder aufgenommen mit der Veröffentlichung von ›The Silent Speaker‹, dem ersten Nero-Wolfe-Roman, der bei der Viking Press erschien.
1930 hatte Stout seine schriftstellerische Arbeit unterbrochen, um High Meadow zu bauen, ein einzigartiges Haus, das, unweit Brewster auf einem dreihundert Meter hohen Erdrücken gelegen, die Staatsgrenze zwischen Putnam County, New York, und Fairfield County, Connecticut, berührt. Man hat von dort oben einen phantastischen Blick. Auf einer Reise im Mittelmeergebiet hatte Stout den Palast des Beys von Tunis gesehen, und er beschloß, ihn als Modell für sein eigenes Haus zu benutzen. Das Ergebnis ist ein U-förmiger Betonbau mit vierzehn Räumen, die um einen Innenhof liegen. »Wir richteten keinen Eunuchenbrunnen ein«, erklärt er nachsichtig, »weil es hier in diesem Land nicht so viele Eunuchen gibt, daß es sich gelohnt hätte.«
Entschlossen, die bestmöglichen Baumaterialien und die besten Konstruktionsmethoden zu benutzen, machte sich Stout mit sämtlichen Bauabschnitten — vom Betonmischen bis zu den Schreinerarbeiten — vertraut und führte die Oberaufsicht oder legte sogar selbst mit Hand an.
»Ich arbeitete wie ein Wilder monatelang vierzehn Stunden am Tag«, erzählte er Sandra Schmidt in einem Interview für ›Life‹. »Ich hatte neun Männer und dreieinhalb Buben, die für mich arbeiteten, alles Amateure. Ein gelernter Bauunternehmer hätte über alles seine eigenen Vorstellungen gehabt, und ich wollte in meinem Haus meine Ideen verwirklichen.«
Wird die Detektiverzählung, wie Rex Stout sie schreibt, weiterbeste-

hen? »Das hängt ganz davon ab, ob es auch in Zukunft noch begabte Schriftsteller gibt, die diese Art Geschichten schreiben sollen«, sagt Stout. »Vor hundertsechzig Jahren behauptete jeder, das Petrarkische Sonett wäre tot, und dann kam Edna St. Vincent Millay daher und bewies, daß das Petrarkische Sonett nicht tot war. Jede Literaturgattung, jede Art der Gestaltung kann und wird weiterleben, wenn begabte Schreiber sich ihrer annehmen wollen.«

William S. Baring-Gould

Stonycroft
East Woods Road
Pound Ridge, New York
22. Januar 1967

Erster Teil: Personen

»Nero Wolfe zieht eine Schau auf, und wir gehören zur Besetzung.«
Archie Goodwin zu Clara Fox, ›Die Gummibande‹

»Ich bin kein Polizist. Ich bin ein Privatdetektiv. Ich spüre Verbrecher auf. Ich sammle Beweismaterial gegen sie. Ich sorge dafür, daß sie ins Gefängnis kommen oder einen Kopf kürzer gemacht werden. Aber alles nur gegen Bezahlung.«
Nero Wolfe zu Jerome Berin ›Zu viele Köche‹

»Ich habe keine Talente. Ich habe Genie oder gar nichts«, sagt Nero Wolfe gern von sich. »Aber alles Genie ist verzerrt«, bekennt er, »auch meines.«
Wolfe ist, seiner Meinung nach, außerdem »ein Philosoph«, »ein Künstler« und »ein geborener Schauspieler mit einer Schwäche für dramatische Erklärungen«. »Ich wurde als Romantiker geboren«, fügt er hinzu, »und ich werde nie davon geheilt werden.« Und abermals: »Ich brauche eine Menge Geld, und normalerweise werden meine Klienten geschröpft. Doch ich bin auch ein unverbesserlicher Romantiker.«
Unter anderem ist Wolfe auch ein Mann von Ehre, obwohl er das Wort nicht mag. »Es wurde zu oft von anrüchigen Menschen mißbraucht«, sagt er in ›Der rote Bulle‹, »und ist zu sehr besudelt worden.« »Ich verpfände sehr selten mein Wort, weil ich es notfalls mit meinem Leben einlösen würde«, erzählt er Howard Bronson in demselben Abenteuer. »Dem, was die Zunge versprochen hat, muß sich der Körper fügen«, sagt er in ›Zu viele Köche‹, wobei er vielleicht ein osteuropäisches Sprichwort zitiert. In ›Über meine Leiche‹ sagt er zu Rudolf Faber: »Ich kann Ihnen mein Wort geben, aber ich weiß, was es wert ist, und Sie nicht.« Und: »Niemand kann sagen, daß ich je mein Wort gebrochen hätte«, erklärt er in ›Per Adresse Mörder X‹.
Wolfe ist ferner bewundernswert frei von Vorurteilen; er verabscheut den Ausdruck »Nigger« und ersetzt ihn vorzugsweise durch »Afrikaner«. »In einer fortschrittlichen menschlichen Gesellschaft werden Unterschiede der Rasse, Hautfarbe oder Religion nicht mehr bestehen«, sagte er zu den Köchen, Kellnern und Pikkolos in Kanawha Spa in West Virginia.
Darüber hinaus betrachtet sich Wolfe als einen der »höchstens drei oder vier Männer in der Welt«, deren Entscheidungen auf Logik

und Vernunft beruhen – »und sogar uns muß man zuweilen auf die Finger schauen.«
Von seinem kolossalen Selbstgefühl abgesehen hat Wolfe nur einen einzigen ernst zu nehmenden Fehler, seine tiefeingewurzelte Trägheit, und er toleriert Archie und »bezahlt ihn sogar«, damit er ihm hilft, sein Phlegma zu überlisten.
Wolfes hervorstechendstes körperliches Merkmal ist natürlich seine enorme Korpulenz. Er ist – wir dürfen uns da nichts vormachen – *sehr* fett, obwohl er sich lieber als »gigantisch« bezeichnen läßt. In ›Zu viele Köche‹ sagt Archie von Wolfe, sein Gewicht »schwanke zwischen zweihundertfünfzig Pfund und einer Tonne«. »So weit mir bekannt, hatte er sich nie auf eine Waage gestellt«, fügt Archie hinzu, »und so konnte man sein Gewicht also nur schätzen. An jenem Abend schätzte ich besonders hoch und war drauf und dran, mich auf ein Minimum von dreihundertzehn Pfund festzulegen.« In ›Sie werden demnächst sterben‹ (1945) wiegt Wolfe, wie wir erfahren, zweihundertsechzig und einige Pfunde, in ›Zu viele Frauen‹ (1947) dreihundertvierzig, in ›Immune to Murder‹ (1951) zweihundertachtundsiebzig, in ›Ene Mene Mörder Mo‹ (1958) zweihundertsiebzig und in ›Erstens kommt es anders . . .‹ (1961) zweihundertfünfundachtzig Pfund.
Früher wurde sein Gewicht gelegentlich auf eine Sechsteltonne geschätzt, aber in den letzten Jahren scheint sich Archie ein für allemal auf »eine Siebenteltonne« festgelegt zu haben. Professor Jacques Barzun hat ganz richtig – in ›About Rex Stout‹ in ›A Birthday Tribute to Rex Stout‹ op. cit. – darauf hingewiesen, daß Archie nirgends erwähnt, ob es sich um eine englische oder amerikanische Tonne handelt. Bei einer englischen Tonne (2240 Pfund) würde Wolfe etwa dreihundertzwanzig, bei einer amerikanischen (2000 Pfund) etwa zweihundertsechsundachtzig Pfund wiegen.
»Ich habe mir das Fettpolster zugelegt«, erklärt Wolfe in ›Über meine Leiche‹, »um meine Gefühle zu isolieren. Sie waren zwei-, dreimal stärker als ich, und da verfiel ich auf die Idee. Wäre ich dünn und beweglich geblieben, dann wäre ich längst nicht mehr am Leben.«
Einmal, im Herbst 1935, setzte Wolfe es sich plötzlich in den Kopf, daß er zu dick wäre; Archie kam das ebenso unsinnig vor, »wie wenn der Atlantische Ozean sich plötzlich einbilden würde, daß er zu naß sei«. Infolgedessen erweiterte Wolfe seinen täglichen Stundenplan, und zwar von 15 Uhr 45 bis 16 Uhr, um einen neuen Programmpunkt.

Dabei ging es darum, Pfeile — Wolfe nannte sie »Wurfspieße« — nach einer 60 qcm großen korkbeschichteten Zielscheibe, auf die ein großer Kreis aufgemalt war, zu werfen. Ein kleinerer Innenkreis und sechsundzwanzig Radien teilten fast die gesamte Kreisfläche in zweiundfünfzig Sektoren. Auf jeden Kreisabschnitt war ein Symbol gemalt, und alle Symbole zusammengenommen ergaben ein Spiel Karten; das Schwarze im Zentrum war der Joker. Der Sinn des Ganzen war nun, sich drei oder vier Meter von der an der Wand hängenden Zielscheibe zu postieren, die Pfeile zu schleudern, bis man ein Pokerblatt zusammenhatte, wobei man für den Joker jeden beliebigen Wert einsetzen konnte. Innerhalb von zwei Monaten knöpfte Wolfe Archie über fünfundachtzig Dollar ab, indem er ihn bei einem Einsatz von 25 Cents je Spiel mit dem Joker und wilden Zweien übertrumpfte. Er wurde schließlich so gut, daß er von fünf Würfen zweimal den Joker traf.

Ungeachtet seiner Korpulenz bewegt sich Wolfe, ein hochgewachsener Mann von 1,80 Meter, mit gemächlicher Würde und nicht ohne Anmut; er soll sogar einmal aus einem Zimmer »stolziert« sein. Wenn Wolfe aus dem obersten Fach in seinem Büro ein Buch haben möchte, dann holt er sich eine Leiter, erklimmt sie und steigt wieder hinunter, ohne zu wackeln, geschweige denn hinunterzupurzeln. Und er kann, wenn es sein muß, sehr schlagfertig reagieren: Die Schnelligkeit und Vehemenz, mit der er Inspektor Ash eine Maulschelle verabreichte, war sogar für Archie eine echte Überraschung.

»Man weiß, daß er sich ungeschickt anstellen wird, und wartet förmlich darauf«, schreibt Archie in ›And Be A Villain‹, »aber, weiß der Kuckuck, man erwischt ihn nie dabei. Ehe man sich's versieht, steht er bei seinem Sessel oder wo er sonst hin wollte, und von Tapsigkeit konnte keine Rede sein. Alles ging glatt, ausgewogen und mustergültig über die Bühne.«

Wolfe wurde zumindesten einmal — von Mrs. Barry Rackham — ein »schöner Mann« genannt, und fraglos ist er mit seinem vollen länglichen Gesicht und seinem massigen, aber gut proportionierten Körper eine imposante Erscheinung. Sein braunes, inzwischen leicht ergrautes Haar ist stets sorgfältig geschnitten und gründlich gebürstet. (Wolfe pflegte einen Friseur namens Fletcher in der 28th Street aufzusuchen. Als sich Fletcher zur Ruhe setzte, wechselte Wolfe zu Ed Graboff, Archies Friseur, im Goldenrod Friseursalon auf der Lexington Avenue über. Da er Graboff nicht mochte, entschied er sich schließlich für einen Haarkünstler namens Jimmie Kirk im gleichen

Laden). Seine Zähne sind sehr weiß und glänzen. Er ist makellos sauber; wenn Archie von einem Auftrag zurückkehrt, fordert Wolfe ihn zuweilen auf, sich Gesicht und Hände zu waschen.
In punkto Bekleidung ist Wolfe konservativ, adrett und ausgesprochen etepetete; er kann nicht den kleinsten Fleck an sich vertragen. Er hat fast nie ein Taschentuch in der Brusttasche seines Jacketts, bildet sich aber stets ein, er hätte eins eingesteckt; Archie sorgt daher für einen ständigen Vorrat an Taschentüchern in einem Fach von Wolfes Schreibtisch.
Wolfe trägt grundsätzlich eine Weste, in der er eine große Uhr aus Platin zu verstauen pflegt; er hat jedoch nie Geld bei sich. Er wechselt zweimal am Tag das Hemd, und seine Oberhemden sind kanariengelb, seine Lieblingsfarbe. Auch seine seidenen Schlafanzüge sind gelb (man braucht zehn Meter Stoff für ein Paar), und er besitzt fünf gelbe Morgenröcke. Er trägt das ganze Jahr über eine Krawatte; 1938 beispielsweise bevorzugte er eine braune mit dunkelbraunen Streifen, ein Geschenk von Constanza Berin aus Paris. 1942, während der ›Not Quite Dead Enough‹-Affäre, trug er einen dunkelblauen Cheviotanzug mit Nadelstreifen, ein gelbes Oberhemd und eine dunkelblaue Krawatte — »wirklich picobello«, wie Archie bewundernd sagte.
Wenn Wolfe, was selten vorkommt, seine schützenden vier Wände verläßt, hüllt er sich im Winter in einen braunen oder grauen Mantel mit Pelzkragen, einen Schal, legt »Gamaschen« an und Handschuhe, setzt einen schwarzen Piratenhut aus Filz, Größe acht, auf und greift nach einem Spazierstock, vielleicht dem Rotdorn oder dem schweren Stock aus Apfelholz.
Von Zeit zu Zeit belebt sich Wolfes majestätisches Antlitz, zumindesten bis zu einem gewissen Grad, und dann kann der Eingeweihte folgende Seelenregungen von ihm ablesen:
Wenn Wolfe sich amüsiert, verzieht er ein klein wenig die Mundwinkel; er selbst hält das für ein Lächeln. Zu einem schallenden Lachen schwingt er sich nur einmal im Jahr auf; ein Außenseiter würde Wolfes Lachen eher ein Schnauben nennen, aber Archie kann eins vom anderen unterscheiden.
Wenn er Schmerzen hat, verzerrt sich der eine Mundwinkel.
Wenn er seine Zustimmung ausdrücken möchte, senkt er die Augenlider langsam und hebt sie wieder; zuweilen kratzt er sich auch am Ohr.
Wenn Wolfes Augen weit geöffnet sind, bedeutet das, daß er desin-

teressiert, verärgert oder schläfrig ist; bei fast geschlossenen Augen ist er überwach, auf alles gefaßt und am gefährlichsten.
Wenn Wolfe sich ernsthaft auf ein Problem konzentriert, stülpt er die Lippen vor und zurück, vor und zurück — eine völlig geräuschlose Prozedur, bei der ihn Archie nicht stören darf.
Wenn Wolfe sich »von seinen Gefühlen überwältigen läßt«, (und das geschieht heutzutage höchstens in Archies Gegenwart), dann »pfeift er sich eins« — das heißt, er spitzt die Lippen und stößt Luft aus, ohne einen Laut von sich zu geben.
Wolfe zieht häufig die Brauen hoch; gelegentlich vergißt er sich sogar so weit, daß er Archie zublinzelt. Selten — ganz selten — versteigt sich Wolfe dazu, symbolisch auszuspucken, wenn er etwas oder jemanden zutiefst verabscheut; Archie hat es während ihrer langjährigen Zusammenarbeit nur zweimal erlebt.
Wolfe verfügt auch über eine sehr charakteristische Gebärdensprache:
Kneift er sich in die Nase, dann ist er überzeugt davon, daß irgendein Verbrecher im Begriff ist, sich bis auf die Knochen zu blamieren; reibt er sich die Nase, dann ist das ein Zeichen dafür, daß er mit sich zufrieden ist.
Wenn Wolfe den Kopf vier Zentimeter oder weniger neigt, dann ist das eine Verbeugung.
Wenn er mit den Achseln zuckt, was er sehr oft tut, hebt er die Schultern um einen halben Zentimeter und senkt sie wieder.
Im Büro zeigt er sein Wohlbehagen, indem er sich im Sessel zurücklehnt und die Finger über der Leibesmitte verschränkt.
Wenn Wolfe sich aufregt — »sprachlos vor Wut ist« — malt er mit der Spitze seines rechten Zeigefingers Kringel auf die Schreibtischplatte oder die polierte Armlehne seines Sessels.
Manchmal hebt er den Arm und dreht die Hand um; das ist für ihn »eine ziemlich heftige Bewegung«.
Wolfe gebraucht seine Stimme wie ein Musikinstrument, was sie in hervorragendem Maß auch ist. Normalerweise klingt sie ruhig und gedämpft, sorglos und ungezwungen; Archie hat Wolfe in den letzten Jahren nicht mehr als dreimal brüllen hören. (Wenn Wolfe brüllt, würde er einen sprungbereiten Tiger bremsen.) Aber er kann seiner Stimme plötzlich und unerwartet Tiefe und Volumen geben; er kann schnurren, kann aber auch scharf wie mit einer Peitsche dazwischenfahren; seine Stimme kann sich seidenweich oder mißmutig anhören, barsch oder mild, trocken und angewidert und zuweilen sogar

mitfühlend. Manchmal schnarrt er auch. »Es war eine der wenigen verbürgten Gelegenheiten, wo ich seinen Tonfall ein Schnarren genannt hätte«, schreibt Archie in ›Über meine Leiche‹.

Wenn Wolfe Archie irgendwelche Aufschlüsse gibt, spricht er leise und dehnt die Worte. Möchte er etwas besonders nachdrücklich hervorheben, dann bewegt er den Zeigefinger mehrmals hin und her und bedient sich »seiner Spezialstimme«; er traktierte Archie damit bei ihrer ersten Begegnung, und sie flößte Archie das Gefühl ein, »als könnte Wolfe, wenn er's darauf anlegt, einem den Kopf absäbeln, ohne auch nur die Hand zu heben«. Wolfe verfügt über ein reichhaltiges Modulationsregister: einen Kommandoton, einen Von-Mann-zu-Mann-Ton, einen beiläufigen Ton, der besagen will: »Aufgepaßt, gleich knallt's.« Er kann sarkastisch näseln, was er aber sehr selten tut, und so zuckersüß daherreden, daß Archie ihm am liebsten einen Tritt geben würde. Wolfe grunzt sehr oft, und Archie hat die Grunzlaute klassifiziert: Grunzlaut Nummer drei bedeutet, daß ihm irgend etwas mißfällt. Ganz selten schmunzelt Wolfe hörbar, aber Archie ist es nach all den Jahren noch nicht gelungen, die Ursache dieser Freudenkundgebung zu ergründen.

Wolfe formuliert äußerst sorgfältig – er wird bei Menschen, die wenigstens in dieser so wichtigen Sache wie er denken, immer ein Auge zudrücken – und er besteht darauf, daß auch die Personen in seiner unmittelbaren Umgebung mit der Sprache sorgsam umgehen. Er hat Archie streng verboten, die Worte »lausig« oder »unquote« zu verwenden, und er mag es gar nicht, wenn Archie ihn »Boß« nennt. Er selbst spricht Archie mit »Archie« an – und mit »Mr. Goodwin« immer nur dann, wenn Klienten dabei sind oder wenn Archie ihm über die Maßen auf die Nerven fällt.

Wolfe haßt Slangausdrücke wie »Ad« für Annonce oder »Flimmerkiste«, und er sieht rot, wenn jemand das Substantiv »Kontakt« als Verb benutzt. Als Archie sich mal dagegen auflehnte und behauptete »contact« wäre ein Verb, egal, ob transitiv oder intransitiv, da erwiderte Wolfe: »Unter meinem Dach ist es kein Verb.«

»Archie«, sagt Wolfe in ›Der rote Bulle‹, »holen Sie das Lexikon und schauen Sie nach, was das Wort ›spirituell‹ bedeutet.« Und in demselben Abenteuer warnt er Frederick Pratt davor, Lily Rowan als »Dirne« zu bezeichnen. »Eine Dirne nimmt Geld«, erklärt Wolfe.

Wolfe ist platt, als Archie ihn in ›Zu viele Köche‹ mit »großer Werowance« anredet. »Mit einem Wort, das er nicht kennt, kann man ihn immer fangen«, sagt Archie schadenfroh.

»Ich verabscheue Clichés«, sagt Wolfe in ›Der Schwarze Berg‹, »besonders solche, die von Faschisten und Kommunisten korrumpiert wurden. Solche Phrasen wie ›unsere große und edle Sache‹ oder ›die Frucht unserer Arbeit‹ stinken zum Himmel, seit Hitler und Stalin und das ganze Geschmeiß damit hausieren gegangen sind.«
Wie wir alle hat Wolfe seine Lieblingsworte, Leibsprüche und bevorzugten Redefiguren. Von den Wörtern sind viele ungewöhnlich und einige abstrus. Es folgen einige Beispiele:

Acarpus
Apodictical
Caracoles
Chit
Chouse
Churlish
Contumelious
Dysgenic
Egregious
Excoriate
Flummery
Gibbosity
Gullery
Intrigante
Obreptitious
Plerophory
Puerile
Quibble (ein besonderer Liebling)
Rodomontade
Springe
Subdolous
Twaddle
Usufructs
Witling

Noch ein sehr beliebtes Wort ist »zufriedenstellend«. Wenn Archie einen Auftrag über Erwarten gut durchgeführt oder wenn sich Fritz Brenner, Wolfes Küchenchef und Faktotum, bei einem komplizierten Gericht selbst übertroffen hat, dann versteigt sich Wolfe zu einem »zufriedenstellend«, einem Lob, das kaum noch überboten werden kann. »Sehr zufriedenstellend« ist für ihn buchstäblich der Gipfel der Extravaganz.
In Momenten starker Anspannung sagt Wolfe gern zu Archie: »Sie stören mich« oder »Sie drangsalieren mich« oder »Sie gehen mir auf die Nerven« oder »Ich lasse mich nicht erpressen« oder »Hören Sie auf, mich zu triezen« (aber gerade dafür wird Archie ja bezahlt).
Einer von Wolfes Kernsätzen lautet: »Eine Ameise kommt auf jeder Speiche zum Mittelpunkt«, aber er gebraucht noch viele andere:
»Der Groschen rollt meist in den dunkelsten Winkel.«
»Frösche können nicht fliegen.«
»Wir suchen eine Wiese nach einem Senfkorn ab.«
»Der Teufel wird seine Hörner auf dein Kissen legen.«
»Wir hängen unsere Wäsche erst auf die Leine, wenn sie gewaschen ist.«

»Wir fischen in einem großen Wasser.«
»Ein Loch im Eis ist nur für die gefährlich, die aufs Eis gehen.«
»Des einen Blume ist des anderen Unkraut.«
»Die Augen eines Tigers erzeugen kein Licht, sie reflektieren es nur.«
»Sobald das Haus steht, kann man es beliebig verschönern.«
»Man kann in der Wüste keine Pflaumen pflücken.«
Zuweilen flucht Wolfe, und er rechtfertigt den Gebrauch von Fluchworten, indem er ihn als »überlegte Manifestation eines unergründlichen Triebs« bezeichnet. »Verwünscht!« ruft er in Augenblicken leichter Erregung. »Heiliger Brama!« — selten. »Bah«, »Verdammt noch mal« — ziemlich oft.
Der bei weitem häufigste Ausruf ist jedoch »Pfui!« (dicht gefolgt von »Pah!«) Aber dieser Ausruf wird nirgends zur Manier, denn Wolfe geht sparsam mit ihm um. Er benutzt ihn zum ersten Mal in ›Die Lanzenschlange‹, seinem ersten ausführlich geschilderten Fall, doch kommt er dort nur ein einziges Mal vor.
Außer englisch spricht Wolfe noch sieben andere Sprachen: ein ausgezeichnetes Französisch (mit Mme. Mondor in ›Zu viele Köche‹, zum einen, und mit seinem Anwalt Nathaniel Parker, aus Sicherheitsgründen, zum anderen). »Sie sprechen französisch«, stellt Inspektor Cramer in ›Über meine Leiche‹ fest. Wolfe warnt Archie: »Um französisch wirklich gut zu sprechen, müssen Sie von einer tiefen Antipathie, wenn nicht sogar Verachtung, gegen einige der geheiligtesten angelsächsischen Vorurteile beseelt sein.« (Archie hatte drei Französischstunden, eine bei Fritz Brenner, zwei bei einem Mädchen, das er kennenlernte, als er mit Wolfe eine Falschgeldaffäre bearbeitete.) Mit dem Ehepaar Perez in ›Zu viele Klienten‹ spricht Wolfe spanisch. Er spricht auch serbisch, und zwar so gut, daß er es als sehr junger Mensch gelernt haben muß. In ›Die Gummibande‹ trägt er Clara Fox ungarische Gedichte vor. Er nimmt ein Ferngespräch aus Bari entgegen und unterhält sich mit Paolo Telesio auf italienisch; später, in ›Der Schwarze Berg‹ demonstriert er seine Vertrautheit mit der albanischen Sprache.
Wolfe beherrscht offenbar auch das Lateinische. »Archie, hören Sie auf mit dem dummen Gewäsch«, sagt er in ›Immune to Murder‹. »›Lumbago‹ bezeichnet den Ort. Es leitet sich von dem lateinischen Wort ›lumbus‹ her, das ›Lende‹ bedeutet.« »›Vultus est index animi‹«, sagt er in ›Tod eines Dämons‹. »Das ist ein lateinisches Sprichwort und heißt ›Das Antlitz ist der Spiegel der Seele‹.« Dennoch be-

nutzt er selten fremdsprachige Wörter oder Wendungen bei seinen tagtäglichen Unterhaltungen; ›bon enfant‹ in ›Die Lanzenschlange‹ und ›coup d'éclat‹ in ›The Zero Clue‹ sind Ausnahmen.
Wenn er es darauf anlegt, kann Wolfe sehr verbindlich sein. Er kann auch sanft, ja beinahe gütig, wohlwollend und höflich sein, besonders, wenn er es mit Regierungsvertretern zu tun hat. Im Umgang mit Archie, den Klienten, mit nahezu jedem x-beliebigen ist er jedoch meist von einer Schroffheit, die schon an Grobheit grenzt. »Ich habe alle Merkmale der Simplizität, einschließlich der Grobheit«, sagt er von sich.
Obwohl Wolfe vorgibt, gegen den weiblichen Charme immun zu sein, räumt er ein, daß diese »Unempfindlichkeit vorgetäuscht und eine reine Selbstschutzmaßnahme« ist.
»Ich soll mir nichts aus Frauen machen?« fragt Wolfe empört in ›Zu viele Köche‹. »Das sind doch ganz erstaunliche und höchst erfolgreiche Geschöpfe. Bloß aus praktischen Gründen habe ich mir den Anschein der Abgebrühtheit zugelegt; vor Jahren schon, und mehr der Not gehorchend als dem eigenen Triebe.«
»Miss Osgood erregte heute Nachmittag meine Bewunderung«, gesteht er Howard Bronson in ›Der rote Bulle‹, »und das passiert mir bei einer Frau nicht oft.« Und kurz danach sagt er zu Lily Rowan: »Frauen mißfallen mir selten, aber sie gefallen mir nie.«
Andererseits sagt Wolfe bei einer anderen Gelegenheit: »Man kann sich bei einer Frau auf alles verlassen außer auf Treue.« »Nicht, daß ich etwas gegen Frauen habe, sofern sie nicht darauf aus sind, sich als Haustier zu betätigen. Wenn sie bei dem Geschäft bleiben, für das sie sich am besten eignen, wie Schikanen, Sophisterei, Selbstverherrlichung, Schmeichelkünste, Geheimnistuerei und Fortpflanzung, sind sie manchmal prächtige Geschöpfe.«
»Frauen verhöre ich nur, wenn es anders nicht geht«, sagt Wolfe in ›Die rote Schatulle‹ zu Helen Frost. Aber für gewöhnlich verhält er sich seinen weiblichen Klienten gegenüber »nobel«, um mit Archie zu reden. Das ändert aber nichts daran, daß Wolfe, der sich kaum je erhebt, wenn ein Mann sein Büro betritt, auch Frauen selten dies Kompliment erweist. Manchmal, wenn er meint, er könne nicht umhin, schwingt er sich zu der Erklärung auf, daß er es vorziehe sitzen zu bleiben, weil das Hinein- und Herausarbeiten aus einem Sessel für ihn schwieriger sei als für die meisten Leute. »Ich bin nicht unhöflich sondern bloß schwerfällig«, entschuldigt er sich. Oder: »Mit Rücksicht auf meine mangelnde Manövrierfähigkeit bleibe ich lieber

sitzen.« Wie dem auch sei, zur Begrüßung von Evelyn Hibbard aus ›Die Liga der furchtsamen Männer‹ steht Wolfe auf – »eine außergewöhnliche Konzession« bemerkt Archie dazu – und er hat das seither bei ähnlichen Anlässen noch öfter getan.

Nero Wolfe und die Frauen ist ein Thema, das Archie Goodwin fasziniert. »Ich habe Wolfes Einstellung zu den Frauen lange und gründlich studiert«, schreibt Archie in ›The Silent Speaker‹. »Was ihn an einer Frau zu irritieren schien, war die fundamentale Tatsache, daß sie eine Frau war; das gilt auf der ganzen Linie ohne auch nur eine einzige Ausnahme; aber von da an wird die ganze Sache hirnrissig. Wenn ihm die Frau als solche auf die Nerven fiel, dann sollte man doch annehmen, daß ihn gerade die typisch weiblichen Attribute am meisten verdrießen mußten. Ich hab's aber immer wieder erlebt, daß er einer Klientin den Platz anweist, wo er einen guten Ausblick auf ihre Beine hat. Der Grund dafür kann nicht ein rein professionelles Interesse sein, und daß er ihr den Charakter von den Beinen abliest, denn je älter und schwammiger sie ist, desto gleichgültiger ist es ihm, wo sie sitzt. Es ist ein sehr verwickeltes Problem, dem ich bei passender Gelegenheit mal ein ganzes Kapitel widmen werde. Dabei fällt mir noch ein Detail ein: Er reagiert viel empfindlicher auf Frauennasen als auf Männernasen. Ich konnte nie feststellen, daß verkorkste oder übertriebene Zinken, wenn sie das Gesicht eines Mannes zierten, irgendeine Wirkung auf ihn hatten; die Wirkung stellt sich erst ein, wenn's sich um Frauen handelt. Gar nicht ausstehen kann er Mops- und Himmelfahrtsnasen oder überhaupt jede ausgeprägte Einbuchtung des Nasenrückens.«

In diesem Zusammenhang erhebt sich nun die Frage: War Nero Wolfe jemals verheiratet? (Archies Flunkerei in ›Die Gummibande‹: »Wolfe hat drei Frauen und neunzehn Kinder in der Türkei«, können wir dabei außer acht lassen.)

Statt dessen wollen wir zum ersten aber nicht zum letzten Mal jenen profunden Kenner von Archies Berichten, den verstorbenen Bernard DeVoto, konsultieren, der unter anderem auch diese Frage in seinem brillanten Essay ›Alias Nero Wolfe‹ untersucht hat. (Das Essay erschien in DeVotos Spalte ›The Easy Chair‹ in ›Harper's Magazine‹ in der Julinummer 1954.)

Man darf als selbstverständlich annehmen (schreibt DeVoto), daß ein Berufsdetektiv über sich selbst die Wahrheit sagt, wenn er vom FBI verhört wird . . . Nun, im November 1938 befragte ein FBI-Agent namens Stahl Wolfe über sein Vorleben. Im Verlauf des Verhörs erkundigte sich Stahl, ob Wolfe verheiratet gewesen wäre. Wolfe antwortete: »Nein. Verheiratet? Nein.«

Dieses knappe emphatische Nein ist endgültig; wir können uns nicht darüber hinwegsetzen. Der Satz, den Wolfe danach begann, jedoch nicht beendete (»Das war was –«) sollte offenbar irgendeinen Umstand erklären, der (bei Stahl) den Eindruck erweckt haben mochte, daß Wolfe früher mal verheiratet war; aber er ist belanglos. Vielleicht wird auf besagten Umstand in einer Bemerkung angespielt, die Wolfe in demselben Abenteuer (›Über meine Leiche‹) Archie gegenüber macht: »Ich bin nur ein einziges Mal im Leben vor jemandem ausgerissen, und das war eine Montenegrinerin.«

Aber vier Jahre vorher, 1934, als sie sich mit den mörderischen Fantasien des Romanciers Paul Chapin (›Die Liga der furchtsamen Männer‹) befaßten, hatte Wolfe zu Archie gesagt: »Ich kannte mal in Ungarn eine Frau, deren ›Ehemann‹ (Hervorhebung vom Verfasser) des öfteren Kopfweh hatte. Mit Hilfe von kalten Kompressen pflegte sie ihm dabei Erleichterung zu verschaffen. Eines Tages nun verfiel sie darauf, dem Wasser, in das sie die Kompressen tauchte, eine ansehnliche Portion Gift, das sie selbst aus Kräutern destilliert hatte, beizumischen. ›Der Mann, an dem sie dies Experiment ausprobieren wollte, war ich selbst‹ (Hervorhebung wiederum vom Verfasser).«

Dennoch sollten wir das vielleicht nicht zu ernst nehmen. Unmittelbar darauf schreibt Archie nämlich: »Er wollte mich bloß davon abhalten, ihn mit Geschäftssachen zu sekkieren.«

Einigermaßen mysteriös sind auch Wolfes Beziehungen zu Bess Huddleston aus ›Der Tod gibt sich die Ehre‹. Wolfe schickt acht seiner kostbaren schwarzen Orchideen zu ihrem Begräbnis. Warum? Archie steuert drei verschiedene Erklärungen bei, fügt jedoch hinzu, daß »Wolfe zweifelsohne fünfzehn bis zwanzig Vergangenheiten hat; so viel zumindesten weiß ich über ihn«.

Ehe uns Rex Stout nicht mehr über das Privatleben von Nero Wolfe offenbart, ziehen wir die Version vor, daß Wolfe nie verheiratet war.

Wolfes sonstige Passionen und Abneigungen sind, wie er selbst, gigantisch.

Er hat einen solchen Abscheu vor jeder körperlichen Berührung, daß er jedem Händedruck nach Möglichkeit aus dem Wege geht; Saul Panzer, Fred Durkin und Orrie Cather, seine drei zuverlässigsten Hilfskräfte, gehören zu den neun oder zehn Menschen, denen Wolfe freiwillig die Hand gibt.

Er haßt alles, was sich bewegt (außer seinem Fahrstuhl), ganz be-

sonders Flugzeuge, und erklärt gern und immer wieder: »Mir kann man nichts vormachen, neunzig Prozent aller Standortveränderungen sind sinnlos. Und warum? Weil der Ort, den man zu erreichen sucht, meist nicht reizvoller ist als der, von dem man startet.«
Außer falsch angewandten Wörtern und allen Clichés verabscheut Wolfe Alternativen, sinnlose Bemerkungen, hypothetische Fragen (»Ich empfehle Ihnen, hypothetische Fragen nicht zu beantworten«), Weitschweifigkeit, unbestätigte Vermutungen (er weigert sich Fragen zu beantworten, die zwei oder mehr unbestätigte Vermutungen enthalten) und Ultimata – »sogar meine eigenen«.
Er haßt:
Diskussionen per Telefon
Zank und Streit
lautes Vorlesen
Glocken, Klingeln – es beunruhigt ihn sie läuten zu hören
Zimtrollen
Unanständige Ausdrücke, doch kann er sie bei Männern besser vertragen als bei Frauen
Diamanten
Fliegen, aber er kann es nicht über sich bringen, sie zu töten; das – wie so vieles andere – überläßt er immer Archie
Geranien
Gintrinker (sie sind, in Wolfes Augen, samt und sonders Barbaren)
Kaminfeuer (das gilt auch für Rex Stout)
Meerrettich auf rohen Austern
Unterbrechungen
dicke Kraftbrühe
Mehr als sechs bei Tisch
Musik – er nennt sie ein »barbarisches Rudiment«
Vorspiegelung falscher Tatsachen – er behauptet von sich, daß er so etwas »nie zum Vergnügen praktiziert«
Pappbecher
Leute, die nicht genug essen
Leute, die auf ihn heruntergucken, weil er dann den Kopf in den Nacken legen muß, um zu ihnen aufzuschauen
die Farben Purpur und Rot
Regen; wenn Archie sich bei einem Schauer auf die Straße wagt, findet Wolfe das »tollkühn«
Restaurants; er würde – Rusterman's ausgenommen – in keinem essen, und wäre Vatel selbst der Küchenchef

Rauchen, vor allem in seinem eigenen Büro (er marschiert tatsächlich durchs ganze Zimmer bis ins Bad, um einen Aschenbecher auszuleeren)
Fernsehen
Gewalttätigkeit
Andererseits »schwärmt« er für schöne Formen, schöne Farben, edles Material; insbesondere mag er schöne Teppiche, und er versteht auch eine Menge davon. Doch sind, wie allgemein bekannt, die drei großen Passionen in Wolfes Leben seine Bücher, Essen und Trinken und seine Orchideen in den Pflanzenräumen unterm Dach.
Sein sonstiger Zeitvertreib ist nicht der Rede wert. Es macht ihm Spaß, schwierige Kreuzworträtsel zu lösen — besonders die in der London ›Times‹ und die von Ximenes im Londoner ›Observer‹ — und obwohl er für Karten- und andere Spiele nichts übrig hat, spielte er Cribbage mit Andrew Hibbard und — ein einziges Mal — Dame mit Saul Panzer.
Wolfes Haus mit allem Drum und Dran — Speisekammer, Keller, Bibliothek, den Orchideenräumen und dem erforderlichen Personal — kostet Geld, eine Menge Geld, und Wolfe, der Arbeit verabscheut, arbeitet nur, um den nötigen Mammon heranzuschaffen. Trotz des hohen Honorars verläßt er kaum je aus geschäftlichen Gründen das Haus; und auch einen Ausgang zu privaten Zwecken betrachtet er als ein »tollkühnes Wagnis«. »Ich habe für meine Abneigung, das Haus zu verlassen, gewichtige Gründe«, sagt er.
»Wolfe hätte in einem physikalischen Labor einen Posten als unbewegliches Objekt kriegen können, falls es mit dem Detektivgeschäft je Essig gewesen wäre«, bemerkt Archie einmal. Und an anderer Stelle: »Nach allem, was ich gerade durchgemacht hatte, wäre ich bereit gewesen, die Cheopspyramide aus Ägypten mit eigener Hand — und sogar im Badeanzug — auf das Dach des Empire State Building zu stülpen.« Sehr selten — wie beispielsweise damals, als Wolfe für den zweiten Weltkrieg und auf das Killen von Deutschen trainierte — hat Archie es erlebt, daß Wolfe auf seinen Fahrstuhl verzichtet und die Treppe benutzt.
»Ich bezweifle, ob er seit meinem Weggang vor zwei Monaten die Nase vor die Tür gesteckt hat«, sagte Archie im März 1942 von Wolfe. Als Archie ihm einmal vorschlug, sich wenigstens bis aufs Trottoir vor dem Haus zu verfügen, betrachtete Wolfe sogar das als unzumutbares Risiko. »Hinaus?« fragte er ungläubig. »Hinaus und die Vortreppe hinunter?«

Für Wolfe ist eine Taxifahrt über zwanzig Blocks eine »wilde Hetzjagd«. »Ich will nicht im Taxi fahren. Ich will in keinem Vehikel fahren, nicht mal in meinem eigenen Wagen mit Mr. Goodwin am Steuer, es sei denn, um meinen privaten Verpflichtungen nachzukommen«, sagte er einmal. Aber selbst mit Archie am Lenkrad verschlägt es Wolfe vor Angst die Sprache; er hockt auf dem Rand des Rücksitzes, klammert sich an den Haltegriff und ist aufs Schlimmste gefaßt.

Es sei an dieser Stelle vermerkt, daß Wolfe in der Tat seine vier Wände verläßt, um »privaten Verpflichtungen nachzukommen«. Einmal im Jahr, zum Beispiel, besucht er die Metropolitan Orchideen-Schau. Und im September 1934 stürzte er sich ins Verkehrsgewühl, »um der Ehre willen, mit Albert Einstein am selben Tisch zu speisen«.

Man kann sich Wolfe unmöglich als Halbtags-, geschweige denn Ganztagspendler von und nach New York vorstellen. »Keine Publikation, weder vor noch nach Erfindung der Buchdruckerkunst«, sagte er einmal, »keine theologische Abhandlung, kein politisches oder wissenschaftliches Kredo ist so dogmatisch, unvernünftig und verbohrt wie ein Eisenbahnfahrplan.«

Abgesehen von privaten Verpflichtungen vermag nur die Besorgnis um Archie Wolfe ihn aus dem Haus zu locken. »Mein letzter Ausflug, in einem Taxi mit Dora Chapin am Steuer, wurde von mir nur deswegen unternommen, um meinem Assistenten das Leben zu retten«, sagt er in ›Die Gummibande‹. Bei einer früheren Gelegenheit fuhr Wolfe ins Krankenhaus, um Archie abzuholen, der von einem halben Dutzend spindeldürrer Wilder zusammengeschlagen worden war. (Archie hatte versucht, vom Kapitän eines Trampschiffs, der vermutlich Opium schmuggelte, für Wolfe eßbaren Seetang zu kaufen.)

Im März 1942, als Archie, in der ›Not Quite Dead Enough‹-Affäre, im Kittchen schmachtete, suchte Wolfe zum ersten Mal Inspektor Cramer im Morddezernat auf und drohte ihm, er würde die Polizei abschaffen lassen. Und er verstieg sich sogar dazu, kostümiert und uneingeladen auf einer Weihnachtsparty aufzukreuzen, weil er ernstlich glaubte, daß Archie Margot Dickey heiraten würde.

Dann und wann begibt sich Wolfe zum Schauplatz eines Verbrechens. Archie berichtet vom Mord an Marko Vukcic (›Der Schwarze Berg‹): »Meines Wissens war es das erste Mal, daß Wolfe bei Beginn einer Morduntersuchung den Tatort besichtigte.« Aber hier vergißt Archie, daß Wolfe sich im Jahre 1936 zu einer Fahrt bis zur 52nd Street und Madison Avenue herumkriegen ließ, einzig und allein deshalb, weil die sechs besten Orchideenzüchter in Amerika ihn dringend gebeten hatten, den Giftmord an Molly Lauck zu untersuchen (Archie hatte die sechs zu dem Brief angestiftet).

Im allgemeinen jedoch halten sich alle, Wolfe, Fritz und Theodore Horstmann, der Orchideenpfleger, an einen Stundenplan.

Für gewöhnlich erscheint Fritz zwischen acht und acht Uhr fünfzehn mit dem Frühstückstablett in Wolfes Zimmer im zweiten Stock. Wolfe frühstückt manchmal im Bett und manchmal an dem Tisch vorm Fenster. Bevor er nicht den Orangensaft intus hat, ist er nicht zum Reden aufgelegt, und er läßt sich mit dem Austrinken Zeit.

Gegen halb neun oder so hat er sich auch die Pfirsiche mit Sahne, fast die ganze Portion Speck und zwei Drittel von den Eiern einverleibt, von der grünen Tomatenmarmelade ganz zu schweigen. Er trinkt nie Tee oder Kaffee zum Frühstück sondern bloß Schokolade. Wenige Leute außer Fritz und Archie haben Wolfe je bei dieser ersten Mahlzeit zu Gesicht bekommen, nur einmal hat er bei Inspektor Cramer eine Ausnahme gemacht.

Bis neun hat Wolfe zwei Zeitungen gelesen. Dann begibt er sich zu seinem morgendlichen Stelldichein mit den Orchideen ins Dachgeschoß hinauf, wo er bis elf Uhr bleibt; am Nachmittag geht er noch einmal für zwei Stunden hinauf, und zwar von sechzehn bis achtzehn Uhr. Archie kann sich nur an fünf Gelegenheiten erinnern, wo Wolfe aus Geschäftsgründen seine Nachmittagssitzung abkürzen mußte.

Während Wolfe sich in den Pflanzenräumen aufhält, ist Archie im Büro, öffnet die Post, wischt Staub, leert die Papierkörbe, bringt die Schreibtischkalender up-to-date, füllt die Blumenvasen mit frischem Wasser.

Von elf bis dreizehn Uhr fünfzehn und dann wieder – erforderlichenfalls – von achtzehn Uhr bis zum Dinner und nach dem Dinner hat Wolfe seine Geschäftsstunden.

Um elf betritt er das Büro mit dem üblichen Gruß – »Guten Morgen, Archie; haben Sie gut geschlafen?« – begibt sich zum Schreibtisch, setzt sich, steckt die Orchideen, die er mitgebracht hat, in eine Vase, sieht die Post durch, wirft einen Blick auf den Vormerkkalender, probiert seinen Füllfederhalter, um sich zu vergewissern, ob Archie ihn gefüllt hat, unterschreibt einige Schecks, inspiziert den Bankauszug, diktiert ein paar Briefe und Anmerkungen, klingelt um Bier,

lehnt sich bequem zurück, schließt die Augen, seufzt und verlangt, falls er gerade einen Auftrag hat, von Archie einen vollständigen Bericht über das, was Archie am Vortag unternommen hat. Unter einem ausführlichen Bericht versteht Wolfe jedes Wort, jede Geste, jedes Zucken der Gesichtsmuskeln, und er ist der beste Zuhörer, den Archie kennt; Wolfe stützt dabei meist die Ellenbogen auf die Sessellehne, das Kinn auf die Faust und lauscht mit geschlossenen Augen.
Wolfe luncht um viertel nach eins und diniert gegen halbacht, aber wenn es sich gar nicht vermeiden läßt, lockert er die strenge Zeiteinteilung. Am menschlichsten ist er eigentlich immer erst nach dem Dinner, wenn er und Archie aus dem Eßzimmer ins Büro zurückgekehrt sind, wo Wolfe sich wieder in seinem geliebten maßgearbeiteten Sessel, hinter dem Schreibtisch, niederläßt und entweder sein gerade aktuelles Buch aufschlägt oder mit Archie plaudert. Das Gesprächsthema kann so ziemlich alles sein von Damenschuhen bis zur Bedeutung des Neumondes in der babylonischen Astrologie. Wolfe geht nie früh zu Bett, ob er nun gerade einen Fall bearbeitet oder nicht. So also sieht der Stundenplan von Montag bis Samstag aus.
Die Einteilung des Sonntags hat im Laufe der Jahre Veränderungen durchgemacht. Seinerzeit hatte Marko Vukcic, Wolfes ältester und bester Freund, ihn dazu überredet, im Souterrain einen Billardtisch aufzustellen. Dennoch behielt Wolfe die Gewohnheit bei, den Sonntagmorgen bei Fritz in der Küche zu verbringen, um da irgendeine Spezialität für den Lunch vorzubereiten. Um halbzwei traf dann Marko ein, um die Köstlichkeit verzehren zu helfen, woraufhin sich die zwei Freunde zu einem fünfstündigen Gefecht mit dem Queue ins Souterrain verfügten. Archie beteiligte sich in jenen Tagen fast nie daran, selbst, wenn er übers Weekend zu Haus war; Wolfe wurde nämlich grantig, wenn Archie Glück hatte und schnell Punkte sammelte. Denn für Wolfe war Billard kein Spiel; für ihn war es eine Leibesübung.
Theodore Horstmann hat am Sonntag manchmal frei und besucht dann seine verheiratete Schwester in New Jersey. Doch Wolfe verzichtet auch am Sonntag nicht auf seine vormittägliche Sitzung in den Pflanzenräumen. Auch am Nachmittag macht er ein, zwei Abstecher ins Gewächshaus, um nach dem Rechten zu sehen und solche Arbeiten zu erledigen, die des Wetters oder der Jahreszeit wegen nicht aufgeschoben werden dürfen. Später dann macht er sich im Büro über den Wochenrückblick der ›New York Times‹ her und liest ihn in einem Zug von der ersten bis zur letzten Seite.

Am Sonntagabend nehmen Wolfe und Archie mit Fritz in der Küche einen leichten Imbiß ein, und danach amüsiert sich Wolfe zuweilen damit, das Fernsehprogramm auszuschalten.
Wolfe läßt sich nur von einer einzigen außerhäuslichen Pflicht in seinem geregelten Tagesablauf stören. Für sie opfert er seine Bequemlichkeit, um nicht zu sagen, sein Wohlbehagen. Es handelt sich natürlich um Rusterman's Restaurant. Als Marko Vukcic, Gründer und Besitzer des Restaurants, starb, hinterließ er das Restaurant einigen Mitgliedern des Personals und machte Wolfe zu seinem Testamentsvollstrecker. Ferner bat er Wolfe in einem Brief, dafür zu sorgen, daß Ruf und Niveau des Restaurants erhalten blieben. Wolfe nimmt diese Aufgabe sehr ernst; er inspiziert das Restaurant unangekündigt ein- zweimal in der Woche und zuweilen auch öfter, und er unterzieht sich dieser Pflicht ohne — nun, sagen wir lieber — fast ohne Murren.
Wir sollten wohl an dieser Stelle erwähnen, daß Wolfe dann und wann von einer Art »Katzenjammer« befallen wird. Die Ursache kann so ziemlich alles sein, angefangen von einer miesen kleinen verlausten Orchidee bis zu einem ausgewachsenen Koller. Der Ausdruck »Koller« stammt von Archie, und er benutzt ihn immer dann, wenn Wolfe irgend etwas an einem Fall nicht mag oder so erbittert und entsetzt ist über den Sachverhalt und das heillose Maß von Arbeit, das er bis zur Klärung des Falls bewältigen muß, daß er plötzlich so tut, als hätte er von dem Auftrag noch nie gehört. Wolfe hat gelegentlich solche Anwandlungen, und dann geht der gesamte Stundenplan in die Brüche. Manchmal dauert der Koller nur einen Nachmittag, manchmal aber auch wochenlang. Dann legt sich Wolfe ins Bett, lebt von Brot und Zwiebelsuppe und will niemanden außer Archie sehen, oder er sitzt in der Küche herum, bringt Fritz durch sein ewiges Dazwischenreden zur Verzweiflung und nimmt seine Mahlzeiten an dem Tisch ein, wo Archie für gewöhnlich frühstückt. Archie erinnert sich noch daran, daß Wolfe »bei der Gelegenheit mal innerhalb von zwei Tagen ein halbes Lamm verdrückte, dessen verschiedene Teile auf zwanzigerlei verschiedene Art zubereitet waren«. Ein andermal verputzte Wolfe zwischen acht Uhr abends und Mitternacht eine zehnpfündige Gans.
»Sie müßten eigentlich wissen, daß Detektive zuweilen etwas entdecken — zumindesten manche tun's«, sagt Wolfe zu Llewellyn Frost in ›Die rote Schatulle‹. Und nun ist es an der Zeit, den *Detektiv* Nero Wolfe unter die Lupe zu nehmen.

Wolfes hervorstechende Qualitäten als Privatermittler sind 1. seine Gründlichkeit (»Beim Eiereinsammeln muß man in jedes Nest schauen«), 2. seine Ausdauer (sobald er sich auf ein Vorhaben festgelegt hat, läßt er sich von niemandem und nichts davon abbringen) und 3. seine Geduld (»Wenn man einen Apfel ißt, bevor er reif ist, hat man nichts davon außer Bauchweh«). Er gibt jedoch zu, daß man »manchmal keine Zeit für Finessen hat«.

Er hat großen Respekt vor Tatsachen (»Man soll sich vor übereilten vielleicht sogar schmerzlichen Vermutungen hüten, ehe man einen Verdacht nicht faktisch beweisen kann«), aber er reagiert feinfühlig auf die Umwelt, in der er sie aufspürt (»Sie erkennen eine Tatsache, wenn Sie sie sehen, Archie, aber Sie haben kein Gespür für Phänomene«; »Wenn ich einen Fall bearbeite, sind alle meine Sinne hellwach, obwohl man es mir vielleicht nicht ansieht«), und er zieht alle Möglichkeiten in Erwägung (»Man verfälscht die Wirklichkeit, wenn man ein Phänomen ausschließlich unter diesem oder jenem Blickwinkel betrachtet«). Er glaubt freilich nicht daran, daß alles möglich ist: »Es ist jetzt Mode zu sagen, alles wäre möglich. In Wirklichkeit aber sind sehr wenige Dinge möglich.«

Wolfe ist überzeugt davon, daß man mit Gründlichkeit, Ausdauer und Geduld die Wahrheit schließlich zutage fördert. »Aber nein, sie kann nicht verborgen bleiben. Man kann die Wahrheit nicht verstecken, indem man ein Glashaus um sie herumbaut.« Das gilt ganz besonders bei einem Mordfall. »Jeder Mord ist ein Melodrama«, sagt Wolfe, »weil nicht der Tod die wirkliche Tragödie ist, sondern die Umstände, die ihn ausgelöst haben.« Ein andermal sagt er: »Die Schwierigkeiten ergeben sich bei dem Versuch, die Konsequenzen zu vermeiden.« Und weiterhin: »Niemand kann eine so verwickelte Tat wie einen Mord begehen, ohne sich irgendeine Blöße zu geben. Er kann sein Bestes tun, sie abzuschirmen, wird aber scheitern, sobald er auf einen Gegner trifft, der ihm an Geduld und Scharfsinn überlegen ist.«

In ›Die Liga der furchtsamen Männer‹ bemerkt Wolfe: »Es gibt so viele Methoden, um einen Menschen zu töten. Viel mehr als für die meisten anderen menschlichen Hantierungen. Ich war in meiner Praxis oft beeindruckt, wie mühelos und ungezwungen der landläufige Mord ausgeführt wird. Bedenken Sie: selbst, wenn der Entschluß gefaßt, das Opfer in Reichweite, die Waffe gezückt ist, dauert es doch oftmals acht bis zehn Minuten, um eine Fliege zu töten, wohingegen der durchschnittliche Mord vermutlich nicht mehr als höchstens zehn

bis fünfzehn Sekunden beansprucht. Im Falle eines langsam wirkenden Gifts oder einer anderen ausgeklügelten Todesart dauert es natürlich länger, aber der Mordakt selbst ist normalerweise ganz kurz. Und bedenken Sie außerdem: es gibt gewiß nicht mehr als zwei oder drei Methoden, um ein Schwein zu töten, aber einen Menschen kann man auf hunderterlei verschiedene Art ins Jenseits befördern.«
Der improvisierte Mord ist, nach Wolfes Meinung, die einzige Art des Mordens, bei der der Täter damit rechnen kann, nicht entdeckt zu werden: »Warte eine günstige Gelegenheit ab, bewahre kaltes Blut und schlag zu, wenn der richtige Moment da ist«; und er fügt hinzu, daß sich nur jene den Luxus eines improvisierten Mordes leisten können, denen es damit nicht gar zu sehr eilt.
In diesem Zusammenhang ist der Hinweis angebracht, daß Wolfe sich nicht für unfehlbar hält – wenigstens nicht ganz. Er behauptet, daß er gern mal einen Fehler macht, weil »das die Gewähr dafür ist, daß man mir nicht auch noch die Bürde der Omnipotenz aufhalst«. »Wenn ich Resultate erhalte«, pflegt er des öfteren zu sagen, »dann erhalte ich sie durch harte Arbeit.«
Fast immer schließt Wolfe einen Fall ab, indem er sämtliche Personen, die damit zu tun haben, in seinem Büro versammelt und vor ihren Augen das Kaninchen aus dem Hut zieht. (»Wir werden die Sache, wenn möglich, ein für allemal und im richtigen Stil erledigen.«) Archie nennt diese Zusammenkünfte »Wolfes Scharaden«.
Manche von Wolfes Scharaden sind kompliziert und nicht ganz ungefährlich. »Er hat überhaupt keine Nerven«, sagt Archie, »und ist zu eingebildet, um einen Fehlschlag auch nur in Erwägung zu ziehen.« »Sie sind gerieben, und man kommt Ihnen verdammt schwer bei«, sagt Inspektor Cramer in ›Die Gummibande‹ zu Wolfe. Und er fügt widerwillig hinzu: »Aber ich hab's nie erlebt, daß Sie sich in die Nesseln gesetzt hätten.«
Wolfes Scharaden zwingen ihn häufig zu Winkelzügen und Lügen. »Wir verwenden sehr viele Lügen in unserem Geschäft«, sagt er zu Julie Alving, »von der bewußten Irreführung bis zur Notlüge.«
»In den letzten zwölf Jahren«, sagte Cramer mal, »haben Sie mir, in Bausch und Bogen gerechnet, vermutlich an die zehn Millionen Lügen aufgetischt.«
Wolfe führt zu seiner Verteidigung an: »Ich beschränke mich aber auf nützliche Lügen und solche, die schwer nachzuweisen sind.« Und bei einer anderen Gelegenheit nimmt er für sich in Anspruch, daß Ehrlichkeit »seine Lieblingswaffe« sei.

Lange, bevor Wolfe eine seiner Scharaden inszeniert, hat er allen Betroffenen zahllose Fragen gestellt und sich ihre Antworten angehört. Mancher mag seine Fragen zum Teil für belanglos, wenn nicht vielleicht sogar für dumm halten; aber dieser Eindruck trügt. Wolfe ist ein Meister im Verhör und Kreuzverhör.
Er bemüht sich fast nie um negative Beweise. »Die Suche danach ist ein letzter verzweifelter Ausweg, wenn positives Beweismaterial nicht gefunden werden kann. Das Einsammeln und Nachprüfen von Alibis ist eine trübselige und meist ganz zwecklose Schinderei. Nein. Beschaff dir deine positiven Beweise, und wenn du dich mit einem Alibi konfrontiert siehst, und wenn dein Beweismaterial auch nur einigermaßen taugt, dann knacke das Alibi.«
Keine Frage, Wolfe hat Erfolg.
Dies also ist Nero Wolfe. Er ist wahrhaftig ein Original. Tatsächlich legt er es darauf an, eines zu sein, und schwelgt darin und wird seine Verschrobenheiten und Schwächen nicht so ohne weiteres aufgeben. Um es in Wolfes eigenen Worten zu sagen: »Wozu sollte sich ein Mann überhaupt erst die Mühe machen, sich den Ruf eines Originals zu erwerben, wenn er auf die kleinste Provokation hin bereit ist, zum Normalzustand zurückzukehren.«

2 Der Mann der Tat

> »Ich tue nichts ohne Mr. Goodwin . . . er ist wißbegierig, passioniert, wachsam, skeptisch, hartnäckig und einfallsreich.«
> Nero Wolfe, ›Before I Die‹, ›Blood Will Tell‹

Nach Ansicht von Orrie Cather, dem am besten aussehenden von Wolfes gelegentlichen Mitarbeitern, ist, mit Ausnahme von Nero Wolfe selbst, Archie Goodwin derzeit der gescheiteste Privatdetektiv in der Branche.

Wolfe würde Orrie wohl kaum beipflichten. »Es ist offenbar zwecklos, Sie zu bitten, nicht auf all den Unsinn hereinzufallen, der sich in die Gehirnwindungen törichter Menschen einzuschleichen pflegt«, fauchte er Archie in einem Moment äußerster Gereiztheit an.

»Ihr Kopf steckt voller Ideen?« blaffte er ein andermal. »Selbst ein gewaltsamer Tod wäre für mich kein zu hoher Preis für solch ein seltenes und beglückendes Phänomen.«

Wolfe beklagt es immer wieder, daß Archie so gar »kein Talent für Finessen« hat; deshalb leitet er oft auf eigene Faust oder unter Heranziehung eines oder mehrerer Mitarbeiter Maßnahmen ein, in die er Archie nicht einweiht. Er gibt als Grund dafür an, daß Archie besser spurt, wenn er glaubt, alles hinge nur von ihm ab. In Wirklichkeit jedoch möchte sich Wolfe die Schau nicht vorzeitig stehlen lassen; er möchte allein auf der Bühne stehen, wenn sich der Vorhang endlich hebt.

Archie ist ihm längst hinter die Schliche gekommen. »Wenn ich Wolfe eines Tages an den Pfahl binde und erschieße«, schreibt er in ›Instead of Evidence‹, »dann hat er das hauptsächlich seiner Theorie zu verdanken, die da lautet: je weniger Archie weiß, desto besser arbeitet er, oder mit anderen Worten, daß man mir alles, was ich im Kopf habe, vom Gesicht ablesen kann. Es macht die Sache noch schlimmer, daß er in Wirklichkeit selbst nicht dran glaubt. Er kann es bloß nicht verknusen, wenn jemand überall und jederzeit mit ihm Schritt hält. Ich sag's, wie's ist.«

Wolfe beklagt sich auch darüber, daß Archie »stets in den erstbesten Tümpel springt«.

Archie selbst bekennt: »Ich hab eine Schwäche für das Augenfällige, weil es einem einen Haufen unnützer Plackerei erspart.« Und er gibt offen zu: »Ich behaupte gar nicht, daß ich mich auf Nuancen verstehe. Im Grunde genommen bin ich der direkte Typ, und deshalb kann ich nie ein wirklich guter Detektiv sein.«

»Es fehlt Ihnen vornehmlich an Geduld«, setzt Wolfe Archie auseinander, wenn er Zeit dazu hat, »und es macht Sie rasend, wenn ich mich in Geduld fasse.«

Dennoch passiert es nicht oft, daß Wolfe Archie bei der Untersuchung eines Falls weit abgeschlagen hinter sich zurückläßt. Archie bleibt ihm keuchend auf den Fersen, und früher oder später entdeckt auch er den Mörder.

Archie hat viele für Wolfe unschätzbare Qualitäten, aber am meisten schätzt er ihn als Mann der Tat. Er erwartet von Archie, daß er jederzeit einsatzbereit ist. »Ihre Wendigkeit und Ihr Verstand bedürfen keiner Vorbereitung«, sagt er einigermaßen sarkastisch zu Archie. Aber gelegentlich schwingt er sich auch zu einem Kompliment auf. »Als Mann der Tat sind Sie erträglich; da sind Sie sogar tüchtig.«

Und einmal, als es ihm todernst war, sagte Wolfe: »Archie, muß ich Ihnen eigentlich ausdrücklich sagen, daß ich Ihnen unbedingt vertraue, daß ich mit Ihren Leistungen in diesem Fall ebenso wie in allen früheren Fällen absolut zufrieden bin und daß ich mir dasselbe auch für die Zukunft erwarte? Natürlich flunkern Sie manchmal, und ich auch. Wir machen einander und selbst den Klienten blauen Dunst vor, aber nie würde ich Sie oder würden Sie mich in einer Sache belügen, wo das gegenseitige Vertrauen und der gegenseitige Respekt im Spiel ist. Ihr Mangel an Brillanz ist bedauerlich, aber im Grunde belanglos, und auf jeden Fall wäre es für zwei geistvolle Männer unerträglich, unter einem Dach zusammenzuleben. Natürlich sind Ihre kleineren Fehler, wie beispielsweise Ihre Aversion gegen eine geräuschlose Schreibmaschine, eine verdammte Plage.«

Archie wiederum glaubt fest daran, daß seine Hauptaufgabe darin besteht, Wolfe zur Arbeit anzuhalten. Um das zu erreichen, muß er Wolfe zuweilen in Rage bringen; vor Wolfes Nase mit Papieren zu rascheln, gehört zu seinen Lieblingstricks.

»Abgesehen von meiner Hauptfunktion als Stachel in Wolfes Fleisch, damit er nicht um die Uhr herum schläft und bloß zu den Mahlzeiten aufwacht, versteh ich mich speziell auf zwei Dinge«, sagt Archie in ›Die rote Schatulle‹, »auf was loszustürzen und zuzupacken, bevor der andere seine Pfoten drauf hat, und Steinchen vom Puzzlespiel zusammenzutragen, damit Wolfe was zum Knobeln hat.«

Seine Funktion als Wolfes Mann der Tat oder »Laufbursche«, wie Archie selbst es nennt, hält ihn ganz schön in Trab. »Wolfe verschiebt nie auf morgen, was ich heute kann besorgen«, klagt Archie in ›Über meine Leiche‹.
Doch kehrt Archie so gut wie nie mit leeren Händen von einem Auftrag zurück. »Im Lauf der Jahre hat mich Wolfe wer weiß wie oft losgeschickt, damit ich ihm die ausgefallensten Dinge von einer Garnrolle bis zu einem Wall Street Makler beischaffe, und er wurde fast immer prompt beliefert.«
Wolfe weiß das auch zu schätzen. »Habe ich je zu viel von Ihnen erwartet?« faucht er Archie an. »Sie haben ganz bestimmte Fähigkeiten. Ich habe Ihre Wendigkeit angesichts von Hindernissen immer bewundert.«
»In der Liebe und im Geschäft ist alles erlaubt«, lautet Archies Motto; dementsprechend würde er, wenn es die Pflicht erfordert, dem gesamten Polizeiapparat, vom Direktor Humbert »aufwärts«, Sand in die Augen streuen. Wolfe selbst ist zwar auch nicht ohne, wenn es darum geht, den Polizeibeamten ein Schnippchen zu schlagen, aber auf diesem Gebiet steckt Archie sogar den Maestro in die Tasche. »Eins muß man Ihnen lassen, Goodwin, Sie sind so ziemlich der unverschämteste Lügner, mit dem ich's je zu tun hatte«, sagt Inspektor Cramer in ›Schwarze Orchideen‹ zu Archie.
Andererseits kann Archie, wenn es ihm in den Kram paßt, sehr diskret sein. »Seine Diskretion ist das Gegenstück zu seiner Entschlossenheit«, sagt Wolfe von ihm. »Mr. Goodwins Diskretion kennt keine Grenzen. Alles, was ihm nicht anvertraut werden kann, stößt auch bei mir auf taube Ohren.« Ein andermal erklärt Wolfe verstimmt: »Ich verlasse mich auf Ihre Diskretion, Archie, aber ich habe manchmal das Gefühl, daß ich mich auf die Diskretion einer Lawine verlasse.« Und besser gelaunt: »Mr. Goodwin ist ein diskreter und tüchtiger Mann und nicht ohne Scharfsinn.«
Es gibt nicht viele Winkel im alten Manhattan, die Archie nicht kennt; er hält sich nicht für einen Fingerabdruckexperten (obwohl ihn Wolfe in ›Erstens kommt es anders . . .‹ so nennt), versteht aber für den Hausgebrauch genug davon; er ist kein gelernter Schlosser, kann aber ein Hotchkiß von einem Euler unterscheiden und notfalls ein Kofferschloß mit einer Heftklammer öffnen, wenn man ihm ein bißchen Zeit dazu läßt.
Zu Archies zahlreichen wertvollen Eigenschaften gehört sein wahrhaft phänomenales Gedächtnis: was die Jahre mit Wolfe ihm auch

sonst immer für Vor- oder Nachteile gebracht haben mögen, sie haben ihn praktisch in ein Tonbandgerät verwandelt.
»Auf eins versteh ich mich aus dem ff«, sagt Archie in ›Not Quite Dead Enough‹, »nämlich über Tagesereignisse, bei denen ich selbst zugegen war, zu berichten«.
»Können Sie sich ein paar Dinge merken, ohne sie aufzuschreiben?« fragt Wolfe in ›Zu viele Köche‹. »Klar, jede Menge«, antwortet Archie. Und was die Fähigkeit anlangt, nie ein Gesicht zu vergessen, so kommt er gleich an zweiter Stelle hinter Saul Panzer.
Archie ist Wolfe gegenüber unerschütterlich loyal. Er besteht aber zu gleicher Zeit auf seiner Unabhängigkeit. In ›Über meine Leiche‹ sagt er: »Ich bin Nero Wolfes Assistent, Leibwächter, Laufbursche und Lohnsklave, aber ich kann jederzeit meinen Dienst quittieren. Ich bin mein eigener Herr.«
Außer seiner Funktion als Wolfes Quälgeist und Laufbursche hat Archie aber noch zahllose andere Pflichten.
Er ist ein überaus geschickter Chauffeur, vor allem, wenn er Wolfe an Bord hat; dann laviert er so behutsam mit der Heron Limousine »wie ein Taschendieb mit seinen Fingern«.
Als Buchhalter bezahlt er die Haushaltsrechnungen, führt er Buch über die Spesen, die in Verbindung mit einem Auftrag anfallen und deponiert er das Honorar des Klienten bei der Bank, wenn der Auftrag erfolgreich abgeschlossen ist.
Er bedient fast immer das Telefon, wobei er sich in den Dienststunden mit den Worten meldet: »Büro von Nero Wolfe, Archie Goodwin am Apparat.« Er empfängt die Klienten und bringt sie wieder hinaus, hilft ihnen beim An- und Ablegen ihrer Mäntel, wimmelt unerwünschte Besucher ab, sorgt dafür, daß die Haustür ordnungsgemäß verschlossen und verriegelt ist.
Als Sekretär beantwortet er Wolfes Post, nimmt Diktate auf, hält die Pflanzenkartei in Ordnung und notiert sich sämtliche Interviews in seiner persönlichen phonetischen Kurzschrift, die er bis zu einem solchen Grad komprimiert hat, daß er den Text der amerikanischen Verfassung auf die Rückseite eines Briefkuverts bekommt. (Auf diesem Gebiet leidet er an einer Schwäche, die er offen zugibt: fremdsprachige Wörter und Phrasen sind nicht gerade seine starke Seite. In ›Zu viele Köche‹ schreibt Archie: »Ich hab in meinem Bericht möglichst wenig Parlewu und dergleichen benutzt, aber ganz konnte ich nicht darauf verzichten, wegen der Leute, die drin vorkommen ... Wolfe weigerte sich mir dabei zu helfen, und ich mußte in die Heine-

mann Sprachschule gehen und einem Professor dreißig Piepen zahlen, damit er mein Manuskript durchsah und die Fehler verbesserte.« Die Schnelligkeit, mit der Archie seine Notizen ins reine schreibt, hängt von den Umständen ab. Einmal, in einer echten Zwangslage, tippte er dreißig Seiten in drei Stunden, aber seine Durchschnittsleistung sind sechs oder sieben, und es ist auch schon vorgekommen, daß er nicht mehr als vier oder fünf Seiten pro Stunde schaffte.

In seiner Funktion als Leibwache hat Archie Wolfe etliche Male das Leben gerettet. In ›Where There's a Will‹ erzählt uns Archie, wie er eine zierliche kleine Kubanerin mit einem Kuß außer Gefecht setzte, als sie mit einem Dolch im Strumpf im Büro aufkreuzte, um ihn gegen Wolfe zu zücken, weil der ihrem glutäugigen Freund eine Schmuggelaffäre angehängt hatte.

Wir haben Wolfes Wort dafür, daß Archie »ungewöhnlich stark« ist, und er beherrscht sowohl die sauberen als auch die schmutzigen Kampfpraktiken. (»Ich bin ein Selfmademan und ein Rauhbein, aber kein Schläger.«) Archie ist, wenn die Situation es zu fordern scheint, in seinen Methoden nicht wählerisch, aber sein bester Schlag ist doch wohl ein guter steifer rechter Nierenhaken, in den er sein ganzes Gewicht legt, als wollte er sich einmal um sich selbst drehen; mit diesem Körpertreffer kann er einen Mann glatt ausknocken. »Sie sind gut genug für den Garden – Sie haben mich für eine Woche lahmgelegt; gegen Ihre Rechte kommt nicht mal ein Tank an«, sagte Harry Anthony zu ihm.

Hier folgt eine Schilderung, die Archie von sich selbst in einer Rauferei mit zwei Kriminalbeamten gibt: »Ich sprang zurück und kam nach vorn und stieß dem einen das Knie in die Wampe und stoppte den anderen mit einem kurzen Geraden. Er startete einen Schwinger, aber ich klaubte den auf, der mir gegen das Knie gerannt war, und benutzte ihn als Kehrbesen. Ich verließ mich dabei auf mein Tempo und meine 180 Pfund; die Kombination fegte die Halle leer.«

»Ich gebe erst auf, wenn die Ambulanz kommt«, sagt Archie grimmig.

Zuweilen braucht Archie auch eine Schußwaffe; früher bestand sein Arsenal aus zwei Colts und einer Wembley-Pistole, die er in einer Schreibtischlade im Büro aufbewahrte. Später fügte er einen stumpfnasigen Farger und eine Marley Kaliber .38 hinzu.

Wenn sich Archie auf den Kriegspfad begibt, steckt er ein Schießeisen in die Mantel- oder Rocktasche. Er trägt ferner einen Schulterhalfter mit einem Worthington Kaliber .38, Nummer 63092 T; später sattelte er auf eine Marley Kaliber .32 um. Manchmal hat er auch einen Schalldämpfer bei sich.

Archie ist nie ganz wohl in seiner Haut, wenn er unterwegs ist, um sich seinen Mann zu schnappen; er kriegt nicht genug Luft, er atmet schneller als sonst, und alles, was er berührt, »scheint zu leben und mit pulsierendem Blut gefüllt zu sein«. Er mag dieses Gefühl nicht, hat es aber unweigerlich.

In solchen Augenblicken starker Nervenanspannung neigt Archie dazu, im Gespräch den Ausdruck »in der Tat« übermäßig oft zu gebrauchen. Er gehört zu Wolfes Lieblingsausdrücken, und es wurmt Archie, wenn er sich dabei ertappt; denn »wenn ich in den Spiegel gucke, möchte ich mich so sehen, wie ich wirklich bin und ohne fremden Federschmuck, sogar, wenn er von Nero Wolfe stammt«.

Ebenso wie Sherlock Holmes ist Archie »immer im Training«. Er braucht seine »vollen 510 Minuten Schlaf« pro Nacht. »Es vergiftet mein System, wenn ich zu spät ins Bett gehe oder unnötig im Schlaf gestört werde.« Er turnt jeden Morgen und schränkt seinen Zigarettenkonsum auf ein Minimum ein.

Am liebsten trinkt er Milch, die er halbliterweise vertilgt. (Bier mag er nicht.) Früher hatte er immer eine Flasche Roggenwhisky in seinem Zimmer und goß sich ab und zu einen hinter die Binde. Ihm schmeckten offenbar auch die Repeal Highballs, die er während der Lanzenschlangenaffäre mit Manuel Kimball trank. Als er und Wolfe dem Geheimnis hinter der ›Liga der furchtsamen Männer‹ nachspürten, kippte er mit Albert Wright im Harvard Club einen Vermouth. Er genehmigte sich zwei »Fingerhutvoll« Bourbon aus dem Barschrank im Büro, als der Fall der Gummibande in ein kritisches Stadium trat, und in Kanawha Spa trank er Cognac und Bourbon. In ›Über meine Leiche‹ goß er sich einen Drink ein — einen doppelten — spülte ihn hinunter und goß sich noch einen ein.

Auch in späteren Jahren blieben sich seine Trinkgewohnheiten gleich. Er zwitscherte drei Highballs mit Larry Huddleston in ›Der Tod gibt sich die Ehre‹; Scotch mit Joe Groll in ›Instead of Evidence‹ (Anstelle von Beweisen), Scotch und Wasser in ›Der Schein trügt‹ und in ›Champagnerparty‹, zwei Scotch mit Eis in ›The Gun with Wings‹; in ›Das zweite Geständnis‹ trank er einen Tom Collins und einen Bourbon mit Wasser, in ›Gambit‹ und in ›Per Adresse Mörder X‹ einen kleinen Old Sandy Bourbon und in ›Invitation to Murder‹ einen Mangan's Irish. Er trank Gibsons mit einer netten kleinen Blondine an Bord der ›Basilia‹ auf der Rückreise vom ›Schwarzen

Berg‹, einen Gin tonic in ›Das Plagiat‹ und einen Martini in ›Per Adresse Mörder X‹.
Aber »vor Einbruch der Dunkelheit nehme ich selten einen Drink«, stellt Archie irgendwo fest. »Nicht, daß ich nicht ganz gerne was Kräftigeres als Wasser hinter die Binde gieße, wenn ich außer Dienst bin«, schreibt er in ›Gast im dritten Stock‹, »aber das dauert wohl noch 'ne Weile.« Und seitdem er bei einer geselligen Zusammenkunft aus lauter Höflichkeit vier Martinis trank und infolgedessen einen wichtigen Hinweis überhörte, hat er während der Arbeitszeit die Dosis stark herabgesetzt.
Gleich Wolfe ist Archie ein starker Esser. Er legt besonders großen Wert auf ein umfangreiches Frühstück: Grapefruit- oder Orangensaft, den er gern zimmerwarm trinkt, Eier und Schinken, Muffins und massenhaft Kaffee, schwarz mit zwei Stück Zucker. Oder ein Berg Toast und vier auf kleiner Flamme in schwarzer Butter und Sherry gekochte Eier. Oder kanadischer Speck und Pfannkuchen mit dem wilden Thymianhonig, den Wolfe aus Syrien bezieht. Oder ein Anchovisomelett. Oder ein von Fritz in der Kasserolle serviertes Gericht: Butter, sechs Eßlöffel Sahne, drei frische Eier, vier Lambert Würstchen, Salz, Pfeffer, Paprika und Schnittlauch.
Nach Archies Meinung treten einige der Verschiedenheiten zwischen ihm und Wolfe bei Tisch deutlicher hervor als sonstwo. Wolfe ist ein Gourmet und Archie ein Gourmand. »Was Wolfe am Essen hauptsächlich reizt, ist das intime Verhältnis, das es mit den Geschmacksnerven in seinem Gaumen eingeht«, schreibt Archie, »während es mir vor allem darauf ankommt, daß es sich auf dem Weg in meinen Magen befindet.« Archie mag Estragon, Wolfe verzichtet lieber darauf, und das hat zu einigen mehr oder minder heftigen Unstimmigkeiten zwischen ihnen geführt.
Von der Statur her ist Archie hochgewachsen, knapp ein Meter 80, breitschultrig, schmalhüftig; er hat braune Haare und braune Augen und eine Nase, die er zwar gern für aristokratisch hält, die aber, wie er selber zugibt, eher platt ist. Er hat ferner eine angenehme Baritonstimme.
Keine Frage, Archie ist unbedingt ein sehr gutaussehender junger Mann. »Mit einem Detektiv hab ich noch nie ein Glas getrunken, und schon gar nicht mit einem so verdammt gutaussehenden Detektiv«, sagte in ›Über meine Leiche‹ eine junge Dame zu ihm. Eine zweite bemerkte: »Sie sehen gesund und hübsch aus.« Mrs. Sorell sagte zu Archie: »Sie sind hübsch – *sehr* hübsch.« Und Julie Jacquette

nannte ihn »flink« und »graziös«. Eine junge Frau in ›Schwarze Orchideen‹ verglich ihn mit Clark Gable, aber da erhob Archie Einspruch: »Niemand kann sagen, daß ich wie ein Filmschauspieler aussehe, und wenn's schon einer sein muß, möchte ich lieber mit Gary Cooper verglichen werden.« Rex Stout wiederum findet, daß Archie dem verstorbenen Humphrey Bogart ähnlich sieht.

Ein Großteil von Archies schwerverdientem Geld geht für Bekleidung drauf, und er hat in punkto Garderobe einen ausgezeichneten Geschmack.

In ›Die Lanzenschlange‹ – eine Frühjahrsaffäre – trug er einen dunkelblauen Anzug, blaues Oberhemd (in ›A Right to Die‹ sagt Archie: »Ich würd mich nicht mal als Leiche in einem weißen Hemd erwischen lassen, außer ein Galaabend erfordert vollen Wichs«), eine lohfarbene Krawatte und einen Panamahut.

In ›Die Liga der furchtsamen Männer‹ – eine Herbstaffäre – trug er einen karierten grauen Anzug (»so gut hat selten einer gesessen«) mit einem hellblauen Hemd und einer dunkelblauen Krawatte.

In ›Die rote Schatulle‹ – März – zog er seinen »braunen Anzug mit dem hellbraunen Nadelstreifen an, ein hellbraunes Hemd, ein grünes Musselinhalstuch und meinen dunkelgrünen weichen Filzhut«.

In ›Die goldenen Spinnen‹ – Mai – trug er einen braunen Gabardineanzug, ein hellbraun gestreiftes Hemd, eine braune Krawatte und braune Schuhe.

In ›Vor Mitternacht‹ – April – trug er einen gutsitzenden dunkelbraunen Anzug mit Nadelstreifen, ein braunes Hemd und eine handgewebte mittelbraune Krawatte.

Als er Birchvale, Mrs. Barry Rackhams Landsitz in Westchester, besuchte, trug Archie einen »melierten Tweedanzug von Fradick mit einem grauweißen Hemd und einer kastanienbraunen Krawatte«.

Zu Haus, in der 35th Street West, in der Abgeschiedenheit seines Schlafzimmers, hüllt sich Archie in den Morgenrock, den er von Wolfe zu Weihnachten bekommen hat, und in einen seidenen Schlafanzug, ein Geburtstagsgeschenk seiner Schwester; Wolfe findet den Schlafanzug »scheußlich schön«. Es hat allerdings den Anschein, als zöge Archie den Pyjama nur an, um festzustellen, wie er darin aussieht; im Bett trägt er nämlich keinen.

»Sauberkeit ist mir angeboren«, sagt Archie in ›Über meine Leiche‹, »ich laufe nicht mit ausgebeulten Taschen herum.« Er läuft auch nicht mit ungeputzten Schuhen (Nummer neun) herum; falls er nicht selbst dahinterher wäre, würde Wolfe ihn darauf drillen.

Archie trägt eine Armbanduhr, die angeblich nie mehr als dreißig Sekunden vor- oder nachgeht. Ferner hat er stets eine Brieftasche bei sich, Notizbuch und Bleistift, Taschenmesser, Füllfederhalter und natürlich ein Taschentuch. Aber sein stolzester Besitz (»Ich hätte es vielleicht für New York City eingetauscht, falls man mir zusätzlich noch ein paar Vororte draufgegeben hätte«) ist ein Geburtstagsgeschenk von Wolfe: ein ledernes Portefeuille, in dem er seinen Waffenschein und seine Lizenz als Privatdetektiv aufbewahrt. Es ist aus Straußenleder mit reichen handvergoldeten Verzierungen; die eine Seite ist mit feinen goldenen Linien bedeckt, aus denen Orchideen (Cattleyas) ranken, die andere Seite mit zweiundfünfzig makellosen kleinen Colt-Pistolen, die alle ins Zentrum zielen; innen steht in Gold geprägt »A. G. von N. W.«

Es läßt sich denken, daß Archie neben all seinen beruflichen Pflichten wenig Zeit für private Vergnügungen bleibt. Er läuft und schwimmt jedoch gern und spielt gelegentlich Schach. Wie wir gesehen haben, versteht er was von Billard, und beim Pokern ist er sehr gut (der Donnerstagabend ist für Archie Pokerabend, aber um zwei Uhr nachts ist Zapfenstreich); beim Rommé knöpft er sogar Saul Panzer Geld ab und beim Bridge entwickelt er eine so hellseherische Geschicklichkeit, daß manche ihn für einen Betrüger halten.

Archie riskiert gelegentlich einen Fünfer beim Pferderennen; am Samstagabend geht er meistens mit irgendeinem steilen Zahn zu einem Hockey- oder Basketballspiel oder vielleicht auch zu einem Boxkampf im Madison Square Garden; Baseballspiele besucht er so oft wie möglich (das gilt auch für Rex Stout).

Ab und zu läßt er sich von Lily Rowan in ihre Loge in der Oper einladen und er schaut sich stets die neuesten und besten Filme an. Wenn nicht gerade ein wichtiger Fall dazwischenkommt, gehört der Sonntag ihm, und da geht er, nachdem er die ›New York Times‹ gelesen hat, am Nachmittag oft ins Kino. Das Fernsehen interessiert ihn nicht besonders, und er hat mit Ausnahme der Nachrichtensendungen keine Favoriten, »weil die meisten Programme anscheinend entweder für die geistig Minderbemittelten oder die Eierköpfe bestimmt sind, und ich liege gerade so dazwischen«.

»Dann und wann steck ich die Nase auch mal in ein Buch«, bekennt Archie, »aber nicht ein einziges hat mir wirklich was gegeben; ich hab immer das Gefühl, da ist doch kein Funken Leben mehr drin, das ist alles tot und vorbei, wozu also das Ganze; mir macht das ungefähr genauso viel Spaß wie ein Picknick auf einem Friedhof.«

Seine Abneigung gegen Bücher hindert ihn jedoch nicht daran, welche zu schreiben, in einer Prosa, die Professor Jacques Barzun »kraftvoll, klar und zügig« genannt hat. Es handelt sich natürlich um seine Berichte über Nero Wolfes Fälle, wobei er allerdings nur jene ausführlich schildert, die mit Mord zu tun haben.
Manchmal, wenn alles ruhig und kein Auftrag in Sicht ist, nimmt Archie Urlaub. Er fährt zum Angeln nach Maine oder nach Pike County zur Entenjagd mit Cleve Sturgis, den er bei der Heuschnupfenaffäre kennenlernte.
Im allgemeinen jedoch ist Archie ein eingefleischtes Stadtgewächs. »Gottes freie Natur ist soweit okay, ich hab eigentlich nichts dagegen, und natürlich muß auf dem Land auch was wachsen, denn was sollte man dort sonst mit dem vielen Platz anfangen. Aber eins ist sicher, für jemanden, der an Abwechslung gewöhnt ist, ist es eine verdammt öde Gegend. Da lob ich mir den Times Square.«
Für ein Vergnügen hat Archie immer Zeit, das Tanzen. Es ist seine große Passion, und er ist ein hervorragender Tänzer. Meist geht er dazu in den Flamingo Club, weil er die dortige Band für die beste in ganz New York hält. Aber er ist mit dem Flamingo Club nicht verheiratet; er war auch schon bei Gilotti oder im Silbersaal des Hotels Churchill.
In Anbetracht all seiner Vorzüge – gutes Aussehen, gepflegte Erscheinung, teure maßgearbeitete Kleidung, erstklassiger Tänzer – ist es kein Wunder, daß Archie Glück bei den Frauen hat. »Die Schnelligkeit, mit der Mr. Goodwin Damenbekanntschaften anknüpft und ausbaut, hat nicht ihresgleichen«, sagt Nero Wolfe. Oder: »Sein Urteil über Frauen unter dreißig ist unfehlbar.«
Archie weiß sehr wohl, daß er bei jungen Frauen kaum je mit einem Korb rechnen muß. Aber er weist bescheiden auf den Umstand hin, daß er nur dort Avancen macht, wo Aussicht auf Erfolg besteht. »Mit Frauen ergeht es mir komisch«, bekennt er. »Ich hab Dutzende getroffen, die ich ganz gern geheiratet hätte, aber es hat mich nie so schlimm gepackt, daß ich aus den Pantinen gekippt wäre.« (Hier vergißt er tunlichst, was er früher geschrieben hatte: »Das einzige Mädchen, auf das ich wirklich scharf war, fand einen anderen Freier, der ihr besser gefiel. So geschah's, daß ich Wolfe kennenlernte.«)
»Ich weiß wahrhaftig nicht, ob eine von ihnen mich genommen hätte«, fährt Archie fort, »da ich keiner die Chance gab, genügend sachdienliche Unterlagen zu sammeln, um sich ein vernünftiges Urteil zu bilden. Wenn ich eine Frau kennenlerne, bin ich wohl interes-

siert und für alle Möglichkeiten aufgeschlossen, und ich hab mich, meines Wissens, noch nie vor der Entscheidung gedrückt, aber ich scheine mich niemals richtig zu verlieben. Nehmen wir beispielsweise die Frauen, die ich von Berufs wegen in unserem Laden – ich meine, in Nero Wolfes Laden – kennenlerne. Ich treffe keine, sofern sie nicht bloß ein Objekt für die Müllabfuhr ist, bei der ich meinen Augen nicht jede Gelegenheit gebe, aufschlußreiche Entdeckungen zu machen, ja, mehr als das, ich spür ein Prickeln im Blut und fange Feuer. Aber dann kommt der Job, egal, was für einer, ins Rollen, und ich schätze, der Haken bei mir ist, daß ich zu gewissenhaft bin. Gute Arbeit zu leisten ist mir wichtiger als sonstwas, und da bleibt mir eben keine Zeit, den Romeo zu spielen.«

Aber in ›Schwarze Orchideen‹ warnt er Nero Wolfe und seine Leser: »Stimmt, ich hab – mehr aus Jux – schon öfters mit Heirat gedroht, aber früher oder später werd ich mit meiner Drohung Ernst machen.«

Wer mag seine Zukünftige sein?

Wenn auch in Archie Goodwins mehr oder minder sorglosem Dasein Frauen kommen und gehen, so besteht doch seit vielen Jahren eine feste, ungetrübte Freundschaft zwischen ihm und einer reizenden Dame, und ihr Name ist Lily Rowan.

Lily reicht Archie bis ans Kinn oder etwas darüber; sie ist eine Blondine, aber keineswegs eine fade, farblose Blondine; sie hat dunkelblaue Augen, und sie tanzt besser als sonstwer aus Archies Bekanntenkreis.

Lily ist sehr faul. Und Lily ist sehr reich.

Lilys Mutter war Kellnerin, ihr Vater ein irischer Einwanderer, der mit dem Bau von Abwasserkanälen für New York City acht Millionen Dollar verdiente. Er war außerdem dreißig Jahre lang Bezirksleiter der Tammany Society, und Lily wählt infolgedessen nur die Demokraten.

Sie und Archie lernten sich 1938 kennen, und zwar unmittelbar vor einem Weidegatter im nördlichen Hinterland des Staates New York. Die Episode begann damit, daß sich Archie und ein Bulle namens Cäsar zum Mißvergnügen beider Teile innerhalb der Einzäunung befanden. Als Archie das Gatter mit knapper Not erreichte, war ihm seine Haut wichtiger als Anstand und Würde. Er segelte irgendwie über das Gatter, kollerte zehn Meter weit und rappelte sich hoch, und ein Mädchen in gelbem Hemd und Slacks applaudierte sarkastisch und sagte gedehnt: »Bravo, Escamillo! Mach das nochmal!«

Lily nennt Archie seitdem immer Escamillo.

»Und so führte eins zum anderen ... zu allem Möglichen«, wie Archie es ausdrückt. Es führte unter anderem zu einem gemeinsamen Trip nach Norwegen, nachdem Wolfe und Archie die Affäre ›Sogar in den besten Familien‹ abgewickelt hatten.

1942 wohnte Lily im Ritz, »wo sie ihren eigenen Turm hatte«, aber mittlerweile hat sie ein Penthouse auf dem Dach eines zehnstöckigen Gebäudes in der 63rd Street East zwischen Madison und Park Avenue. Im Penthouse liegt ein 5,70 m x 10,20 m großer Kaschan mit einem reichen Blütenrankenmuster in sieben verschiedenen Farben im Wohnzimmer (er kostete Lily 14 000 Dollar). An den Wänden hängen Bilder von Renoir, Monet und Cézanne – was Archie über Malerei weiß, hat er von Lily –, und es gibt ein grauweißes Piano und Glastüren zur Terrasse, die im Sommer mit Blumen und im Winter mit Immergrüngewächsen geschmückt ist. Lily besitzt ferner ein Sommerhaus unweit Katonah und eine Ranch in Montana, die sie und Archie zuweilen besuchen.

Ab und zu veranstaltet Lily im Penthouse eine Pokerpartie. Genau wie Archie pokert sie leidenschaftlich gern, und wenn sie dabei den einen Mundwinkel verzieht, weiß der Eingeweihte, daß sie mit vier Schippen und nicht mehr als einer Kreuzsechs in der Hand zu bluffen versucht.

Wolfe hat Lily »reich, zügellos und notorisch« genannt, im Rückblick auf eine Episode, bei der sie ihn von Kopf bis Fuß mit ihrem Parfüm besprengte. Dank Archie bezeichnet er sie inzwischen wohlwollend als »gut betucht und verspielt«.

So ziemlich jede Woche schickt Archie Lily Orchideen, und zwar eine Sorte, die man nirgends kaufen kann; sie stammen aus Wolfes Gewächshaus – natürlich mit seiner Erlaubnis.

Werden Lily und Archie in absehbarer Zeit heiraten?

Nun, und falls nicht Lily die Zukünftige ist, dann kann es nur Lucy Valdon sein oder die beunruhigend schöne Julie Jacquette, Nachtklubsängerin in den ›Ten Little Indians‹. Julie ist momentan auf der Uni, um ein bißchen Bildung nachzuholen, und dort glotzen die anderen sie an wie ein Wundertier. In ihren zahlreichen Briefen an Archie wünscht sie ihm alles Gute.

3 Ein altes Braunsteinhaus in der 35th Street West

»Sie sind hier drüben am Fluß in einem abgesonderten Winkel, ganz für sich allein.«
John P. Barrett zu Nero Wolfe, ›Über meine Leiche‹

Nehmen Sie ein Taxi in die 35th Street West in New York City. Steigen Sie an der Zehnten Avenue aus und laufen Sie in Richtung Elfte Avenue. Weniger als einen halben Block vom Hudson River entfernt, auf der Südseite der Straße, gegenüber einem Schneiderladen, stoßen Sie auf das alte Braunsteinhaus – vier Etagen, falls man die Gewächsräume unterm Dach mitzählt – in dem Nero Wolfe und Archie Goodwin leben und arbeiten. Es ist ebensosehr handelnde Person in der Saga wie Wolfe und Archie.

Die genaue Hausnummer wissen wir nicht. In ›Über meine Leiche‹ gibt Archie sie mit »506« an, in ›Zu viele Klienten‹ mit »618«, in ›Orchideen für 16 Mädchen‹ mit »902«, in ›Blei ist ungesund‹ mit »909«, in ›Gast im dritten Stock‹ und ›Per Adresse Mörder X‹ mit »914«, in ›Die rote Schatulle‹ und ›Methode drei‹ mit »918«, in ›The Silent Speaker‹ mit »922«, in ›Man Alive‹ mit »924« und in ›Leiche in bestem Verhältnis‹ mit »938«. Wolfe selbst nennt in ›The Next Witness‹ die Nummer »918«.

Ebenso abgefeimt verhält sich Archie bei der Telefonnummer. Ist es BRyant 9-2828 oder PEnnsylvania 3-1212 oder PRoctor 5-5000?

Desgleichen begeben wir uns auf schwankenden Grund mit der Frage, seit wann Wolfe das Haus besitzt und bewohnt. Im Sommer 1933 untersuchte Wolfe den Tod des Präsidenten Barstow vom Holland College, und damals, so steht in Archies Bericht, bewohnte er das alte Braunsteinhaus seit zwanzig Jahren. Diese Angabe ist offensichtlich falsch. Sie würde bedeuten, daß er das Haus 1913 erwarb und anschließend beständig darin wohnte. Im Jahre 1913 jedoch befand sich Wolfe, wie wir später sehen werden, in Europa, und zwar seit langer Zeit, und er kehrte nicht vor 1919, wenn nicht sogar erst 1921 oder kurz danach, in die Vereinigten Staaten zurück.

Und als wäre die Konfusion nicht schon groß genug, erklärt Wolfe selbst in ›Fourth of July Picnic‹: »Als ich 1930 nicht ganz unbemittelt in dies Land kam, kaufte ich das Haus.«

Im Erdgeschoß des alten Hauses befinden sich »das Vorderzimmer«, das Eßzimmer, das Büro, die Küche und die Anrichte.

Das Kellergeschoß, auch »Souterrain« genannt, obwohl es nur einen Meter unter Straßenniveau liegt, kann man über eine Treppe mit zwölf Stufen von der Küche aus erreichen oder durch einen Zugang vom Garten her (vier Stufen) oder durch eine massive Tür, links von der Vortreppe, mit schmiedeeisernem Geländer und Gitter, von der fünf Stufen zum Trottoir hinaufführen. Hier, im Souterrain, hat Fritz, nach der Straße zu, sein Schlafzimmer und Bad; anschließend kommt ein behaglicher kleiner Raum mit einer alten Couch. Hier steht auch, in einem großen Raum, der Billardtisch, an dem Wolfe und Archie gelegentlich eine Partie spielen; daneben die übliche erhöhte Bank und auf einem Podest ein voluminöser bequemer Sessel für Wolfe. Hier finden wir ferner den Weinkeller und Verschläge für Taschen, Koffer und leere Kartons.

Fritz hätte auch ein Zimmer in den oberen Stockwerken haben können, aber er zieht das Souterrain vor. Seine Bude ist so groß wie das Büro und das Vorderzimmer zusammengenommen, doch hat sich mit den Jahren eine Menge Krimskrams darin angesammelt – Zeitschriftenstapel auf den Tischen, die Porträtbüsten von Escoffier und Brillat-Savarin auf Stellagen, gerahmte Speisekarten an den Wänden, ein überdimensionales Bett, fünf Stühle, Bücherregale (er besitzt 289 Kochbücher), der ausgestopfte Kopf eines Keilers, den er in den Vogesen erlegte, ein Fernsehapparat, eine Stereoanlage, zwei große Kisten mit antikem Kochgeschirr, darunter eines, das Julius Cäsar benutzt haben soll, und dergleichen mehr.

Wolfes Schlafzimmer liegt im zweiten Stock nach hinten hinaus, und Archie bewohnte eine Zeitlang das dazugehörige Vorderzimmer. Mittlerweile ist er jedoch in das darübergelegene Zimmer im dritten Stock umgezogen. (Wolfe schnarcht nämlich.) Das angrenzende Südzimmer ist Gästen vorbehalten.

Das Dachgeschoß ist ein riesiges verglastes Gewächshaus, bis auf den Umpflanzraum und das Kämmerchen, wo Theodore Horstmann, der Orchideenpfleger, schläft.

Wollen Sie Wolfe besuchen, dann steigen Sie die sieben Stufen der Vortreppe hinauf und klingeln. (Wenn Archie von einem geschäftlichen Gang zurückkommt, und Fritz die Tür bedient, weist sich Archie durch ein spezielles Klingelzeichen aus – meist zweimal kurz und einmal lang.) Sie stehen vor einer Tür mit einem kleinen verhängten Fenster. Die Glasscheibe wirkt einseitig; Sie können nicht hinein-, aber Archie (oder Fritz) kann hinausschauen. Zu Ihrer Linken sehen Sie die dicht verhüllten und mit Jalousien gesicherten Fenster des Vorderzimmers, zu Ihrer Rechten die entsprechenden Fenster des Eßzimmers. Die Tür selbst ist abgeschlossen, verriegelt und mit einer Kette gesichert, bis es Archie oder Fritz beliebt, Sie einzulassen.

Sind Sie angemeldet – oder hat Archie ein Einsehen und erlaubt Ihnen, im Vorderzimmer oder im Büro auf Wolfe zu warten – dann gelangen Sie zunächst in eine weitläufige, mit Gummifliesen ausgelegte Halle mit einem riesigen Garderobenständer aus Eiche (oder Walnuß?) für Hüte und Mäntel, einem Spiegel und einem Ständer für Schirme und Spazierstöcke. Ferner sind eine Bank und mehrere Stühle vorhanden. Zu Ihrer Rechten, von hinten nach vorn, befindet sich die Treppe, Wolfes Fahrstuhl und die Tür zum Eßzimmer. Unmittelbar zu Ihrer Linken ist die Tür zum Vorderzimmer und weiter unten die Tür zum Büro. Die Schwingtür zur Küche liegt ganz hinten, am anderen Ende der Halle, der Haustür genau gegenüber. (Wolfe ließ das Vestibül entfernen, um die Halle zu vergrößern.)

Das Vorderzimmer, das nicht viel benutzt wird, enthält einen Tisch, ein Sofa mit sechs Samtkissen, ein Klavier mit Stuhl und ein Schachbrett, mit dem sich Johnny Keems und Fred Durkin in ›Die Gummibande‹ die Zeit vertrieben. Es hat einen Kamin und drei Türen: zur Halle, ins Bad zwischen Vorderzimmer und Büro und ins Büro selbst.

Das Büro ist zweimal so groß wie jeder andere Raum im Erdgeschoß. Praktisch ist es auch das Wohnzimmer, und da Wolfe den Haupttteil seiner Zeit hier verbringt, steht ihm die Entscheidung über Mobiliar und Zimmerschmuck zu: er duldet nichts darin, was sein Auge beleidigt.

Es ist ein hoher Raum, und man braucht eine Trittleiter, um die obersten Fächer zu erreichen. In einem der oberen Regale ist die Fotoausrüstung untergebracht, eine Veblex und eine Tollens mit Zubehör; weiter unten liegen nach dem Datum geordnet sämtliche Nummern der ›New York Times‹ aus den letzten fünf Wochen; ein Fach enthält ein vollständiges Sortiment von Einbruchwerkzeugen, Schlüssel, Dietriche, Brecheisen, Gummihandschuhe; ein anderes Bürsten und Pulver, eine komplette Fingerabdruckausrüstung.

Im Büro gibt es acht verschiedene Lichtquellen: die Deckenbeleuchtung, eine große Schale aus gebändertem orientalischem Alabaster; eine Wandlampe hinter Wolfes Sessel; seine Schreibtischlampe; Archies Schreibtischlampe; eine Spezialleuchte für den großen Globus und drei für die Bücherborde. Wolfe benutzt die Schreibtischlampe

nur rein geschäftlich, beispielsweise für Kreuzworträtsel, und die Wandlampe zum Lesen. Er hat es gern sehr hell im Zimmer.
Wolfe sitzt an einem Kirschholzschreibtisch, mit dem Rücken zur Südwand des Büros, und zwei Fenster mit gelben Gardinen zu seiner Rechten. Sein Schreibtisch hat links drei, rechts vier und in der Mitte eine einzige breite flache Schublade, in der er den achtzehnkarätigen goldenen Flaschenöffner, das Geschenk eines zufriedenen Klienten, aufbewahrt, und in die er die Kronenverschlüsse der Bierflaschen hineintut; auf die Art kann er seinen Bierkonsum kontrollieren. In einer anderen Schublade ist ein alter Ölstein, an dem er seine Bleistifte schärft.
Auf dem Schreibtisch befindet sich folgendes: eine Schreibunterlage; seine Briefbeschwerer: ein Klumpen versteinertes Holz, das ein Mann namens Duggan als Mordwaffe benutzte, und ein Stück geschnitztes Ebenholz, mit dem ein Mann namens Mortimer seiner Frau den Schädel einschlug; eine Vase mit Cymbidium oder Laeliocattleya oder sonst einer Orchideenart; Wolfes Lesezeichen, eine gefälschte Zehndollarnote mit dem Autogramm eines ehemaligen Finanzministers in Anerkennung geleisteter Dienste; sein Brieföffner, ein Messer mit Horngriff, das 1954 im Keller einer alten albanischen Grenzfestung ein Mann namens Bua nach ihm warf; eine Federschale; Bleistifte; ein Notizblock und ein Kalender; ein Telefon; seine Schreibtischlampe; ein Schalter zum An- und Abstellen des Radios und des Fernsehapparats; ein Klingelknopf, um Fritz herbeizuzitieren (zweimal kurz oder zweimal kurz und einmal lang für Bier, einmal lang für sonstige Aufträge).
Ein Lexikon, und zwar der ungekürzte Webster, in Leder gebunden, liegt rechts von Wolfe auf einem Gestell. Es ist die zweite Auflage, denn die dritte hat Wolfe, gleich nach ihrem Erscheinen, Blatt für Blatt, im Kamin des Vorderzimmers verbrannt.
Es gibt viele Stühle im Haus, die auf Wolfes Leibesumfang zugeschnitten sind — einen in seinem Schlafzimmer, einen im Eßzimmer, einen im Gewächshaus — aber der Sessel hinter seinem Schreibtisch hat für Wolfe in der ganzen Welt nicht seinesgleichen. Er ist gewaltig, aus brasilianischem Mauroholz, mit braunem Lederpolster und wurde von Meyer eigens für Wolfe angefertigt. Er hält garantiert eine Vierteltonne aus.
Archies Schreibtisch steht — zweieinhalb Meter von Wolfes Schreibtisch entfernt — unter dem Fenster. Archie hat natürlich eine Schreibmaschine, aber eine, die versenkbar ist und bei Bedarf aus ihrem

Fach herausgeschwenkt werden kann. Der Schreibtisch hat ferner eine Ausziehklappe, auf der Archie sich seine Notizen macht. In einer Schublade ist das Waffenarsenal untergebracht; eine andere enthält ein Sortiment Visitenkarten, in neun oder zehn verschiedenen Ausführungen, mit unterschiedlichem Aufdruck, passend für jede nur erdenkliche Gelegenheit. Die unterste Schublade enthält persönliche Dinge. Auf dem Schreibtisch befinden sich ein Telefon, Stenoblock und Bleistift, ein Aschenbecher, der mehr dekorativen Zwecken dient, da Archie kaum je raucht; es ist ein zwölf Zentimeter breites Jadeschälchen, das Geschenk eines Klienten. Dann ein rotes Lederkästchen (*die* rote Schatulle), in dem Archie seit 1936 die Briefmarken aufbewahrt. Archie sitzt auf einem Drehstuhl, und eine leichte Schwenkung bringt ihn Aug in Auge mit Wolfe.

Der schwere rote Ledersessel, in dem Inspektor Cramer zu sitzen pflegt, steht rechts neben Wolfes Schreibtisch. Es ist der Klienten- und Besuchersessel und Archie sagt von ihm: »Ich hab schon eine Menge Leute in dem Sessel erlebt, aber es gab nur einen Menschen, der das richtige Format für ihn hatte.«

Ein zweiter überdimensionaler Sessel steht drüben neben dem großen Globus. Der Globus hat einen Durchmesser von zirka 65 cm, wurde von Gouchard angefertigt und ist eine Rarität; der Marquis von Clivers schätzte, daß »er nicht unter hundert Pfund gekostet haben könnte«. In Wirklichkeit kostete das Prachtstück 500 Dollar. Immer, wenn eine Situation so kritisch wird, daß Wolfe am liebsten ganz woanders wäre, stellt er sich vor den großen Globus und geht mit dem Zeigefinger auf Reisen.

Kleine gelbe Sessel mit gerader Rückenlehne sind überall im Raum verstreut, und in der Ecke, die von der vorspringenden Wand des Badezimmers gebildet wird, steht eine mit Kissen bestückte hellgelbe Couch.

Die Rundfunk- und Fernsehtruhe wird, wie bereits erwähnt, von Wolfes Schreibtisch aus bedient. (Wolfes Lieblingsprogramm waren früher die ›Joy Boys‹, die Archie verdammt vulgär fand; er zog die Band im Surf Room des Hotels Portland vor.)

Wichtig ist noch ein wohlassortierter Barschrank; in ihm findet man unter anderem einen Old Corcoran Irish Whisky, einen Guarnier, Jahrgang 1890, einen Wodka Korbeloff, Meyer's Rum und Follansbee's Gin.

Zum Büromobiliar gehört außerdem ein altmodischer, zwei Tonnen schwerer Safe mit einer Vierfachkombination an der inneren Tür.

Er enthält die Handkasse – 5000 Dollar in gebrauchten Hundertern, Zwanzigern und Zehnern als Reserve für plötzliche Notfälle; einen Bund Nachschlüssel und Dietriche; ein Buch, in das Archie wichtige private Telefonnummern einträgt, beispielsweise die Nummer von Wolfes Londoner Mitarbeiter Ethelbert Hitchcock (Anfang 1954 ersetzte Hitchcock seinen bisherigen Vornamen durch Geoffrey. Wer könnte es ihm verdenken?); und eine Stahlkassette, zu der nur Wolfe einen Schlüssel besitzt, und die er nie in Gegenwart eines anderen – auch nicht vor Archie – öffnet.
Ein großer Tisch mit einer großen Vase und einem Vergrößerungsglas steht zwischen den Fenstern. Ein zweiter solider kleiner Tisch aus Massarandubaholz steht rechts neben dem roten Ledersessel; er dient hauptsächlich als Unterlage für Scheckhefte, und die Klienten machen häufig Gebrauch davon.
Das Bücherregal reicht bis zur Decke und umfaßt etwa zwölfhundert Bände. An der Wand hängen Landkarten, einige Holbeinreproduktionen, ein Kupferstich mit dem Kopf von Brillat-Savarin, ein Bild, das wie ein unsignierter Van Gogh aussieht, tatsächlich aber von einem Mann namens McIntyre, dem Wolfe mal aus der Klemme geholfen hat, gemalt wurde. Auch eine Wanduhr ist vorhanden, und über Archies Schreibtisch hängt ein großer Spiegel, in dem er die Tür zur Halle sehen kann. Daneben hängt das Porträt eines Mannes, dessen Namen wir vorerst für uns behalten wollen.
Hinter Wolfes Schreibtisch, genauer gesagt, ein Meter 50 zu seiner Linken, hängt ein Bild, das einen Wasserfall darstellt. Es verdeckt ein Loch mit einem Schieber, durch das man von einer Nische am Ende der Halle sehen und hören kann, was im Büro vorgeht; das Bild ist nichts anderes als ein raffiniert konstruierter Trickspiegel. (Schon im Fall der Gummibande sagte Wolfe: »Es wäre zwecklos, Archie aus dem Büro zu schicken, denn er würde sich doch nur auf einen von uns vorbereiteten Beobachtungsposten zurückziehen und alles, was hier gesprochen wird, mitschreiben.«)
Direkt neben dem Bild ist ein Wandbord mit allem möglichen Krimskrams, unter anderem auch mehrere Souvenirs an Fälle, die Wolfe und Archie bearbeitet haben.
Auf dem Fußboden liegt ein 4,20 m x 7,80 m großer vorwiegend gelber Teppich; Wolfe hat ihn 1932 zum Zeichen der Dankbarkeit von einem armenischen Kaufmann geschenkt bekommen, der irgendwie in Schwierigkeiten geraten war (Wolfe hatte den Verdacht, daß der Mann den Teppich in Kandahar gestohlen hatte). Es ist entweder ein

Keraghan oder ein Schirwan — Archie scheint sich seiner Sache nicht ganz sicher zu sein, obwohl Wolfe ihm doch angeblich einiges über Orientteppiche beigebracht hat.

Das Büro hat drei Türen: eine in die Halle, eine ins Bad, eine dritte ins Vorderzimmer. Diese Anordnung ist bequem und hat ihre Vorteile: falls Cramer aufkreuzt, und Wolfe einen Klienten bei sich hat, den der Inspektor lieber nicht sehen soll, dann kann Archie den Klienten rasch ins Vorderzimmer bugsieren und ihn notfalls, während Cramer im Büro ist, durch die Halle hinausschmuggeln.

In Cramers Augen ist das Büro »der Ort, wo mehr hinterhältige Tricks ausgebrütet worden sind als sonstwo in New York«. Für Wolfe »ist es ein guter Raum zum Nachdenken. Die schwachen Geräusche von der Straße her sind die genau richtige Kulisse«. (Tatsächlich sind sowohl das Büro als auch das Vorderzimmer absolut schalldicht, einschließlich der Türen, doch gab es, dank Wolfes Mißtrauen gegen Maschinen, viele Jahre lang keine Klimaanlage im Haus.)

Wir verlassen nun das Büro und wenden uns nach links. Drei Schritte in Richtung Küche bringen uns zur Nische mit dem dreiteiligen Schieber, einer alten Holzschnitzarbeit. Wenn man den rechten Teil aufklappt, sich vorbeugt und durch das Guckloch mit dem Wasserfall auf der anderen Seite hindurchspäht, hat man fast das ganze Büro vor sich und kann, wenn man die Ohren spitzt, nahezu jedes drinnen gesprochene Wort verstehen.

Noch ein letzter Blick durch die Halle. Geradeaus ist die Tür zu Wolfes Fahrstuhl (der Einbau kostete ihn 7000 Dollar), links davon die mit einem Läufer belegte Treppe in die oberen Geschosse, rechts, zur Straße hin, das Eßzimmer. Über das Eßzimmer gibt es nicht viel zu sagen, außer, daß es sämtliche Möbel enthält, die man normalerweise in einem solchen Raum erwartet. Wolfe sitzt bei den Mahlzeiten an der Schmalseite des Tisches mit dem Rücken zu den Vorderfenstern, Archie rechts neben ihm, mit Blick auf die Tür zur Halle.

Wir gehen durch die Schwingtür am hinteren Ende der Halle und landen in der Küche, einem hellen warmen Raum voll appetitanregender Düfte. Sie enthält außer der üblichen Ausstattung — Spüle, Herd, Einbauschränke — zwei Eisschränke, einen kühlen und einen kalten, einen linoleumgedeckten Tisch, an dem Fritz die Mahlzeiten vorbereitet, und einen kleinen Tisch, an dem Archie immer frühstückt. An dem kleinen Tisch ist ein Gestell befestigt, gewissermaßen eine Rückenstütze für die ›New York Times‹, die Archie beim

Frühstück liest. Ferner sind mehrere Hocker vorhanden und am Fenster ein maßgearbeiteter Holzstuhl mit Armlehnen, von dem aus Wolfe seinen Küchenchef beaufsichtigt und dirigiert. Auf einem niedrigen Bord steht ein Telefon nebst Notizblock und Bleistift sowie ein Radio. Zwischen Küche und Eßzimmer ist die Anrichte mit Schwingtüren in beide Richtungen.

Eine Tür in der Außenwand führt auf eine kleine Veranda, in den Hof und den Garten, wo Fritz Schnittlauch, Estragon und andere Küchenkräuter zu ziehen versucht. Der massive Plankenzaun um Hof und Garten hat eine Tür mit Schnappschloß, durch die man in eine enge dunkle Passage zwischen einem Lagerhaus mit Laderampe und einer Garage – oder ist es eine Papiergroßhandlung? – gelangt. Die Passage mündet in die 34th Street.

Wolfes Haus hat keine eigene Garage. Er stellt seine zwei Autos – ein Kabrio für Archie und eine große graue Limousine – bei Curran's Motors auf der Teuth Avenue zwischen der 35th und 36th Street unter. Wolfes erster Wagen war ein Heron; dann wechselte er auf einen Wethersill und einen Cadillac über und kehrte dann zum bewährten Heron zurück; er kauft jedes Jahr einen neuen. (Archie hält viel vom Heron, findet ihn aber zu groß, und als Wolfe den ersten anschaffte, gab es deswegen zwischen ihm und Archie heftige Auseinandersetzungen.)

Wir kehren ins Haus zurück, steigen die Treppe hinauf und betreten Wolfes Schlafzimmer, einen großen behaglichen Raum, in dem man sich wohlfühlt. Ein Bücherregal enthält Wolfes Lieblingslektüre; Montaignes ›Essays‹ gehören dazu. Den Blickfang aber bildet das Bett mit der Doppelmatratze und der Daunendecke aus schwarzer Seide, die Wolfe das ganze Jahr über benutzt. Das Kopfbrett ist auch schwarz und mit einem Baldachin verbunden, der etwa dreißig Zentimeter unterhalb Wolfes Kinn endet und auf allen drei Seiten ziemlich tief herabhängt. Rechts, in Griffnähe, ist eine Kordel; ein Zug an der Schnur, und der Betthimmel faltet sich zusammen. Das niedrige Fußbrett ist gelb und dunkelbraun gemasert. Auf einem Tisch am Fenster steht ein hellgelbes Telefon – in Archies Augen eine Geschmacksverirrung; dann gibt es noch einen Spiegel, einen Wandschirm und einen mit Brokat überzogenen Lehnstuhl mit Leselampe. Eine Verbindungstür führt ins Bad.

Da Wolfe nachtsüber viel Luft, zum Frühstück aber einen behaglich erwärmten Raum haben will, mußte eine Vorrichtung installiert werden, die morgens um sechs Uhr automatisch die Fenster schließt.

Es ist nicht ratsam, sich Wolfes Schlafzimmer zu nähern, nachdem er sich zur Ruhe begeben hat. An der Wand unter Archies Bett befindet sich eine Alarmklingel, die zu läuten beginnt, sobald sich jemand nachts bis auf drei Meter an Wolfes Schlafzimmer herangepirscht hat oder an den Fenstern zu schaffen macht. Die Alarmvorrichtung wurde vor vielen Jahren eingebaut, nach einem Zwischenfall, bei dem Wolfe einen Messerstich abbekam.
Über Wolfes Zimmer liegt das sogenannte Südzimmer. Es hat schon so manchen Gast beherbergt, von einem Staatssekretär bis zu einer Frau, die drei Ehemänner vergiftet und den vierten an den Rand des Grabes gebracht hatte. Das Mobiliar besteht aus einem Doppelbett, einem Armsessel, einem Spiegel, einer Kommode, einem Telefon auf einem Wandbord, einem Tisch für Bücher und Illustrierte. Wenn der Raum bewohnt ist, befindet sich auf der Kommode eine Vase mit Orchideen. Das Bad ist direkt daneben. Von den zwei Fenstern geht das linke auf eine Feuertreppe hinaus; das gilt natürlich auch für das betreffende Fenster von Wolfes Schlafzimmer.
In der gleichen Etage wie das Südzimmer liegt nach vorn hinaus Archies Schlafzimmer. Es enthält ein großes gutes Bett, eine Kommode, einen Schreibtisch mit vielen Schubladen und einer Schreibmaschine, auf der Archie seine Berichte über Nero Wolfes Fälle verfaßt, drei umfangreiche Sessel. Der bequemste von den dreien steht unter einer Leselampe neben einem kleinen Kacheltisch. Auf dem Tisch ein kleines Radio. An der Wand ein Regal mit einigen Büchern (›Hier und Jetzt‹ von Herbert Block dürfte eins von ihnen sein). Unter den Bildern befindet sich eins vom Mount Vernon, ein farbiger Löwenkopf, ein Wald mit Gras und Blumen in Öl und eine große gerahmte Fotografie von Archies Eltern. (In Archies Bad hängt eine Reproduktion von ›September Morn‹.) Das Schlafzimmer ist tapeziert, und den Fußboden schmückt eine 2,48 × 0,94 m große Kirmanbrücke. Früher mal hatte Archie auf dem Fensterbrett ein Usambaraveilchen.
Nun steigen wir ins Dachgeschoß hinauf, durchschreiten eine schmale Aluminiumtür und sind in den Pflanzenräumen. Geblendet von der Farbenpracht der Orchideen wandern wir die schmalen Gänge hinauf und hinunter, zwischen bronzierten Eisengestellen und Betonbänken, die mit einem vom alten Theodore Horstmann erfundenen Berieselungssystem versehen sind.
Hier rasch ein Wort zu Theodore Horstmann, über den wir viel zu wenig wissen. Er wiegt 135 Pfund; er verdient etwa 200 Dollar in

der Woche; er ist begeisterter Fußgänger – glaubt, daß Wandern gesund ist und jedermann gut tut, und ist noch immer, trotz seines Alters, bestrebt, den Beweis dafür zu erbringen. Theodore nimmt seine Mahlzeiten mit Fritz in der Küche ein.

Das Dachgeschoß besteht insgesamt aus fünf Abteilungen. Da ist der Raum für die Cattleyas, Laelias und die Hybriden; ein zweiter für Odontoglossum, Oncidium und Miltonia; ein dritter tropischer Raum mit Meßkolben und Sonnenfallen und Schattierbrettern; in allen diesen Räumen überwacht Theodore Temperatur und Feuchtigkeit. Da ist die Kammer, in der Theodore schläft. Da ist schließlich der Umpflanzraum mit dem Telefon und Wolfes speziellem Sessel, der wie ein Thron aussieht. Hier hält Theodore seine Wellensittiche. Der Raum kann mittels eines Ventils von außen her mit Blausäure überflutet und dadurch in eine Begasungskammer verwandelt werden. Vorräte wie Töpfe, Sand, Torfmull, Lauberde, Lehm, Holzkohle, Topfscherben, Osmundin – werden in einem kalten fensterlosen Gelaß neben dem Liftschacht aufbewahrt.

Wolfe hat zehntausend Pflanzen in Hunderten von Varietäten in dem alten Braunsteinhaus in der 35th Street West. Viele sind sehr selten; viele haben Preise bekommen. Er kauft sie von Sammlern in der ganzen Welt – es ist etwas Alltägliches für ihn, für eine einzige Pflanze aus Burma 800 Dollar auszugeben – oder bekommt sie von Freunden geschenkt, die gleich ihm Orchideen züchten. Sein Zygopetalum, beispielsweise, stammt aus den in North Cove, Long Island, gelegenen riesigen Treibhäusern von Lewis Hewitt, dem millionenschweren prominenten Orchideenzüchter und Feinschmecker, der zweimal im Jahr mit Wolfe diniert. Selbst Inspektor Cramer erfreute Wolfe eines Tages mit einer Orchidee. Wolfes Sammlung enthält auch die berühmten »schwarzen« Orchideen, die Archie wie folgt beschreibt: »Nehmen Sie ein Stück Pechkohle und gießen Sie hausgemachten Syrup darüber – dann haben Sie ungefähr den Farbton.« (Die Blütenblätter sind lanzettförmig, und der Kelch ist orangefarben.) Cuyler Ditson bot Wolfe einmal für eine einzige dieser Pflanzen so viel, wie ein Flakgeschütz kostet.

Laut Archie hat Wolfe einmal gesagt, daß die Orchideen seine Konkubinen wären: dumm, kostspielig, parasitisch und empfindlich. Er bringt sie, in ihren verschiedenerlei Formen und Farben, bis zur Vollkommenheit und gibt sie dann weg; er hat, soweit bekannt, noch nie eine Orchidee verkauft.

Er hat mit seiner Geduld und Geschicklichkeit und unterstützt von

Horstmanns Pflichttreue, bemerkenswerte Resultate erzielt und sich mit seinem Gewächshaus unterm Dach einen Ruf erworben, der sich von den Geschäften, die unten im Büro getätigt werden, stark unterscheidet. Wolfe gehört zweifellos zu den sieben prominentesten Orchideenzüchtern in den Vereinigten Staaten. Er errang sich Anerkennung auf diesem Gebiet mit den Albinos, die er durch drei neue Kreuzungen mit Paphiopedilum lawrenceanum hyeanum erzielte.
Voller Stolz führt er seine Orchideen vor; Einzelpersonen oder Gruppen, die ihn brieflich oder telefonisch darum angehen, werden nie abgewiesen.
»Mr. Wolfe, Sie kennen Miss Rowan ja«, sagte Archie zu ihm. »Sie würde gern Ihre Orchideen besichtigen.«
»Das ist das einzige Kompliment, dem ich mich stets beuge«, antwortet Wolfe.

»Es gibt nur wenige große Köche, ein paar gute Köche und eine ganze Horde elender Feld-, Wald- und Wiesenpanscher. Ich selbst habe zu Hause einen guten Koch, Mr. Fritz Brenner.«
Nero Wolfe zu Jerome Berlin, ›Zu viele Köche‹

Fritz Brenner arbeitet sogar schon länger für Wolfe als Archie Goodwin, und er ist mehr als ein guter Koch: er ist der Majordomus in dem alten Braunsteinhaus in der 35th Street West.
Fritz steht um halb sieben Uhr morgens auf und geht nie vor Wolfe zu Bett, wie spät es immer auch werden mag. Er bedient die Tür, wenn Archie unabkömmlich oder unterwegs ist; zwischen sechs und acht Uhr abends jedoch ist er ausschließlich in der Küche mit der Vorbereitung des Dinners beschäftigt. Man kann wohl von Fritz sagen, daß er (in Archies Abwesenheit) Wolfe beschützt, gegen alle Welt abschirmt, das Telefon beantwortet, kurz, die Festung wie ein treuer Wachhund verteidigt.
Fritz hält außerdem das alte Braunsteinhaus sauber; er ist verantwortlich für den allgemeinen Zustand der Festung, mit Ausnahme der Pflanzenräume (Theodores Aufgabenbereich), des Büros, (das Archie in Ordnung hält), und von Archies Schlafzimmer (Archies Privatangelegenheit).
»Wissen Sie, Mr. Goodwin, der Haushalt hier ist eine einzige unverschämte Verleugnung der Rechte der Frauen. Nur Männer, vom Boden bis zum Keller, aber alles klappt wie am Schnürchen, das Essen ist erstklassig, und überall blinkt es vor Sauberkeit.« Das Lob, das Clara Fox aus ›Die Gummibande‹ Nero Wolfe hier spendet, gebührt eigentlich Fritz, denn er hält den Haushalt in Schwung.
Bei der Arbeit in der Küche trägt Fritz, wie es sich gehört, eine weiße Kochmütze und dito Schürze. Er mag's übrigens gar nicht, wenn man ihn während des Kochens anredet; dann muß er nämlich zuhören und womöglich sogar antworten. Ist er allein in der Küche, dann sitzt er gern in Strümpfen da, hört Radio und legt Patience. Er hat jedoch immer ein Paar Pantoffeln parat, in die er rasch hineinschlüpft, wenn es an der Haustür klingelt. Archie erklärt diese Angewohnheit damit, »daß Fritz' Füße und Zehen im Krieg allerhand mitgemacht haben«.

Fritz gibt sich mit dem Dinner immer besonders viel Mühe, wenn im Büro alles glatt geht; klientenlose Zeiten sind für ihn ein steter Quell der Sorge; er regt sich darüber mehr auf als Archie, von Wolfe ganz zu schweigen.

Archie ist sich über Fritz' Einstellung zu Mord nie recht klar geworden. Fritz findet dergleichen natürlich bedauerlich. Der Gedanke, daß ein Mensch einen anderen tötet, ist ihm unerträglich, außer im Falle eines Krieges zwischen zwei oder mehreren Nationen. Er bezeigt nie das mindeste Interesse für die Details einer Mordsache, die Wolfe und Archie gerade bearbeiten, fragt weder nach dem Namen des Opfers noch des Mörders und ist sichtlich angeödet, wenn Archie sich nach Beendigung eines Falls über dessen kniffliche Punkte ausläßt.

Für Fritz ist ein guter Fall ein Fall, der die Hausordnung nicht durcheinanderbringt, der Wolfe keinen Anlaß zu Mißstimmung gibt, der das alte Braunsteinhaus nicht mit Frauen verseucht und mit einem hübschen fetten Honorar endet.

Fritz kann einen Wagen chauffieren, tut aber so, als könnte er's nicht, und hat auch keinen Führerschein; seiner Ansicht nach gehört das ausschließlich zu Archies Obliegenheiten.

Früher bezog er ein monatliches Gehalt von 1000 Dollar; heute verdient er vermutlich weit mehr. Bei seinem Duell mit Arnold Zeck hielt es Wolfe für geraten, eine Zeitlang unterzutauchen. Damals schlug er Fritz vor, vorübergehend für Marko Vukcic in Rustermann's Restaurant zu arbeiten, und zwar für ein Gehalt von »mindestens 2000 Dollar im Monat«, was, laut Archie, doppelt so viel war wie Wolfe ihm zahlte.

Von Fritz werden zwar keine Kraftakte verlangt, aber wenn's sein muß, kann er auch damit aufwarten. Bei einer bestimmten Gelegenheit warf er sich zu Boden, packte einen Mann bei den Knöcheln und riß ihn um.

Wenn Fritz einen Standpunkt bezogen hat, vermag nichts und niemand ihn umzustimmen. Einmal sagte er zu Inspektor Cramer: »Alle diese Störungen sind meines Erachtens ganz unnötig. Zwar bin ich hier nur für den Haushalt verantwortlich, aber einiges von dem, was sich im Büro abspielt, dringt doch an meine Ohren. Daher weiß ich, wie oft Mr. Wolfe die Lösungen zu Problemen gefunden hat, mit denen Sie nicht fertig wurden. Das geschah hier in seinem eigenen Haus, und deshalb meine ich, es sollte ganz ihm überlassen bleiben.«

Fritz stammt aus der französischen Schweiz und liest am liebsten französische Zeitungen. Er hat ein sehr anziehendes versonnenes Lächeln, er errötet leicht und kichert gelegentlich, ohne daß man an seiner Männlichkeit zweifelt. Er hat Sinn für Humor und pflaumt Archie gern an. »Das walte Gott!« ist der einzige Jargonausdruck, den er je benutzt. Während er Mord bedauerlich findet, begeistert er sich für Verschwörungen und alle möglichen finsteren Dinge. Seine Schildkröte liebt er heiß und innig.

Fritz ist fast immer gutgelaunt, obwohl er sich einmal auf den Kriegspfad begab, weil sich Saul Panzer und Johnny Keems in seiner Küche zu breit machten und Johnny die Pastetenschalen auffutterte, die Fritz zum Lunch mit Pilzen füllen wollte. Aber er trägt nichts nach und ist sehr gefällig.

»Ich könnte Ihnen Milch bringen, Archie; Sie brauchen's bloß zu sagen.«

»Wenn ich sie trinken kann, kann ich sie mir auch selber holen.«

Ein besonders netter Zug an Fritz ist, daß er alles, was einen Rock trägt, wie eine Dame behandelt. Seine steife Förmlichkeit in Gegenwart von Frauen hat jedoch nichts mit Dekorum zu tun (in ›Orchideen für sechzehn Mädchen‹ sagt er zu Archie: »Wenn Sie bei den vielen Damen Hilfe brauchen, Archie, ich bin für mein Alter nicht zu verachten. Ein Schweizer hält sich lange auf der Höhe«), sondern mit seiner Angst vor einer weiblichen Invasion. Jede Frau, gleich welchen Alters oder Aussehens, die in Nero Wolfes Haus eindringt, erweckt sein Mißtrauen, und er atmet erst wieder auf, wenn sie wieder draußen ist.

Ein Dorn im Auge ist Fritz Miss Theodolinda (Dol) Bonner, die in New York eine eigene Detektei betreibt. Er sagt von ihr: »Sie wissen sehr gut, Archie, daß eine Frau mit Augen in der Farbe von dieser Miss Bonner und mit so langen Wimpern, die noch dazu echt sind, ein gefährliches Geschöpf ist.« Fritz hegt den Verdacht, daß Dol Absichten – nicht auf Archie – sondern auf Nero Wolfe hat.

Fritz ist gleich Wolfe so etwas wie ein Philosoph – zumindesten auf seinem Spezialgebiet, der Ernährung. »Die Lebenden verhungern zu lassen, bringt den Toten keinen Gewinn«, sagt er in ›Der Schwarze Berg‹ zu Wolfe.

Wolfe entgegnet: »Montaigne?«

»Nein, Sir«, sagt Fritz, »meine eigene Erfindung.«

»Dann gratuliere ich Ihnen. Die Auszeichnung, für Montaigne gehalten zu werden, widerfährt wenigen Menschen.«

5 Der älteste und beste Freund, den Wolfe je hatte

»Ich bin doch keine Schildkröte in Aspik wie Sie.«
Marko Vukcic zu Nero Wolfe, ›Zu viele Köche‹

Im März des Jahres 1954 wurde Marko Vukcic, Wolfes ältester und bester Freund, vor dem Appartementhaus in der 54th Street, wo er wohnte, von drei Schüssen, zwei in die Brust, einen in den Bauch, niedergestreckt und getötet. Der Mörder hatte ihm in einem geparkten Wagen aufgelauert.

In Erfüllung eines vor vielen Jahren abgelegten Versprechens besuchte Nero Wolfe zum ersten und bisher einzigen Mal in seinem Leben das städtische Leichenschauhaus in der 29th Street East. Er ging dorthin, um dem toten Freund zwei Dinarstücke auf die Augen zu legen. (Wie wir sehen werden, überführte Wolfe auch den Mörder.)

Marko Vukcic war der einzige Mensch in ganz New York, der Nero Wolfe beim Vornamen nannte, und gehörte andererseits zu den ganz wenigen Menschen, die von Wolfe beim Vornamen genannt wurden. Die beiden hatten ihre Kindheit gemeinsam auf dem Balkan verbracht. Später, in New York, speiste Vukcic viele Jahre lang regelmäßig in Wolfes Haus, und Wolfe und Archie wiederum dinierten einmal im Monat in Rusterman's Restaurant, dessen Gründer und alleiniger Besitzer Marko war. (Gäste müssen ihren Tisch einen Tag im voraus bestellen und für eine Portion Perlhuhn sechs Dollar bezahlen.)

Bis zu seinem Tod war Vukcic auch einer der ›Quinze Maîtres‹, der fünfzehn besten Küchenchefs der Welt. Als junger Mann arbeitete er unter Virgil Pompa bei Mondor in Paris.

In politischer Hinsicht hielt Wolfe ihn für »eigensinnig, leichtgläubig, allzu optimistisch und naiv«.

Er war außerdem ein sehr reicher Mann und ein großer Damenfreund. Sergeant Purley Stebbins bezeichnete ihn als »Schürzenjäger«. Felix Courbet, Angestellter bei Rusterman's, drückte es ein bißchen anders aus. »Marko war ein galanter Mann. Es gab nur eins, was ihn je von seiner Arbeit abzulenken vermochte: eine Frau. Ich will damit nicht sagen, daß eine Frau für ihn wichtiger war als eine Sauce – er hätte sich bei Saucen nie eine Nachlässigkeit zuschulden kommen lassen – aber er hatte eine Schwäche für Frauen. Schließlich brauchte er ja wirklich nicht andauernd in der Küche zu sein, wo sowieso alles wie am Schnürchen lief, und wo Joe und Leo und ich für die Tische und den Service zuständig waren. Wenn Marko also lieber mit einem Gast an seinem privaten Tisch speiste, haben wir ihm das bestimmt nicht übelgenommen. Aber andere hätten es ihm übelnehmen können.«

Archie berichtet als Beispiel für Markos Draufgängertum: »Als ich Sue Dondero zu Rusterman's zum Dinner mitnahm, warf Marko ein Auge auf sie und stiftete uns eine Flasche von seinem besten Rotwein. Am nächsten Tag rief er an und fragte mich nach ihrer Adresse und Telefonnummer. Ich gab sie ihm und strich Sue von meiner Liste.«

Vukcic war früher mal mit Dina Rossi, der Tochter von Domenico Rossi vom Empire Café, London, verheiratet gewesen, aber Philip Laszio hatte ihm seine Frau ausgespannt. Er muß jedoch später noch ein zweites Mal geheiratet haben, denn wenn wir ihm in Archies Berichten zum ersten Mal begegnen, wird er uns als »Witwer« vorgestellt.

Wir erfahren außerdem, daß Vukcic 1927, acht Jahre vor der Affäre in Kanawha Spa, in die Vereinigten Staaten gekommen war. Archie schildert sein Äußeres wie folgt: »Da stand er nun in seiner mächtigen Fülle. Er war aber keineswegs fett. Mit seiner dichten Mähne sah er wie ein Löwe aus, der sich auf die Hinterpfoten gestützt hat.« Er hatte prachtvolle weiße Zähne, einen ziemlich dunklen Teint, und sein dickes dunkelbraunes Haar fiel ihm immer wieder in die Stirn, so daß er es in Augenblicken der Erregung mit den Fingern zurückstreichen mußte.

Erinnert uns das an jemanden, den wir bereits kennen?

Ja, in der Tat.

ES ERINNERT UNS AN NERO WOLFE.

Dabei wollen wir es vorläufig belassen.

»Ich sagte Ihnen doch, daß Sie den Namen dieses Mannes vergessen müssen. Ich möchte einfach deshalb seinen Namen nie wieder hören, weil er der einzige Mensch auf Erden ist, vor dem ich mich fürchte. Ich habe keine Angst, daß er mich liquidiert; ich fürchte mich vor den Handlungen, zu denen er mich eines Tages zwingen könnte, damit ich ihn nicht liquidiere.«
Nero Wolfe zu Archie Goodwin, ›Das zweite Geständnis‹

»Ich will Ihnen etwas über einen Mann erzählen, dessen Namen ich zwar weiß, aber lieber nicht nennen will«, sagt Wolfe in ›Das zweite Geständnis‹ zu der Familie Sperling. »Ich werde ihn daher einfach als X bezeichnen. Doch steht X nicht für irgendein Phantasiegebilde; ich wollte, das wäre der Fall. Über den gewaltigen Grundbesitz, der diesem X gehört, habe ich keine genaue Kenntnis. Doch ich weiß, daß er sich knapp einhundertfünfzig Kilometer von hier vor ein paar Jahren ein luxuriöses Landhaus gebaut hat. Dieser X verfügt über weitläufige Einnahmequellen mannigfachster Art. Alle verstoßen gegen das Gesetz. Einige dieser Einnahmequellen sind auch vom moralischen Standpunkt aus höchst anrüchiger Natur. Es handelt sich dabei um Rauschgifte, um Schmuggelei größten Stils und die Leitung von Verbrecher-Ringen, die einen verheerenden Einfluß auf Industrie und Handel ausüben. Hinzu kommen Spielhöllen, das berüchtigte Gangsterunwesen in den großen Hafenstädten unseres Landes, Diebstahl, Erpressung, politische Korruption. Das ist noch längst nicht alles, mag aber im Augenblick genügen. Bisher ist es diesem X in geradezu erstaunlicher Weise gelungen, über das Gesetz zu triumphieren – erstens, weil zwischen seinen Verbrechen und seiner Person eine Kluft besteht, die nicht überbrückt werden kann, und zweitens, weil er über eine ungewöhnliche Begabung verfügt, über größte Rücksichtslosigkeit und unbeugsame Willenskraft.«
Nach kurzer Unterbrechung fährt Wolfe fort: »Sollten Sie zu der Erkenntnis gelangt sein, daß es sich bei dem von mir geschilderten Mann um einen außergewöhnlichen Menschen handelt, dann befinden Sie sich nicht im Irrtum. Wie stellt er es, beispielsweise, an, daß er sich nicht mit seinen Verbrechen identifiziert? Nun, es gibt zwei

Arten, einen Verbrecher zu fangen. Erste Methode: man stellt einen direkten Zusammenhang zwischen ihm und dem Tatbestand des Verbrechens her. Zweite Methode: man erbringt den Nachweis, daß er sich wissentlich durch ein Verbrechen bereichert hat, das andere für ihn begangen haben. Mit beiden Methoden ist bei X nichts auszurichten. Ich will das an einem typischen Verbrechen näher erläutern. Es ist völlig gleichgültig, ob es sich dabei um eine Bagatelle wie Taschendiebstahl handelt oder um einen großangelegten Banküberfall. Für die Tat selbst übernimmt der Verbrecher oder die Verbrecherbande fast immer die ausschließliche Verantwortung. Nach der Tat jedoch ergibt sich ein neues Problem. Man muß die Beute sichern, und zwar so sichern, daß sie nicht entdeckt wird. Und der Verbrecher muß sich vor Verhaftung schützen. Dazu braucht er fremde Hilfe; entweder einen Hehler oder einen gerissenen Anwalt, vielleicht auch ein paar Zeugen für ein falsches Alibi oder eine gute Verbindung zur Polizei oder zu einflußreichen Politikern. Wie dem auch sei, er ist nach der Tat fast immer auf Außenstehende angewiesen. Er wendet sich also an jemanden, den er kennt oder von dem er schon mal gehört hat. Nennen wir diesen Jemand jetzt A. Dieser A findet die Sache ein wenig heikel und zieht daher B zu Rate. Wie Sie sehen, meine Herrschaften, haben wir uns bereits von dem ursprünglichen Verbrechen ganz erheblich entfernt. Und B vergrößert den Abstand noch mehr, indem er C als seinen Helfershelfer anwirbt. C stößt bei der Sache auf einen Haken und wendet sich an D. Und nun sind wir schon ganz nahe bei der Endstation. D kennt X und weiß, wie man sich mit ihm in Verbindung setzt.

In New York werden jeden Monat Tausende von Verbrechen begangen, vom kleinsten Diebstahl bis zu den schwersten Kapitalverbrechen. In den meisten Fällen werden die Schwierigkeiten, die sich nach der Tat ergeben, von dem Täter selbst, beziehungsweise von A oder B oder C erledigt. Aber in sehr vielen Fällen wird auch D hinzugezogen, und was D erreicht, das erreicht auch X. Ich habe keine Ahnung, wie viele D's es gibt, aber ihre Zahl ist sicher nicht groß, denn sie werden alle von X ausgewählt. Jeder einzelne wird auf Herz und Nieren geprüft, denn X weiß genau, daß er einen D, den er einmal angenommen hat, unter allen Umständen und um jeden Preis dekken muß. Ich möchte annehmen, es gibt nur sehr wenige D's. Sollte nun einer dieser D's aus irgendwelchen Gründen gezwungen sein, Verrat zu üben, dann dürfte auch in diesem Fall für ihn gesorgt sein — in höchst unliebsamer Weise — versteht sich.

Die Stellung von X ist Ihnen jetzt wohl klar. Wenige Verbrecher, ja auch A's oder B's oder C's wissen überhaupt, daß er existiert. Und die wenigen, die es wissen, kennen seinen Namen nicht. Wenn ein paar von ihnen seinen Namen vermuten, so bleibt es bei dieser Vermutung. Nach amtlichen und privaten Schätzungen hat die ›Fachgruppe Verbrechen‹ allein im Stadtgebiet von New York einen Jahresumsatz von dreihundert Millionen bis zu einer Milliarde Dollar. X ist nun seit über zwanzig Jahren in diesem Geschäft. Sein Anteil an diesem Umsatz muß ganz erheblich sein, selbst wenn man die Unkosten abzieht, vor allem die Gelder, die er an seine Vertrauensleute und Angestellten auszahlt. Eine Million pro Jahr? Oder nur eine halbe? Ich weiß es nicht. Aber eins weiß ich: er zahlt nicht für alle Dienste, die man ihm erweist. Vor Jahren gab es einmal einen Mann ziemlich an der Spitze unserer Polizeiverwaltung. Er hat X eine ganze Reihe Gefälligkeiten erwiesen, doch bezweifle ich, daß er je einen Cent dafür erhalten hat. Zu den vielen Spezialitäten von X gehört nämlich auch die Kunst der Erpressung – und jener hohe Beamte war ein dankbares Objekt.«
»Inspektor Drake«, sagte Jimmy Sperling vorlaut.
Wolfe schüttelte den Kopf. »Bedaure, ich nenne keine Namen, außerdem sprach ich von einem Mann ziemlich an der Spitze.« Wolfe ließ seine Blicke wieder von rechts nach links und von links nach rechts schweifen. »Ich bin Ihnen für Ihr geduldiges Zuhören sehr verbunden. Aber diese Einzelheiten sind notwendig.«
Wir werden dem geheimnisvollen Mr. X wieder begegnen.

7 Das Morddezernat

»Ich achte und bewundere Mr. Cramer und
würde ihm gern helfen.«
Nero Wolfe zu Archie Goodwin, ›Man Alive‹

Wenn Inspektor L. T. Cramer, Leiter des Morddezernats, Nero Wolfe aufsucht, ist er meist in Gewitterstimmung. Er stapft ins Haus, wirft Archie seinen Hut und Mantel zu, marschiert die Halle hinunter ins Büro, wuchtet sich in den roten Ledersessel, pflanzt beide Füße fest auf den Boden, knallt die Faust auf den Schreibtisch und gibt Wolfe Saures: Wolfe belügt ihn; Wolfe steckt seine Nase in Polizeiangelegenheiten; Wolfe unterdrückt Beweismaterial; Wolfe behindert absichtlich die Justiz. Wolfe hat diese Litanei schon so oft gehört, daß sie seine Geduld auf eine harte Probe stellt.

Aber manchmal, sehr selten, ist Cramer eitel Sonnenschein. Das geschieht immer dann, wenn er Wolfe oder Archie um Informationen oder sonst eine Gefälligkeit bitten will. Dann trinkt er womöglich sogar ein Glas Bier mit Wolfe, um zu demonstrieren, daß er auch nur ein Mensch ist und dementsprechend behandelt werden möchte. Bietet Wolfe ihm ganz allgemein eine Erfrischung an, ohne Bier eigens zu erwähnen, dann wählt Cramer einen Bourbon mit Wasser. Bisweilen wird er in das alte Braunsteinhaus in der 35th Street West auch zum Essen eingeladen.

Doch wie dem auch sei, Cramer ist vor allem Beamter. Wolfe kann einen Mörder nicht festnehmen; er kann ihn bloß aufspüren und mitunter die Beweise liefern, die ihm den elektrischen Stuhl oder eine lebenslängliche Freiheitsstrafe eintragen. Deshalb wird Cramer fast immer zu den Scharaden eingeladen, mit denen Wolfe seine Fälle abzuschließen pflegt.

Nach Cramers eigener, viel zu bescheidener Meinung von sich (in dem Roman ›Red Threads‹ löst er einen komplizierten Fall ganz ohne fremde Hilfe) ist er »ja nicht unbedingt ein Trottel. Ich hab mal einen Mann verhaftet, der sich dann auch wirklich als schuldig entpuppte, und deshalb haben sie mich zum Inspektor gemacht«. Er hat ein Gehalt von knapp zehntausend Dollar im Jahr.

Wie er selber sagt, ist er bloß ein Cop. Und er ist ein guter Cop. »Ich werde dafür bezahlt, daß ich mir tote Leute angucke und feststelle, ob sie das Opfer eines Verbrechens waren, und wenn das der

Fall ist, daß ich den Verbrecher aufspüre und so viele Beweise gegen ihn sammle, daß er sich nicht mehr rauswinden kann.«
Er ist auch ein ehrlicher Cop. »Bin ich vertrauenswürdig?« fragte er Archie.
»Hundertprozentig.«
»Wirklich?«
»Sie wissen verdammt gut, daß Sie's sind.«
Er ist ferner ein mutiger Cop. »Also, für seinen Grips möchte ich mich nicht unbedingt verbürgen«, erklärt Archie, »aber Courage hat er, und das nicht zu knapp.«
1935, zum Zeitpunkt der roten Schatullenaffäre, war Cramer »seit dreißig Jahren« im Polizeidienst. Er begann als Schupo, der seine Runden klopft. Lilys Vater gehörte zu seinen besten Freunden, brachte ihn zur Polizei und half ihm aus mancher Klemme. Cramer hat Lily schon gekannt, als sie noch ein Dreikäsehoch war. »Ich kann sie nicht selbst verhören«, sagte er in ›Not Quite Dead Enough‹ zu Wolfe, »und möchte sie auch nicht den Wölfen vorwerfen. Sie sollen sich in Ihrem Büro mit ihr befassen, und ich möchte dabei sein, im Vorderzimmer, wo sie mich nicht sehen kann.« Cramer erklärte bereits 1935, daß er sich »in zehn Jahren pensionieren lassen würde«. Aber er ist noch immer im Dienst und hat in den fünfziger und sechziger Jahren kaum je vom Ruhestand gesprochen.
Cramer kennt Wolfe schon länger als Archie. Wenn er nicht gerade Gift und Galle speit, ist er sogar zu dem Eingeständnis bereit, daß »Wolfe mich immer mehr als anständig behandelt hat, und daß ich ihm eine ganze Menge verdanke. Deshalb werde ich ihm auch immer einen Gefallen erweisen, wenn sich's machen läßt«.
Und er weiß, daß Wolfe schlau ist – »schlauer als sonst jemand, den ich kenne«. »Sie sind eine wahre Landplage«, blafft er Wolfe in ›Die rote Schatulle‹ an, »und haben bloß halb so viel Grips, wie Sie glauben, aber damit stecken Sie immer noch jedes verdammte Schlitzohr seit Julius Cäsar in die Tasche.«
Cramers Einstellung zu Archie schwankt. »Wissen Sie, mein Sohn«, sagt er in menschenfreundlicher Stimmung, wenn er den Eindruck erwecken will, daß er sich als Mitglied der Familie betrachtet, »Sie haben ein oder zwei gute Eigenschaften. Einerseits hab ich Sie ganz gern, andererseits würde ich trockenen Auges mitansehen, wie man Ihnen die Haut vom Leibe zieht. Sie sind, bei Gott, der unverschämteste Bursche, der mir je über den Weg gelaufen ist – außer Nero Wolfe natürlich.«

Wenn er Archie wieder mal auf dem Kieker hat, sagt Cramer: »Mit Ihnen ist es wirklich zum Auswachsen. Zwanzigmal bin ich über Sie gestolpert, wenn ich alle Hände voll zu tun und keine Verwendung für Sie hatte. Heute werd ich zu einem Mord gerufen, und was höre ich, wie ich dort ankomme? Daß ein wichtiger Zeuge sich mit Hut und Mantel stillschweigend verkrümelt hat, und wer ist dieser Zeuge? Sie! Das einzige Mal, wo Sie da sein sollen, sind Sie natürlich nicht da! Ich hab Ihnen schon mal gesagt, für'n Groschen würd ich Sie einbuchten. Diesmal tät ich's umsonst.«
Archie merkt immer schon bei der Begrüßung, wie der Hase läuft. Sagt Cramer »Archie« zu ihm, was nicht oft passiert, dann ist er auf eine Gefälligkeit aus, die ihm eigentlich nicht zusteht. Nennt er Archie »Goodwin« und erkundigt er sich nach Archies Wohlergehen, dann ist er zwar auch auf eine Gefälligkeit aus, aber auf eine, die ihm seiner Meinung nach zusteht. Sagt er kurz »Goodwin« und sonst nichts, dann ist er auf zweckdienliche Informationen aus und fest entschlossen, sie sich zu verschaffen. Stürmt er grußlos an Archie vorbei, dann bedeutet das Krieg bis aufs Messer.
Mit den Jahren ist Wolfes Respekt und Bewunderung für Cramer immer größer geworden, aber meist unterdrückt er diese Gefühle. »Mr. Cramer braucht einen Spiegel, um sich zu überzeugen, daß er eine Nase im Gesicht hat«, sagt er gereizt. Aber er sagt auch: »Mr. Cramer meint es zweifellos gut.«
Was Archie anbelangt, so hat er Cramer als den typischen höheren Beamten bezeichnet, »falls man darunter einen Burschen versteht, der sofort um Hilfe brüllt, wenn ihm irgendein unerwartetes Hindernis in die Quere kommt«. Aber ein Zug an Cramer gefällt Archie. »Er redet nie lange um was herum.« Und in ›Gun with Wings‹ gibt er sogar zu, daß Cramer »ganz bestimmt kein Dummkopf ist«.
Die zwei Adjektive »kräftig« und »robust« beschreiben Cramer vielleicht am besten. Er wiegt 190 Pfund, wirkt aber trotz seines massiven Untergestells stattlich; er hält sich gerade, hat breite Schultern und einen Stiernacken. Er wird zwar nie den Umfang von Wolfe erreichen, hat aber bereits einen kleinen Bauchansatz. Trotz seiner Jahre und seines Gewichtes ist er noch immer elastisch.
Sein großes rundes Gesicht ist für gewöhnlich krebsrot, im Sommer mehr als im Winter. Er hat graues Haar, das mitunter zerzaust ist; kalte scharfe graublaue Augen unter buschigen grauen Augenbrauen; er zwinkert mit ihnen, wenn alles glatt läuft, oder kneift sie zusammen, wenn ihm etwas gegen den Strich geht. Er hat ferner hüb-

sche kleine eng anliegende Ohren, eine stumpfe Nase und einen breiten energischen Mund.
Cramer kann so harmlos dreinschauen, als könnte er kein Wässerlein trüben, kann eitel Milde und Wohlwollen sein, ob's ihm aber ernst damit ist, das steht auf einem anderen Blatt. Im Gespräch mit Wolfe kann er manchmal taktvoll und schlagfertig sein; er kann ihm sogar honigsüße Worte geben, wenn er auf andere Art nichts erreicht.
In der Regel aber poltert und faucht er. Wie Wolfe grunzt und schnaubt er häufig. Er hat strenge Grundsätze, an die er sich hält, so lange sie ihn nicht ernstlich bei seiner Arbeit behindern. Er sagt oft: »Bei Gott!« oder »Blech!« oder »Scheren Sie sich zum Teufel!«, hat jedoch, was die Verwendung von Kraftausdrücken in Gegenwart von Damen anbelangt, ziemlich altmodische Ansichten.
Cramer kaut seine Zigarren; Archie kann sich nicht erinnern, daß Cramer in Wolfes Büro je eine angezündet hätte, obwohl er fast immer eine im Mund hat. Sein täglicher Zigarrenkonsum muß beträchtlich sein. »Wenn's so weit mit mir kommt, daß mir die Zigarre nicht mehr schmeckt, dann sitz ich in einer ganz verdammten Klemme.«
Egal, wie heiß es ist, Cramer zeigt sich in der Öffentlichkeit nie ohne Rock und Weste; er trägt das ganze Jahr hindurch bei jedem Wetter einen alten grauen Filzhut; er lebt auf großem Fuß mit Schuhnummer zwölf und hat zuweilen eine Aktenmappe bei sich.
Seine Dienststunden verbringt er vorwiegend hinter einem alten zerschrammten Schreibtisch in seinem nicht allzu geräumigen, mit drei Fenstern ausgestatteten Büro im dritten Stock eines schmuddeligen alten Gebäudes in der 20th Street West, Nummer 230, in dem das zehnte Polizeirevier und das Morddezernat West (jetzt Morddezernat Süd) untergebracht sind. Er liest dort Gedichte und zeichnet Pferdchen und läßt die Cops was für sein Gehalt tun, wenn er nicht gerade einen Fall persönlich bearbeitet. Er hat auch eine Frau und ein Heim, aber wenig Zeit für beide. Seine Tochter war 1937 in der Oberschule, sein Sohn 1942 mit dem Fliegercorps in Australien.
Wie Wolfe seinen Archie Goodwin hat, so hat Inspektor Cramer seinen Sergeant Purley Stebbins. Purley ist groß (einen Zentimeter größer als Archie, 190 Pfund) und breit (etwa vier Zentimeter breiter als Archie) und stark, aber hübsch ist er nicht. Er hat ein knochiges Gesicht, große Ohren, struppige Augenbrauen und ein eckiges Kinn. Er hat keinen Sinn für Humor und lacht nicht oft, vor allem, wenn er

im Dienst ist, aber wenn er doch mal lacht, sieht man einen Goldzahn.
Purley ist durchaus nicht dumm, und er hat nie vergessen, wie er Wolfe im Longren Fall auf den Leim ging.
Selbst Archie findet sich mit Sergeant Stebbins ab. »Purley und ich waren öfters Feinde und ein- oder zweimal sogar Freunde.« Für Purley liegen die Dinge nicht so klar. Archie gehört zu den paar Leuten in seiner Bekanntschaft, über die er geteilter Meinung ist. Einerseits kann er Privatdetektive grundsätzlich nicht riechen und findet daher, je eher Archie abkratzt oder wenigstens jenseits der Stadtgrenzen verschwindet, desto besser für alle Beteiligten. Andererseits wird Purley aber den Verdacht nicht los, daß Archie einen ganz guten Cop abgegeben hätte, wenn er nur früh genug auf den rechten Weg gebracht worden wäre.
So kommt es, daß sich Purley in Wolfes oder Archies Gegenwart nie ganz wohl fühlt, und die beiden zusammen machen ihn buchstäblich verrückt. Die Folge davon ist, daß er zu laut und zu schnell spricht und immer heiserer wird. Obwohl er höchst ungern zu Wolfe geht, geht er doch immer selbst; er wälzt die unangenehme Pflicht nicht auf einen Untergebenen ab.
Das rote Tuch für Archie ist Leutnant George Rowcliff. Archie sagt, wenn er wählen dürfte, ob er lieber in den Himmel oder in die Hölle kommen möchte, würde ihm die Entscheidung nicht schwerfallen; er würde einfach fragen: »Wo ist Rowcliff?«
Rowcliff sieht gut aus und hat Auszeichnungen für Tapferkeit im Dienst erhalten, aber er hat trübe Glupschaugen und eine schnarrende Stimme. Er ist so scharf auf die Beförderung zum Captain, daß er sich zuweilen einbildet, er wär's schon. Sein größtes Handicap ist, daß er, wenn er gereizt wird, zu stottern anfängt, und Archie kennt ihn mittlerweile gut genug, um zu merken, wann es so weit ist. Dann setzt Archie eine halbe Minute vor Rowcliff mit dem Stottern ein, und wenn Rowcliff in seiner Wut ärger stottert als je zuvor, behauptet Archie, Rowcliff ahme ihn nach.
»Ein Mord, bei dem Leutnant Rowcliff das Opfer ist, wäre für mich eine wahre Lust«, sagt Archie mal zu Sergeant Purley Stebbins, »und für Sie auch.« Rowcliff steht auch beim derzeitigen Polizeidirektor William Skinner nicht in Gunst: am 3. April 1940 zwang er Rowcliff, sich bei Wolfe und Archie schriftlich zu entschuldigen. Für Wolfe wird Rowcliff immer nur »der Beamte sein, der mit einem Durchsuchungsbefehl herkam und mein Haus durchstöberte«.

Cramer hat nicht nur Untergebene sondern auch Vorgesetzte – hohe Beamte bei der Polizei und der Staatsanwaltschaft, deren Befehle er ausführen muß, wenn auch manchmal ziemlich widerwillig. Früher war da zum Beispiel Polizeidirektor Humbert, »ein widerwärtiger Krachmacher« Wolfes Meinung nach, und Distriktanwalt (später Direktor) Skinner mit der dünnen Nase, dem gereizten Blick und der tiefen kehligen Stimme. John Charles Dunn, damals Außenminister der Vereinigten Staaten, nannte Skinner »einen aalglatten Demagogen«.

Ferner ist da noch der stellvertretende Direktor O'Hara, der Archie nicht verzeihen kann, daß er mal einen gescheiten Einfall hatte. O'Hara hat das schönste Büro in der Centre Street, ein Eckzimmer mit sechs breiten Fenstern, mit Sesseln, Teppichen und anderen Möbeln, die O'Haras reiche Frau bezahlt hat.

Wir dürfen auch den stellvertretenden Distriktanwalt Irving Mandelbaum nicht vergessen, der später seinen Namen in Mandel abkürzte. Er ist klein und rundlich, vorn am Kopf schon recht kahl und hat große Ohren. Er sieht nicht gerade bedeutend aus, ist jedoch sachlich und selbstsicher, ohne eine große Lippe zu riskieren. Wolfe und Archie kommen mit ihm viel besser zurecht als mit den meisten anderen Amtspersonen.

Wenn Wolfe oder Archie gezwungen sind, ihre Ermittlungen auf Westchester County auszudehnen, was häufig geschieht, dann stoßen sie dort auf einen anderen Beamtenklüngel.

In White Plains saß ursprünglich Wolfes alter Feind Fletcher M. Anderson. 1928 war Anderson stellvertretender Distriktanwalt in New York, aber ein Jahr später, nachdem er Geld geheiratet hatte, zog er aufs Land. Dann wurde er Distriktanwalt von Westchester County, »ein reicher Mann mit beruflichem Ehrgeiz und kein Narr«, wie Wolfe ihn kennzeichnete.

Andersons beruflicher Ehrgeiz zahlte sich mutmaßlich aus, denn er ist nicht mehr Distriktanwalt. Dies Amt verwaltet seitdem der korpulente Cleveland Archer. Sein Lachen ist mehr ein Kichern als ein Gewieher, und er kann auf zehn Kilometer einen Einheimischen von einem Touristen unterscheiden. »Kein übler Bursche«, sagte Archie von ihm.

Ben Cook ist der Polizeichef von White Plains, und Ben Dykes der Leiter der regionalen Kriminalpolizei, aber Archies ›bête noire‹ in diesem Teil der Welt, gewissermaßen der Rowcliff des Nordens, ist Leutnant Con Noonan – »ein Schubjak reinsten Wassers«, schreibt

Archie, »der seiner ganzen Natur nach eigentlich Aufseher in einem Arbeitslager hätte werden müssen, nur daß ihn der liebe Gott – oder vielleicht auch der Storch – versehentlich im falschen Land abgeliefert hatte«. Für Wolfe ist er »der typische uniformierte Lump«. Er hat das gemeinste Lächeln, das Archie je gesehen hat, außer im Kino bei Boris Karloff.

Wolfe denkt nicht gering von der Fähigkeit des Polizeiapparates, eine Armee von Männern, in Zivil und in Uniform, mit Inspektor Cramer an der Spitze, ins Feld zu schicken, wenn in Manhattan ein Mord verübt wurde. Fern von New York, in Kanawha Spa in West Virginia sagt Wolfe seufzend: »Inspektor Cramers unermüdliche Routine hat auch ihr Gutes . . .«

8 Und die offiziellen und inoffiziellen Mitarbeiter

»Wer, glauben Sie, eignet sich am besten dafür,
Saul oder Fred oder Orrie oder Bill?«
Nero Wolfe zu Archie Goodwin, ›Christmas Party‹

Es ist schwer zu sagen, wie Saul Panzer aussieht, weil man bei ihm vor lauter Nase das Gesicht nicht sehen kann, aber wir wissen wenigstens, daß er »ein zerknittertes kleines Zifferblatt hat, das eine Rasur stets dringend nötig zu haben scheint«, sowie flache Ohren und ungebärdiges rötliches Haar. Saul hat kleine tiefliegende graue Augen, denen nichts entgeht; ihm genügt ein Blick, um sich das Äußere eines Menschen für immer einzuprägen. Er ist klein — 1,67 m — und ein Leichtgewicht — 140 Pfund — und seine eine Schulter ist einen Zentimeter höher als die andere. Seine Stimme ist immer etwas belegt, und sein sanftes Lächeln täuscht über seine Unnachgiebigkeit und macht ihn zum besten Pokerspieler, den Archie kennt.

Saul trägt für gewöhnlich einen alten grauen oder braunen Anzug; die Hosen sind immer ungebügelt. Einen Mantel trägt er nie, dafür aber eine alte braune Schirmmütze. Kurz, er wirkt wie ein Fürsorgeempfänger, obwohl er in Brooklyn mindestens zwei Häuser besitzt.

Er raucht gern leichte braune Zigarren oder ägyptische Zigaretten, Marke Pharao, die wie das Zeug stinken, mit dem man im Frühjahr den Rasen düngt. Wenn Wolfe Erfrischungen anbietet, trinkt Saul immer Champagner.

Saul flucht nie und ruft höchstens mal: »Ach, du grüne Neune!«

Wolfes Vertrauen in Sauls Fähigkeiten ist »größer, als man für möglich halten würde«. Und Archie sagt von Saul, er wäre der beste Privatdetektiv westlich vom Atlantik und südlich vom Nordpol. »Er kann keine Bäume ausreißen, weil er dazu einfach nicht die richtige Handschuhnummer hat, aber sonst gibt's keinen Job, mit dem er nicht sein Geld verdienen würde.« »Falls ich je auf einer Palme hokken sollte, ein Rudel kannibalischer Tiger um mich herum und ein paar freundliche Biber damit beschäftigt, den Baumstamm unten durchzunagen, dann würde mich der Anblick von Saul in einen Wonnerausch versetzen.«

Saul ist Junggeselle und lebt allein im obersten Stockwerk — Wohnzimmer, Schlafzimmer, Kitchenette und Bad — eines modernisierten

Hauses in der 38th Street East zwischen Lexington und Third Avenue. Das Wohnzimmer ist sehr geräumig und wird von zwei Stehlampen und zwei Tischlampen erhellt. Eine Wand hat Fenster, die zweite ist mit Büchern bedeckt, und an der dritten und vierten hängen Bilder, gute Bilder, und Regale mit allem möglichem Kram, von Gesteinsbrocken bis zu Walroßzähnen. In einer Ecke am anderen Ende des Raums steht ein Flügel. Sauls Telefonnummer ist LIberty 2-3306 oder vielleicht auch JACkson 4-3109.

Saul ist freiberuflich tätig, hat kein Büro und braucht auch keins. Er ist so verdammt gut, daß er den doppelten Preis verlangt und ohne weiteres bekommt, und daß er sich vor Angeboten nicht retten kann. Wolfe ist einer seiner besten Kunden, und wenn er nicht gerade woanders fest vergeben ist, läßt er Wolfe nicht hängen.

»Jetzt hab ich Sie zum dritten Mal in zehn Jahren versetzen müssen«, sagt Saul bei Gelegenheit zu Wolfe, »und das ist zu viel. Ich will kein Geld von Ihnen, nicht mal für Spesen.«

Aber Saul bringt Wolfe nie auf. Bei der Befehlsausgabe in der 35th Street West ist Saul geschäftsmäßig, stellt keine unnötigen Fragen, reißt keine Witze, ist eher wortkarg und manchmal sogar mürrisch. Er sitzt fast nie im roten Ledersessel, nicht aus falscher Bescheidenheit, sondern weil er nicht gern ein Fenster vor sich hat. Da er das schärfste Paar Augen hat, das Archie kennt, selbst Wolfe nicht ausgenommen, möchte er den größtmöglichen Nutzen aus ihnen ziehen. Sein Stammplatz im Büro ist ein gelber Sessel nicht weit von Archies Drehstuhl.

Im Jahr 1945 zahlte Wolfe Saul Panzer 20 Dollar am Tag plus Spesen. Später, als mit den allgemeinen Lebenshaltungskosten auch Sauls Preise stiegen, zahlte er ihm 30 Dollar täglich in ›The Silent Speaker‹, 50 Dollar täglich in ›A Window for Death‹, 60 Dollar täglich in ›Christmas Party‹ und ›Der Schein trügt‹, 70 Dollar täglich in ›Champagnerparty‹, 80 Dollar täglich in ›Ene Mene Mörder Mo‹. Manchmal wird Saul auch pro Stunde bezahlt — 10 Dollar.

Saul weiß, wie gut er ist, macht aber nicht viel davon her. »Ich hab meine natürlichen Anlagen entwickelt, das ist alles«, sagt er.

Sind Saul Panzer und Orrie Cather zufällig während einer Mahlzeit im Haus, dann essen sie mit Wolfe und Archie, aber Fred Durkin ißt mit Fritz in der Küche. Fred gibt Essig an alle möglichen Gerichte, und einen Menschen, der so was tut, duldet Wolfe nicht an seinem Tisch. 1932 passierte es zum ersten Mal, daß Fred Essig verlangte und eine Taube in einer braunen Mehlschwitze damit taufte. Wolfe, der es für eine Sünde hält, irgend jemanden beim Essen zu stören, sagte keinen Ton. Aber am nächsten Morgen schmiß er Fred raus und nahm ihn erst nach über einem Monat in Gnaden wieder auf.

Fred ist groß – 1,86 m, 190 Pfund – und ungeschlacht; er bewegt sich wie ein Bär. Er wirkt wie ein Tollpatsch, ist aber keiner. Wenn er durch ein Zimmer geht oder nach etwas greift, rechnet man jeden Augenblick damit, daß er stolpert oder was kaputt macht, aber der Eindruck trügt. Er ist besser im Beschatten als sonst jemand, den Archie kennt, außer Saul Panzer.

Sein Gesicht ist wie eine Landkarte von Irland, und es ist eine zuverlässige Karte: Fred ist so irisch wie der River Shannon. Er ist mit einer Italienerin namens Fanny verheiratet, deren Freundin Anna Fiore Wolfe seinerzeit für die Lanzenschlangenaffäre einspannte. Vor Jahren ging Fred mal einer kessen kleinen Puppe mit üppigem Busen ins Garn; Fanny kam dahinter, und seitdem hat er vor Frauen unter dreißig eine Heidenangst. Fred und Fanny haben mittlerweile vier Kinder.

In Wolfes Büro wirft Fred seinen Hut immer so, daß er an der Rükkenlehne von Archies Drehstuhl hängenbleibt, aber er trifft meist daneben. Roggenwhisky pur ist Freds Lieblingsgetränk, doch wenn Wolfe ihn fragt, was er haben möchte, traut er sich nicht etwas anderes zu bestellen als Bier. Bei der Befehlsausgabe richtet er seine Augen stets unverwandt auf Wolfe, als müsse dessen Haupt jeden Moment entweder ein Horn oder ein Heiligenschein entsprießen, und als dürfe er dies Ereignis um keinen Preis verpassen.

Nach Archies Meinung ist »Fred so aufrichtig wie Sonnenschein, aber nicht so helle wie Sonnenschein«. Und Wolfe sagt in ›Die Gummibande‹ über ihn: »So weit seine Fähigkeiten reichen, ist er absolut vertrauenswürdig.«

Freds Honorar war sieben Dollar 50 pro Stunde, wurde aber inzwischen auf acht Dollar erhöht.

Wenn Fred Durkin sich wie ein Bär bewegt, dann bewegt sich Orrie Cather wie eine Katze. Seine Stärke ist, die Leute zum Reden zu bringen. Das liegt weniger an den Fragen, die er stellt; tatsächlich ist er im Verhör nicht besonders geschickt; es liegt an der Art, wie er die Leute anguckt. Er flößt ihnen irgendwie das Gefühl ein, daß man ihm alles sagen kann.

Seit unserer ersten Begegnung mit Orrie in ›Die Lanzenschlange‹, hat

er sich mächtig herausgemausert. Damals, als kampferprobter Soldat des ersten Weltkriegs, hielt er dauernd Ausschau nach einem Winkel, wo er seinen Tabakssaft hinspucken konnte. Orrie war auch im zweiten Weltkrieg dabei, ebenso wie Panzer und Durkin.
Der breitschultrige, ein Meter 80 große, 180 Pfund schwere Orrie hat kecke braune Augen und geschwungene Lippen. Er pfeift bei der Arbeit vor sich hin und hat eine recht gute Singstimme, die ihm in der roten Schatullenaffäre gut zustatten kam.
Orries Einstellung zu attraktiven Frauen kann man mit dem Jagdeifer eines Anglers vergleichen, der an einem Bach voller Forellen steht. Er läßt keine Gelegenheit aus, und auch die Augen holder Weiblichkeit ruhen mit Wohlgefallen auf ihm.
Wolfe sagt von ihm: »Ich habe mich oft über ihn geärgert. Er besitzt weder die Würde eines Mannes, der seine Stellung in der Gesellschaft kennt und sie behauptet – wie Sie, Fred –, noch die Charakterfestigkeit eines Menschen, der sich über sein überragendes Talent klar ist und es auf ein Gebiet beschränkt, wo es fruchtbar sein kann – wie Sie, Saul.«
Wolfe zahlte Orrie früher sieben Dollar in der Stunde; jetzt sind es acht.

Dann gab es noch Johnny (John Joseph) Keems, der mit gewaschenem Gesicht wie ein kleiner Gentleman aus Princeton aussah.
Archie hatte für Johnny nie viel übrig. Er ging ihm mit seiner hellen, übereifrigen Stimme eines Musterschülers gräßlich auf die Nerven. Johnny ging an keinem Süßwarenautomaten vorbei, ohne sich Kaugummi zu kaufen, bloß damit er einen Vorwand hatte, um sich im Spiegel zu bewundern. Er tat sich Pomade auf das Haar und trug Gamaschen. Wolfe hatte die »idiotische Idee«, daß Johnny ein Mädchen nur anzulächeln brauchte, damit es wie Butter in der Sonne dahinschmolz.
Wie Archie von je her vermutete, hätschelte Johnny jahrelang die Überzeugung, daß er sich für Archies Job trefflich eignen würde, wenn Wolfe ihm nur die Chance gäbe. »Johnnys Größenwahn ließ mich kalt«, behauptete Archie. »Ich weiß nämlich genau, daß Wolfe sehr bald genug von ihm hätte. Johnny wäre nie imstande, Wolfe bei der Stange zu halten, indem er ihn ordentlich anschnauzt.«
Es gehörte ferner zu Johnnys liebenswerten Angewohnheiten, alle möglichen Leute auf Archies Schreibtischstuhl zu bugsieren. Er selbst setzte sich allerdings nicht mehr darauf, nachdem Archie ihn im

Jahre 1939 beim Herumschnüffeln in seinem Notizbuch erwischt und vermöbelt hatte.
Dennoch paßte es Archie nicht – und Wolfe noch viel weniger – als Johnny 1956 von einem ganz besonders üblen Mörder umgebracht wurde. Allerdings wäre Johnny vermutlich nicht getötet worden, wenn er sich nicht über Wolfes Anweisungen eigenmächtig hinweggesetzt hätte.

Wolfe beschäftigt Bill Gore weniger oft als Saul, Fred und Orrie, aber Bill ist ein tüchtiger Mann, wenn Wolfe Verstärkung braucht.
Bill wiegt 200 Pfund, alles schieres Muskelfleisch und kein Gramm Fett. Ein Blick auf seinen Quadratschädel verrät einem, daß er in fünf Jahren kahl sein wird.
Wolfe zahlte Bill in ›The Silent Speaker‹ 20 Dollar pro Tag.
Archie erzählt von ihm: »1948 hab ich mal was Komisches zu ihm gesagt, und seitdem fängt er schon zu lachen an, wenn ich bloß die Klappe aufmache.«

Dann ist da »Mister Jones«, ein Individuum, das gelegentlich als Spezialist für bestimmte Informationen auf der Spesenliste erscheint. Er ist vielleicht nicht gerade Stalins Neffe, muß aber mindestens ein Delegierter im Politbüro auf dem Union Square sein. Archie hat den Burschen nie gesehen, weiß jedoch zwei Tatsachen von ihm: erstens hatte Wolfe von ihm den richtigen Tip über zwei Kommunisten bekommen, der die zwei hinter Schloß und Riegel beförderte, und zweitens wird Mr. Jones für das, was er liefert, im voraus bezahlt.

Archie ist prinzipiell gegen weibliche Detektive. »In unserem Beruf muß eine Frau ein festes dickes Fell haben«, sagt er, »und das ist nicht die Sorte Haut, die ich gern anfasse. Hat sie kein dickes Fell, dann versagt sie womöglich gerade in dem Moment, wo's auf scharfe Augen und gute Nerven ankommt, und in dem Fall hat sie in unserer Branche nichts zu suchen. Aber es gibt Ausnahmen, und da muß eben auch ein prinzipienfester Mensch mal ein Auge zudrücken.«
Man sollte vermuten, daß Wolfe eine noch schlechtere Meinung von weiblichen Privatdetektiven hat und ihre Mitarbeit nie in Anspruch nehmen würde; doch ist genau das Gegenteil der Fall, er beschäftigt sie immer dann, wenn die Umstände es zu fordern scheinen.
Manchmal ist es Ruth Brady – sie kann selbst Archie noch einiges über den ordnungsgemäßen Gebrauch von Totschlägern beibringen

— aber in seinen späteren Fällen zieht Wolfe vorwiegend Theodolinda (Dol) Bonner heran.
Dol ist etwa in Archies Alter. Wie Fritz zutreffend bemerkt hat, sind ihre langen schwarzen Wimpern echt und bilden einen geschwungenen Baldachin für ihre karamelfarbenen Augen. An ihren Lippen gibt es nichts auszusetzen, und sie hat hübsche Hände. Sie betreibt eine eigene Detektei in der 42nd Street, und das Geschäft blüht. Ihre Assistentin Sally Colt könnte ihrem Alter nach Archies jüngere Schwester sein; sie hat dunkelblaue Augen und, Archies Ansicht nach, bloß zwei Fehler: sie kichert und trinkt Rum mit Cola.

Ethelbert (Geoffrey) Hitchcock, Wolfes Londoner Mitarbeiter, haben wir bereits erwähnt.
Wolfe hat auch in Rom einen Mitarbeiter — einen untersetzten ›Signor‹ und nach römischem Standard guten Mann namens Giuseppe Drogo. In Bari kann Wolfe einen alten Freund — Paolo Telesio — um Auskünfte bitten.
In New York ist da noch Del (oder Larry) Bascom, Leiter der Detektei Bascom, ein Mann mit einer Narbe auf der Wange. Bascom arbeitete beim Heuschnupfenfall mit Wolfe und Archie zusammen und vermutlich noch bei verschiedenen anderen Gelegenheiten.
Wir dürfen auch Sol Feder von der Feder Papiergroßhandlung, 17th Street West 535, nicht vergessen. Sol ist eher eine inoffizielle Hilfskraft. Wenn man einen Schatten loswerden möchte, fragt man nach Sol in seinem Kontor und weist sich mit dem Namen Montgomery aus. Dann führt einen Sol durch eine Passage in die 18th Street, und dort wartet bereits am Randstein ein Taxi, dessen Fahrer, Herb Aronson, auch ein Vertrauensmann von Archie ist. Abe von der Perlman Papiergesellschaft, 28th Street East 214, leistet einem Freund von Archie den gleichen Dienst. Das Losungswort für ihn lautet: »Archie braucht noch etwas Candy.«

Ein Zeitungsmann kann für einen Privatdetektiv eine reiche Informationsquelle sein, deshalb ließ es sich Archie immer angelegen sein, Freunde in der Branche zu haben.
Früher wandte er sich an Bill Pratt vom ›Courier‹ oder Harry Foster von der ›Gazette‹, aber dieser Tage ist es Lon Cohen von der ›Gazette‹ (ein Abendblatt mit einer Auflage von knapp zwei Millionen), mit dem Archie sein Geschäft auf Gegenseitigkeit abwickelt.
Lon war mal in der Lokalredaktion; seine derzeitige Funktion ist je-

doch etwas mysteriös. Auf jeden Fall ist er immer erstaunlich gut informiert, und zwar nicht nur über das, was bereits passiert ist, sondern auch über das, was demnächst passieren wird. Er versorgt Archie mit Material über prominente Klienten, und Archie hat ihm schon so manchen Knüller geliefert.

An der Tür von Lons Büro, einem schmalen Gelaß im zwanzigsten Stock, das nur ein paar Meter vom Vorzimmer des Verlegers entfernt ist, steht nur sein Name, ohne Angabe von Rang und Würden. Lon sitzt allein in dem Raum, und das ist gut so, denn sonst wäre nicht genügend Platz für seine Riesenquanten vorhanden. (Von den Knöcheln aufwärts ist er normal gebaut.) Soviel Archie weiß, ist Lon seine Beförderung nur in einem Punkt in den Kopf gestiegen: er hat neuerdings eine Haarbürste in seinem Schreibtisch, mit der er jede Nacht nach dem Dienst seinen Skalp bearbeitet.

Lon ist ein drahtiger Bursche mit einem gutgeschnittenen schmalen Gesicht, tiefliegenden dunkelbraunen Augen, straff zurückgekämmtem schwarzem Haar und einem ausladenden Hinterkopf. Er ist der zweitbeste Pokerspieler in Archies Bekanntschaft und gehört zur Donnerstagabendpokerrunde.

Lon arbeitet täglich von zwölf Uhr mittags bis Mitternacht. Er hat drei Telefonapparate auf seinem Schreibtisch, und Archie kennt ihn eigentlich nur mit dem Telefonhörer am Ohr. Er leidet an der Manie jedes guten Journalisten, hinter jeder harmlosen Anfrage eine Sensation zu wittern, und Archie hat es dann manchmal nicht leicht mit ihm. Die beiden führen über das Soll und Haben ihrer Zusammenarbeit nicht Buch; aber das Konto ist ziemlich ausgeglichen. Lon schwärmt für Highballs, gefolgt von einem vier Zentimeter dicken Steak, und manchmal vergilt ihm Archie einen besonders guten Tip mit einem besonders guten Dinner bei Pierre's.

Seit vielen Jahren wenden sich Wolfe und Archie mit allen leiblichen Nöten an Doc Vollmer – Doktor Edwin A. Vollmer –, vom Vernähen der Kopfhaut Dora Chapins bis zum Ausstellen einer Bestätigung, wonach Wolfe unzurechnungsfähig war.

Doc wohnt und praktiziert in der 35th Street West, etwa sechzig Meter von Wolfes Haus entfernt; seine Hausdame, die sich auch als Sprechstundenhilfe betätigt, heißt Helen Grant und ist eine hübsche Frau mit ansehnlichen Kurven. Doc ist Witwer, und sein einziger Sohn Bill ist in einem Internat.

Jedesmal, wenn Doc Vollmer zu Wolfe kommt, geht er sofort auf

einen der kleinen gelben Sessel zu, wegen seiner kurzen Beine, setzt sich, nimmt die Augengläser ab, blickt sie an, setzt sie wieder auf und fragt: »Was für Pillen brauchen Sie diesmal?«
Er ist ein melancholisch dreinblickender kleiner Bursche mit einer Menge Stirn, runden Ohren und nicht viel Kinn und hat es schon seit etlichen Jahren aufgegeben, den Bauch einzuziehen und die Brust rauszudrücken. Er gehört zu den wenigen Menschen, die Wolfe wirklich gern hat vielleicht deshalb, weil er immer in Eile ist und davontrabt, sobald er weiß, was man diesmal von ihm will.

Wolfe selbst ist kein Jurist, obwohl er sich in praktischen Rechtsfragen sehr gut auskennt, wie sich das für einen tüchtigen Privatdetektiv ja eigentlich auch gehört. »Beschuldigen Sie mich eines ›malum‹?« fragt er in ›Orchideen für sechzehn Mädchen‹. »In se oder prohibitum?« Und einmal löste er einen Mordfall nur, weil er über das Schadenersatzrecht Bescheid wußte.
Braucht Wolfe einen Anwalt, auf den er sich in allem verlassen kann, dann ruft er heutigentags Nathaniel Parker (Nathaniel scheint früher, aus unerfindlichen Gründen, als Henry George Parker aufgetreten zu sein). Davor war Henry W. Barber Wolfes Rechtsberater.
Parker ist ein Meter 88 groß, ein hagerer Mann mittleren Alters, der nichts als seine zähe lederne Haut hat, um sein Knochengerüst vor den Unbilden der Witterung zu schützen.
Falls Sie einen guten Anwalt brauchen . . . seine Privatnummer ist LIncoln 3-4616; die Nummer seiner Kanzlei ist EAstwood 6-2605 oder vielleicht auch PHoenix 5-2382 (Archie bleibt auch hier ein wenig vage).

Wenn Wolfe etwas über den finanziellen Hintergrund eines Klienten erfahren möchte, ruft Archie bei der Metropolitan Trust Company an und verlangt Higgins oder Mitchell von der Bankfiliale in der 34th Street, wo sowohl Wolfe als auch Archie ihr Konto haben.
Wenn Wolfe eine chemische Analyse benötigt, wendet er sich an Mr. Weinback von den Fisher Laboratorien. Sie sind kostspielig, aber gründlich und zuverlässig, und Wolfe kann damit rechnen, daß ihre Befunde vor Gericht als Beweis anerkannt werden.
Kein Mensch ist eine Insel, und Wolfe ist sich dessen wohl bewußt; er muß sich mit Männern und Frauen umgeben, die Charakter haben und sein Vertrauen verdienen.
Und genau das hat Nero Wolfe getan.

»Schauen Sie im Protokoll nach.«
Archie Goodwin zu Phoebe Gunther, ›The Silent Speaker‹

> »Ich würde sagen, Mr. Stahl, daß ich aufgrund meines Naturelles dazu neige, Fragen über mein Vorleben und meine Privatangelegenheiten übelzunehmen und jegliche Versuche in dieser Richtung entschieden zurückzuweisen.«
> Nero Wolfe, ›Über meine Leiche‹

Clara Wolfe, Nero Wolfes Adoptivtochter, sagt in ›Der Schwarze Berg‹ zu ihm: »Es ist wahr, Sie haben montenegrinisches Blut in den Adern, Sie gehören dem Volk an, das seit fünfhundert Jahren die Türken bekämpft.«
Die zwei Mädchen, die sich in ›Über meine Leiche‹ Carla Lovchen und Neya Tormic nannten, waren montenegrinischer Abkunft; sie hielten Wolfe für einen Montenegriner und erklärten, seinem Benehmen nach wäre er einer, wenn er auch nicht so aussähe »da Tsernagores (Montenegriner) in die Höhe wachsen und nicht in die Breite wie Sie«.
Viel später, im Jahr 1954, sagte Wolfe: »Dort bin ich geboren« und zeigte auf ein Haus im Schatten des Schwarzen Berges, der sich zwischen Montenegro und Albanien erhebt. Er wäre nach dem Berg genannt worden, fügte er hinzu.
Dennoch bleibt die Tatsache bestehen, daß Nero Wolfe von Geburt kein Montenegriner ist; im Gegenteil, er ist in den Vereinigten Staaten von Nordamerika geboren. Wir können seine Antwort auf die Frage des FBI Agenten Stahl in ›Über meine Leiche‹ nicht in Zweifel ziehen. Stahl fragte: »Sind Sie amerikanischer Staatsbürger?«, und Wolfe erwiderte: »Ja. Ich bin hier geboren.« Und gleich danach sprach er von den Vereinigten Staaten als »meiner Heimat«.
Aber neunzehn Monate früher, in ›Zu viele Köche‹ (1937), hatte er in Kanawha Spa zu den farbigen Köchen, Kellnern und Pikkolos gesagt: »Sie, meine Herren, sind Amerikaner. Weit mehr Amerikaner als ich, denn ich bin ja schließlich nicht in Ihrem Land geboren.«
Dieser direkte beabsichtigte Konflikt hat ein Gegenstück.
Im Winter 1951/52 (›The Cop Killer‹) sagte Wolfe zu Archie: »Vor vierundzwanzig Jahren bekam ich meine Einbürgerungspapiere.« Das heißt, im Jahre 1927 oder 1928.
Nichtsdestoweniger sagte Wolfe 1946 (›The Silent Speaker‹) in

einem Moment äußerster Gereiztheit: »Und ich habe mich fast dreißig Jahre lang unterstanden, von meinem Wahlrecht Gebrauch zu machen!«
Wenn wir davon ausgehen, daß die zweite von den beiden oben angeführten Erklärungen der Wahrheit näher kommt, dann war Wolfe also im Jahr 1917 alt genug, um zu wählen. Aber er hat höchstwahrscheinlich nicht vor 1920 gewählt, weil er sich von 1913 bis 1919 oder sogar bis 1921 nicht in den Vereinigten Staaten aufhielt.
Wenn Wolfe 1917 einundzwanzig Jahre alt war – mit anderen Worten, wenn er 1917 das gesetzlich vorgeschriebene Mindestalter zur Ausübung des Wahlrechts hatte – dann muß er 1896 geboren sein.
Aber auf die Frage von Stahl: »Waren Sie irgendwann mal Agent der österreichischen Regierung?« antwortet Wolfe: »Ja, kurze Zeit, als Junge.«
Wie der verstorbene Bernard DeVoto in seinem Essay ›Alias Nero Wolfe‹ schrieb:
›Es fällt mir schwer zu glauben, daß Wolfe mit siebzehn Jahren österreichischer Agent gewesen sein kann; ich neige zu der Ansicht, daß er mindestens achtzehn war; folglich wäre dann 1895 sein Geburtsjahr. Es ist jedoch möglich, daß er von seiner Wahlberechtigung zunächst keinen Gebrauch machte. Er hat vielleicht erst, sagen wir, 1922 gewählt . . . Geben wir seiner Äußerung (»als Junge«) einen noch größeren Spielraum, dann dürfen wir daraus schließen, daß er im Jahr 1913 nicht achtzehn sondern bereits einundzwanzig Jahre alt gewesen sein könnte. Die Grenzen sind abgesteckt: Wolfe ist zwischen 1892 und 1895 geboren.‹
Wenden wir uns nun ›Einigen vorläufigen Mitteilungen über eine Untersuchung bezüglich Nero Wolfes Abstammung‹ zu; es handelt sich um die bahnbrechende Forschungsarbeit von Dr. John D. Clark, die im Januar 1956 im ›Baker Street Journal‹, dem offiziellen Organ der Baker Street Irregulars, veröffentlicht wurde. Dr. Clark schreibt:
›Obwohl DeVoto bewiesen hat, daß Wolfe irgendwann zwischen 1892 und 1895 in den Vereinigten Staaten geboren wurde, hat er keinerlei Hinweise auf den geographischen Ort der Empfängnis gegeben sondern sie lediglich auf den Zeitraum zwischen März 1891 und März 1895 fixiert.
In den neunziger Jahren war Montenegro ein isoliertes und fast unzugängliches Fürstentum. Es gab keine Eisenbahn, keine Grenzübergänge außer Trampelpfaden in den Gebirgspässen, und die kleine Hafenstadt Antivari bildete praktisch den einzigen Zugang ins Land.

Den Hafen konnte man von Bari aus mit einem Schiff der Dampfschiffahrtsgesellschaft ›Puglia‹ erreichen, und eine abschüssige unbefestigte Straße verband den Hafen Tieka mit der Hauptstadt Cetinje. Cetinje selbst hatte vielleicht dreitausend Einwohner und war Sitz der Regierung; außer den Amtsgebäuden gab es das neue Schloß, in dem Prinz Nicholas Hof hielt, und das Opern- und Schauspielhaus.
Cetinje war eine Stadt, wo ein Mann, der sich für verfolgt hielt, sich einigermaßen sicher fühlen konnte. Mit einigen Stammesangehörigen als Verbündete konnte er gewiß sein, daß sich kein Feind ungesehen nähern würde; im übrigen war es ihm ein leichtes, dafür zu sorgen, daß der Feind Cetinje gar nicht erst erreichte. (Alle Montenegriner trugen damals Waffen, und der Überfall aus dem Hinterhalt stand in dem bergigen Gelände in höchster Blüte.)
Wir wissen, daß Sherlock Holmes nach seinem letzten Gespräch mit Professor Moriarty (siehe ›Die letzte Aufgabe‹ von Sir Arthur Conan Doyle in den ›Memoiren von Sherlock Holmes‹), Anfang Mai 1891 in der Reichenbachschlucht, von der Schweiz nach Italien flüchtete. Wir kennen seine Reiseroute nicht, doch scheint er von Florenz nach Bari gefahren zu sein; er hatte natürlich reichliche Geldmittel zur Verfügung, da er mit seinem sieben Jahre älteren Bruder Mycroft, vermutlich per Kabel, in Verbindung blieb. In Bari kann er sehr wohl ein ›Puglia‹ Schiff bestiegen haben und nach Antivari und von dort nach Cetinje weitergereist sein. Er muß sich da mehrere Monate lang aufgehalten haben. Eine telegrafische Verbindung mit Mycroft über Belgrad und Wien war leicht zu bewerkstelligen, und mit Hilfe von ein wenig diskreter Bestechung ließ sich verhindern, daß Nachrichten über seinen Aufenthaltsort an die Außenwelt gelangten . . .
Irene (Adler, die Operndiva und für Holmes immer ›die Frau schlechthin‹; siehe ›Ein Skandal in Böhmen‹ aus ›Die Abenteuer von Sherlock Holmes‹) war eine Opernaltistin von offenbar beträchtlichem Rang, und eine Rückkehr zur Bühne lag für sie im Bereich des Möglichen. Weder die Mailänder Scala noch das Warschauer Opernhaus kam in Betracht, da sie bereits seit geraumer Zeit nicht mehr aufgetreten war; aber eine Tournee mit einer kleineren Truppe durch Osteuropa würde ihr nicht nur eine gewisse Sicherheit sondern auch die Chance zu einem Comeback bieten oder ihr doch wenigstens zu einem reichen und generösen (wenn auch provinziellen) Protektor verhelfen.
Auf ihrer Tournee muß die Truppe zu einem Gastspiel nach Cetinje gekommen sein. Holmes war ein Opernfan, und es ist unausbleiblich,

daß er Irene wiederbegegnete. Ihre Bewunderung für ihn glich seiner Bewunderung für sie, und wenn auch Dr. John H. Watson, Holmes' Gefährte und Biograph, erklärt hat, daß Holmes Empfindungen der Zärtlichkeit und Liebe gar nicht kannte, so war Holmes seinem Freund gegenüber nicht immer ganz aufrichtig und überdies Schauspieler genug, um sich von seinen Gefühlen nichts anmerken zu lassen. Ob Irene noch immer ein Mitglied der Truppe war oder ob sie sich inzwischen unter die Protektion eines einheimischen Adligen begeben hatte, läßt sich nicht mit Bestimmtheit sagen, aber aus Gründen, die wir später anführen, erscheint uns letzteres plausibler. Wie dem auch sei, Holmes und Miss Adler müssen einander oft begegnet sein, und wenn man bedenkt, daß sie in Cetinje die einzigen Menschen waren – von ihrer gegenseitigen Bewunderung ganz abgesehen – die nicht montenegrinisch, slovenisch, serbisch, kroatisch, türkisch, ein schlechtes Deutsch sondern englisch sprachen, dann war eine Liebesaffäre unvermeidlich.

Als Irene schwanger wurde, muß es wahrhaft königlicher Bestechungsgelder sowie Holmes' ganzem Scharfsinn bedurft haben, um sie an Bord eines italienischen Schiffes zu schmuggeln. (Das Ziel der Reise war vermutlich Trenton, New Jersey, wo Irenes Eltern lebten.) Sie mag sehr wohl als Bauernjunge verkleidet gewesen sein, als sie den Dampfer nach Bari bestieg, denn der lose Leinenkittel, den die Bauern trugen, verbarg nicht nur ihre Identität sondern auch ihren Zustand. Holmes konnte sie aus irgendeinem Grund nicht begleiten – mutmaßlich blieb er zurück, um die Gefolgsleute ihres erzürnten Protektors auf eine andere Fährte zu lenken.

Nero Wolfe wurde in Trenton, New Jersey geboren ... Ende 1892 oder Anfang 1893, etwa sechs Monate nach der Abreise seiner Mutter aus Montenegro ...‹

Hier drängt sich die Frage auf: Hatte Irene Adler Zwillinge?

Wir wissen, daß früher oder später noch ein Kind kam, weil Wolfe einen Neffen oder eine Nichte hatte (unserer Ansicht nach, einen Neffen), der 1936 in Belgrad lebte. »Wußten Sie, daß ich ein Onkel bin, Archie?« – »Die Frage war völlig überflüssig, da ich die monatlichen Briefe nach Belgrad für ihn tippte.« (›Die rote Schatulle‹).

Man ist sehr versucht, das zweite von Irenes Kindern mit Wolfes ältestem und engstem Freund Marko Vukcic zu identifizieren, obwohl Wolfe nach Vukcics Tod im Jahre 1954 behauptete, daß »Mr. Vukcic weder in Amerika noch sonstwo nahe Verwandte hat«. Aber in seinem letzten Willen ernannte Vukcic Wolfe zum Testamentsvollstrecker und Treuhänder ad interim von Rusterman's Restaurant, Vukcics einzigem Besitz.

»Es liegt auf der Hand«, schließt Dr. Clark, »von wem Nero Wolfe seine bemerkenswerten Fähigkeiten erbte.« (»Der montenegrinische Einschlag muß, falls Wolfe ihn hat, und wir glauben, daß er ihn hat, von der mütterlichen Seite der Familie herstammen.«)

Wir glauben, daß es Beweise gibt, die Dr. Clarks Hypothese stützen. Dies Beweismaterial haben wir schon an anderer Stelle aufgeführt (In ›Sherlock Holmes of Baker Street: Eine Lebensbeschreibung des ersten Privatdetektivs der Welt‹, New York: Clarkson N. Potter, Inc., 1962), und wir wiederholen es hier in stark gekürzter Form.

Wie Sherlock Holmes ist Nero Wolfe ein Profi und wird, wie das auch bei Holmes der Fall war, bei Kriminalsachen häufig von der Polizei zu Rate gezogen.

Beide haben einen festen Wohnsitz, der ihnen zugleich auch als Büro dient – Holmes in der Baker Street in London, Nero Wolfe in der 35th Street West in New York.

Der Name »Nero Wolfe« ist offensichtlich ein Alias. (Wie Archie in ›Über meine Leiche‹ zu Wolfe sagt: »Montenegro ist die venezianische Variante von Monte Nero, und Sie heißen Nero.«) Auch Holmes trat häufig unter anderem Namen auf, und es ist bestimmt kein Zufall, daß der Vorname »Nero« das ›er-o‹ aus Sherlock und der Nachname »Wolfe« das ›ol-e‹ aus Holmes enthält.

Nur drei Menschen nennen Wolfe beim Vornamen; außerhalb seines engsten Familienkreises gab es nur einen Mann, der Holmes »Sherlock« nannte, jedoch nicht, wenn Holmes dabei war. Wolfe nennt nur zwei Menschen, von seinen Mitarbeitern abgesehen, beim Vornamen; das war auch ein charakteristischer Zug von Sherlock.

Wie Sherlock Holmes wird Nero Wolfe von einem tatkräftigen Mann unterstützt, der sich gleichzeitig als sein Biograph betätigt. Wolfes Assistent benutzt wie Dr. John H. Watson einen gefeierten Autor als literarischen Agenten. (Watson, Sir Arthur Conan Doyle; Archie Goodwin, Rex Stout).

Sowohl Sherlock Holmes als auch Nero Wolfe haben in ihrer Jugend Sport getrieben.

Wie Sherlock Holmes ist Nero Wolfe ein Feinschmecker und Weinkenner.

Holmes liebte Rosen und nannte eine Rose mal »etwas Wunderschönes« (siehe ›Der Flottenvertrag‹); Wolfe hat seine Orchideen.

Wie Sherlock Holmes ist Wolfe Frauen gegenüber scheinbar un-

empfindlich, obwohl beide ihre weiblichen Klienten mit großer Liebenswürdigkeit behandeln können.
Wie Sherlock Holmes hat Nero Wolfe Geheimaufträge seiner Regierung ausgeführt. Vor dem zweiten Weltkrieg arbeitete Wolfe gelegentlich für das Innenministerium (siehe ›Where There's Will‹). Während des Krieges wurde er mehrmals vom FBI und von G-2 (Feindnachrichten und Sicherheit) zu Rate gezogen.
Holmes hatte eine ungewöhnlich leichte Hand – »lange weiße sensible Finger« heißt es in ›Zeichen der Vier‹; Dr. Watson erwähnt immer wieder, mit welcher Geschicklichkeit Holmes seine naturwissenschaftlichen Experimente durchführte. Das trifft auch auf Wolfe zu. »Er öffnete es«, sagt Archie, »mit den bedächtigen exakten Handbewegungen, die er allen unbelebten Dingen zuteil werden ließ.«
Wo immer es möglich war, wählte Holmes den kürzesten Weg; Wolfe sagt in ›Die Gummibande‹: »Das abgekürzte Verfahren führt, meines Erachtens, am schnellsten zum Ziel.«
Wolfe sagt in ›P. H. antwortet nicht‹: »Je mehr man in ein Hirn hineinstopft, desto mehr hat Platz darin.« Holmes sagt in einem seiner Abenteuer: »Mein Kopf gleicht einem vollgestopften Abstellraum, in dem so viele Dinge verstaut sind, daß ich mich an manche bloß noch dunkel erinnern kann.«
Holmes verspottete seinen Gefährten Watson in einem fort wegen seiner Begriffsstutzigkeit. »Du kennst meine Methoden, nun wende sie auch an«, sagte er immer wieder. Wolfe macht es mit Archie genauso. »Gott hat uns in mancher Hinsicht grundverschieden geschaffen, und es wäre sinnlos, Seine Dispositionen verändern zu wollen ... Ihre Logik ist einwandfrei, aber Ihre Prämissen sind absurd.«
Obzwar weder Holmes noch Wolfe Juristen sind, verfügen beide über ausgezeichnete juristische Kenntnisse.
Beide Männer sind geborene Schauspieler.
Wenn Holmes vor Watson eine Erklärung von Stapel läßt, pflegt er die Fingerspitzen zeltförmig gegeneinanderzulegen; die gleiche Angewohnheit hat auch Wolfe, wenn er Archie einer Belehrung würdigt.
Wir wissen, daß Holmes eine Aversion gegen Feuerwaffen hatte und vor jeder gefährlichen Expedition Watson bat, er möge seine Pistole mitnehmen. Wolfe sagt in ›Die rote Schatulle‹ zu Archie: »Holen Sie bitte Ihren Revolver und behalten Sie ihn in der Hand.«
Viele Kommentatoren glauben, daß Holmes nach seinem langen

Aufenthalt in den tibetanischen Lamaklöstern Buddhist wurde (siehe ›Der letzte Auftrag‹ in ›Die Memoiren von Sherlock Holmes‹ und ›Das Abenteuer des leeren Hauses‹ in ›Die Rückkehr von Sherlock Holmes‹). Wolfe äußerte sich wenigstens einmal, in ›Die Liga der furchtsamen Männer‹, über sein Interesse für Buddha und den Buddhismus: »Die buddhistische Lehre von der Selbstentäußerung hat als Methode, um Wissen und Weisheit zu erwerben, nur einen einzigen Fehler – die jämmerlich kurze Zeitspanne des menschlichen Lebens.«

Wie wir gesehen haben, sind sich Holmes und Wolfe im Wesen bemerkenswert ähnlich.
Die gleiche bemerkenswerte Ähnlichkeit besteht, was den äußeren Habitus anbelangt, zwischen Wolfe und Holmes' Bruder Mycroft.
Wie Mycroft Holmes ist Wolfe groß und massig. Sein Körper »ist ausgesprochen korpulent«. Sein Gesicht ist zwar »füllig, aber ausdrucksvoll«. Seine Hände sind »breit«, »feist«, »wie die Flossen eines Seehunds«. Diese Schilderung stammt von Watson; er gibt darin seinen Eindruck von Mycroft Holmes wieder. Aber sie könnte genausogut aus Archies Feder stammen und Wolfe gelten.
Wie Mycroft Holmes hat Wolfe wenig Energie. Beider hervorstechendster Charakterzug ist das Phlegma. Jahrein, jahraus macht sich Wolfe so wenig Bewegung wie möglich. Wie Mycroft praktiziert er die Kunst des Deduzierens von einem Armstuhl aus. Wolfe besucht kaum je den Schauplatz eines Verbrechens, Mycroft Holmes auch nicht – »ebenso gut könnte ein Planet seine Umlaufbahn verlassen«. Beide beauftragen andere mit der erforderlichen Beinarbeit.
Sollte der Leser noch immer daran zweifeln, daß Sherlock Holmes Nero Wolfes Vater war, dann möchten wir seine Aufmerksamkeit auf einen Umstand lenken, den wir bereits früher flüchtig erwähnt haben: es handelt sich um das Porträt, das in Wolfes Büro unter der Wanduhr über Archies Schreibtisch hängt, wo Wolfe es beständig vor Augen hat.
Es ist das Porträt eines Mannes, der schon von der äußeren Erscheinung her auch den gleichgültigsten Beobachter in Bann schlägt. Er ist über ein Meter 80 groß und so außerordentlich hager, daß er noch größer wirkt. Seine grauen Augen blicken scharf und durchdringend, und seine schmale Hakennase verleiht ihm einen wachsamen entschlossenen Ausdruck. Auch sein hervortretendes kräftiges Kinn verrät den Willensmenschen.

Es ist das Porträt von Sherlock Holmes von der Baker Street.
In diesem Zusammenhang ist es bedeutungsvoll, daß Rex Stout Sherlock Holmes' Vaterschaft weder bestätigt noch abstreitet.
›Als literarischer Agent von Archie Goodwin (schrieb er am 14. Juni 1935 in einem Brief an den Herausgeber des ›Baker Street Journal‹) kenne ich natürlich viele Einzelheiten aus Nero Wolfes Vorleben, die dem Publikum . . . vorläufig noch eine offene Frage bleiben müssen. Falls und sobald es mir statthaft erscheinen sollte, den Schleier zu lüften, wäre Ihr verdienstvolles Journal ein geeignetes Medium für meine Enthüllungen. Die Loyalität, die ich meinem Klienten schulde, macht es mir unmöglich, gegenwärtig mehr darüber zu sagen.

Mit vorzüglicher Hochachtung
Ihr sehr ergebener
Rex Stout‹

> »Ich war früher blödsinnig romantisch. Ich bin's noch immer, aber mit Maßen. Vor fünfundzwanzig Jahren, als Junge, fand ich es romantisch, Geheimagent der österreichischen Regierung zu sein.«
> Nero Wolfe, ›Über meine Leiche‹

Wahrscheinlich haben Wolfes Verwandte in Ungarn ihm ursprünglich seine Anstellung im österreich-ungarischen Regierungsdienst verschafft, aus der sich dann, im Jahre 1913, beinahe zwangsläufig sein Übertritt zum Geheimdienst ergab.

Wolfe berichtete dem G-man Stahl, daß er sich danach der montenegrinischen Armee anschloß. Damals war er »noch immer ein Junge« – bei Wolfe stets ein ziemlich dehnbarer Begriff. Später, im ›Fourth of July Picnic‹, sagt er, daß er sechzehn gewesen sei, als er »beschloß, sich in der Welt umzusehen« – eine lächerliche Behauptung, da er mindestens sechs Jahre älter gewesen sein muß. Sein Eintritt in die montenegrinische Armee fand anscheinend 1916 statt, was auch absurd ist, denn wie Dr. Clark bereits dargelegt hat, war sie schon im Herbst 1915 vernichtend geschlagen worden. Ebensowenig kann Wolfe ein österreichischer Agent gewesen sein, wenn er (wie er behauptet) 1916 (siehe unten) in Bulgarien ins Gefängnis geworfen wurde, weil zu dem Zeitpunkt Bulgarien bereits auf seiten Österreichs gegen die Serben kämpfte.

Viel wahrscheinlicher ist, daß Wolfe Ende 1914 oder Anfang 1915 zu den Montenegrinern überging und rechtzeitig genug aus dem Gefängnis entkam oder befreit wurde, um sich der serbisch-montenegrinischen Armee anzuschließen, bevor sie im Oktober und November völlig aufgerieben wurde.

»Wie er dem Zusammenbruch entkam, ist zweifelhaft«, schreibt Dr. Clark, »aber vermutlich schlug er sich mit anderen Flüchtlingen durch, wurde mit ihnen nach Korfu evakuiert und schließlich nach Saloniki gebracht.«

Hier ist Wolfes eigener Bericht über diesen Abschnitt in seinem Leben: »Ich glaubte damals, daß alle irregeleiteten und grausamen Menschen erschossen werden müßten, und ich legte ein paar um. 1916, als die Österreicher kamen, und wir mit bloßen Händen gegen Maschinengewehre kämpften, war ich am Verhungern. Theoretisch war ich tot: ein Mensch kann nicht von trockenem Gras leben. Praktisch fuhr ich jedoch fort zu atmen.«

Warum ist Wolfe aus österreichischen Diensten desertiert?

Dr. Clark nimmt an, daß die Desertation »vielleicht von einem emotionalen Schock ausgelöst wurde ... möglicherweise durch eine beleidigende Bemerkung, die ein wütender Offizier über Wolfes montenegrinische Abkunft machte. Oder er gehörte vielleicht einer der vielen Minderheitenbewegungen an, die mit ihren Unabhängigkeitsbestrebungen das alte Kaiserreich erschütterten«.

Und nun folgt DeVotos Hypothese:

›Irgendwann zwischen 1913 und 1916 war Wolfe in ein Abenteuer verwickelt, das entweder so vermessen und tollkühn war oder so wichtige internationale Geheimnisse betraf, daß seine Beteiligung daran und seine wahre Identität für immer verborgen bleiben mußten. Die Gefahr der Bloßstellung existierte noch, als Archie 1930 in Wolfes Dienste trat. Worin immer auch die Gefahr bestehen mochte, so dehnte sie sich schließlich auch auf Archie aus. Sie blieb mehrere Jahre (nach 1930) akut, ließ nach, lebte aber, kurz nach Beendigung des zweiten Weltkriegs, vorübergehend wieder auf. In der Annahme, daß es eine solche Episode gab, wären zwei verschiedene Erklärungen denkbar: A. Die Episode ereignete sich 1913 oder kurz danach in Ägypten, in welchem Fall sie sich im Dienste Österreichs zutrug. Oder, und das ist wahrscheinlicher: B. Die Episode ereignete sich 1914 oder 1915 auf dem Balkan, in welchem Fall es sich vermutlich um einen Verrat an Österreich handelte.‹

Wir wissen, daß Wolfe sich vor dem ersten Weltkrieg im Auftrag der k. k. österreichisch-ungarischen Regierung in Spanien befand. »Die Spur des Mannes, dem ich damals nachjagte, führte mich nach Figueras«, und dort kostete er zum erstenmal das Wurstgericht, das als ›saucisse minuit‹ Jerome Berin später international berühmt machen sollte.

»Der Mann, dem ich auf den Fersen war«, fährt Wolfe fort, »entwetzte nach Port-Vendres und von dort per Schiff nach Algier. Und ich mußte pflichtgemäß hinter ihm herwetzen.« Die Verfolgung führte Wolfe schließlich nach Kairo.

Anlaß zu dem Verdacht, daß es sich bei der mysteriösen Episode in DeVotos Hypothese um ein Vorkommnis in Ägypten handeln könnte, geben die widersprüchlichen Äußerungen über ein Haus, das Wolfe dort angeblich besitzt.

1933 erzählt Wolfe Archie, daß er das Haus noch nie gesehen, und daß er es vor etwas mehr als zehn Jahren, also 1922 oder 1923, von einem Mann geschenkt bekommen hätte.
Aber drei Jahre später, während der roten Schatullenaffäre, beschreibt Wolfe im Gespräch mit Helen Frost die Kacheln über dem Portal und sagt: »Das Haus in Ägypten gehört mir, aber ich habe es seit zwanzig Jahren nicht mehr gesehen«, das heißt, seit 1916. Wiederum drei Jahre danach, in ›Der rote Bulle‹, erzählt Wolfe Lily Rowan von seinem Haus in Kairo.
Daß Wolfe 1915 im Balkan war (»Den erstaunlichsten Fall von Selbstbeherrschung habe ich 1915 in Albanien erlebt« — ›Schwarze Orchideen‹), schließt eine Reise nach Ägypten im gleichen Jahr oder Anfang des nächsten Jahres nicht unbedingt aus. Einer Bemerkung, die Wolfe 1937 machte (»Vor vielen Jahren hatte ich mit farbigen Menschen in Ägypten, Arabien und Algerien zu tun« — ›Zu viele Köche‹), dürfen wir entnehmen, daß Wolfe von Ägypten aus nach Arabien ging. Er sagt später — in ›Fourth of July Picnic‹ —: »Es gab eine Zeit in meinem Leben, wo ich fast ganz Europa, etwas von Afrika und sehr viel von Asien kennenlernte.«
Sowohl Wolfe als auch Archie schweigen sich über Wolfes Tun und Treiben in den Jahren 1922 bis 1928 gründlich aus. Ebenso wie bei Wolfe gab es auch bei Sherlock Holmes diese große Lücke. Vielleicht reiste er in dieser Zeit umher und ergänzte seine Kenntnisse über Europa, Nordafrika und Kleinasien. Auf jeden Fall nutzte er die Gelegenheit, um sich in den Vereinigten Staaten umzusehen. Wie dem auch sei, auf die eine oder andere Art erwarb er in jenen sechs Jahren zumindesten ein beträchtliches Vermögen und einen beträchtlichen Körperumfang.
Nach seiner Rückkehr auf den Balkan im Jahr 1913 oder 1914, vermutlich 1914, begab er sich mit ziemlicher Sicherheit nach Bulgarien, wo er dann im Kittchen landete (»Einmal, als ich noch für die österreichische Regierung arbeitete, sperrte man mich in Bulgarien ins Gefängnis« — ›Der rote Bulle‹). Nimmt man diese Äußerung für bare Münze, dann war Wolfe zu diesem Zeitpunkt noch beim österreichischen Geheimdienst. Aber damals hatte der erste Weltkrieg bereits begonnen, und so liegt die Vermutung nahe, daß sich seine Sympathien für Montenegro schon klar herauskristallisiert hatten; (es ist natürlich durchaus denkbar, daß Wolfe damals sogar die gefährliche Rolle eines Doppelagenten spielte).
»Mein Reifeprozeß wurde durch den ersten Weltkrieg unterbro-

chen«, sagt Wolfe in ›Über meine Leiche‹. »Der Krieg macht den Mann nicht reifer, und die Erfahrungen, die er da sammelt, tunken ihn in eine Lauge von Ekel und Entsetzen, Pfui!«
Als die amerikanischen Streitkräfte in Übersee in Europa landeten (Ende Juni 1917 in St. Nazaire) marschierte Wolfe sechshundert Meilen, um sich ihnen anzuschließen. Er war, wie er selber sagt, damals dünner und sportlich gestählt. Beachten Sie, daß er ehemaliger Kriegsteilnehmer sowohl der montenegrinischen als auch der amerikanischen Armee ist. Bei der AEF machte er viele Fronteinsätze mit, denn er erzählte Theodore Horstmann später, er habe zweihundert Deutsche getötet. Fast alles, was wir über Wolfes Militärzeit wissen, stammt aus seiner Aussage vor dem FBI-Agenten Stahl.
»Nach dem Krieg war ich noch immer dünn und reiste viel herum«, sagt Wolfe in ›Über meine Leiche‹. Er fügt hinzu, daß er Ende des Krieges, vermutlich nach seiner Entlassung in Frankreich, »wieder in den Balkan ging und danach, um eine Illusion ärmer, in die Vereinigten Staaten zurückkehrte (!)«.
Seine Rückkehr in den Balkan dürfte in das Jahr 1919 fallen; auf jeden Fall erzählte er den zwei Mädchen, die sich Carla Lovchen und Neya Tormic nannten, daß er 1921 in Montenegro war. (In demselben Jahr war er auch in Bari, wo Paolo Telesio zwei Faschisten tötete, die Wolfe in eine Falle gelockt hatten.) In Montenegro adoptierte er damals eine dreijährige Waise namens Anna.
»Ich tat noch etwas anderes, was mich reifer und klüger machte, aber das geht Sie nichts an«, sagte er in ›Über meine Leiche‹. »Nach dieser Affäre (tötete er vielleicht die Frau, die ihn hatte vergiften wollen?) war Montenegro für mich erledigt; ich gab die Kleine, wie ich glaubte, in gute Hände und kehrte nach Amerika zurück« (beachten Sie wiederum das ›kehrte zurück‹). Wie wir hören, übergab Wolfe seine Adoptivtochter einem befreundeten Ehepaar, Pero Brovnik und Frau, in Zagreb, damals Kroatien, heute Jugoslawien. 1926, als Anna acht Jahre alt war, wurde das Ehepaar wegen revolutionärer Umtriebe verhaftet und erschossen. Wolfe schickte noch drei Jahre lang das Geld für den Unterhalt des Mädchens nach Zagreb. Als er endlich Verdacht schöpfte und 1929 hinüberfuhr, »obwohl ich nicht mehr so schlank war wie früher«, erreichte er gar nichts. Er vermochte weder über das Mädchen noch den Verbleib des Geldes etwas ausfindig zu machen. Er landete abermals im Gefängnis und mußte den amerikanischen Konsul bemühen, der ihn dann herausholte. Man setzte ihm eine Frist von zehn Stunden, um das Land zu verlassen.

Wolfe erklärt, wie wir gesehen haben, daß er in die Vereinigten Staaten zurückkehrte und eine Privatdetektei eröffnete.
Das Mädchen, das wir als ›Carla Lovchen‹ kennenlernen, war Wolfes Adoptivtochter Anna. Nach der Verhaftung des Ehepaars Brovnik kam sie in ein Heim. Ein Jahr später nahm sie eine Frau namens Mrs. Campbell, die englische Sekretärin des Prinzen Peter Donewitsch von Zagreb, zu sich. Nach der Flucht der Mrs. Campbell war Anna oder Carla auf die Familie Donewitsch angewiesen.
1938, als alle diese Tatsachen herauskamen, war sie zwanzig Jahre alt. Sie hatte hübsche Beine, wie Archie feststellt, und ein mürrisches, aber gutgeschnittenes Gesicht; ihre Augen mit den langen Wimpern waren dunkel und wunderschön, und ihre weiche gedämpfte Stimme mit dem leichten Akzent erinnerte Archie an den Tonfall von Lynn Fontanne in ›Idiot's Delight‹. Nach Klärung des Falles, in den sie verwickelt war (›Über meine Leiche‹), schlug Wolfe ihr vor, sich Carla Wolfe zu nennen. Sie wollte in den Vereinigten Staaten bleiben, obwohl sie nur ein Besuchervisum hatte. Aber das war bei Wolfes Beziehungen zum Innenministerium ja ohnehin kein Problem.
Anscheinend hauste sie eine Zeitlang im Südzimmer im dritten Stock. Bald danach nahm sie einen Posten in einer Reiseagentur auf der Fifth Avenue an und kaum ein Jahr später heiratete sie den Inhaber, William F. Britton. Sie zog in ein Appartement auf der Park Avenue, Nummer 984, und ihre Telefonnummer lautet POplar 3-3043.
Zwischen Mr. und Mrs. William Britton und Nero Wolfe kam es nie zu einer Entfremdung, denn dazu muß man sich erst einmal sehr nahegestanden haben, was jedoch nie der Fall war. Zweimal im Jahr, zu ihrem Geburtstag und zu Neujahr, schickte Wolfe ihr einen Strauß seiner schönsten Orchideen, und als Britton 1950 einem Herzanfall erlag, nahm Wolfe an der Beerdigung teil, aber das war auch alles.

Und nun wollen wir zu Irene Adler zurückkehren. Es ist klar, daß sie nicht lange bei ihren Eltern in Trenton, New Jersey, blieb, nachdem sich deren Freude über den Besuch der bußfertigen und verwitweten Tochter erschöpft hatte. (Irene war vor ihrer Liaison mit Holmes in Montenegro mit dem Londoner Rechtsanwalt Godfrey Norton verheiratet gewesen; siehe ›Ein Skandal in Böhmen‹ in ›Die Abenteuer von Sherlock Holmes‹.) Sie kehrte mit ihrem Kind oder ihren Kin-

dern nach Europa zurück, entweder um ihre so oft unterbrochene Opernkarriere wiederaufzunehmen oder um Verwandte in Budapest zu besuchen. Sie mag sich sehr wohl wieder verheiratet haben (unserer Ansicht nach ging sie in der Tat eine zweite Ehe ein, und zwar mit einem Mann namens Vukcic), und das Kind, das dieser Ehe entsprang, dürfte der Stiefbruder von Nero Wolfe und Marko Vukcic gewesen sein, dessen Sohn oder Tochter (unserer Ansicht nach Sohn) 1936 in Belgrad lebte. (Wir begegnen diesem Neffen in ›Der Schwarze Berg‹ unter dem Namen Danilo Vukcic.)
Irene ließ sich in Budapest nieder; sie lebte dort noch im Jahr 1935 (›Die Gummibande‹), und Archie übersandte ihr, in Wolfes Auftrag, jeden Monat eine bestimmte Summe. Sie kehrte vermutlich *nicht* nach Montenegro zurück, wo die Institution der Blutrache noch immer in Kraft war. Dr. Clark nimmt an, daß sie höchstens bis Zagreb kam, das zirka 240 Meilen von der montenegrinischen Grenze entfernt ist.
Wolfe und sein Bruder Marko (falls sie wirklich Zwillinge waren) müssen in Budapest aufgewachsen sein, mit gelegentlichen Stippvisiten in Zagreb und Albanien. Wolfe spielt in ›Der rote Bulle‹ »auf seine Kindheit in Europa« an. »Ich war neun Jahre alt, als ich zum erstenmal den Schwarzen Berg bestieg«, erzählt er uns in dem gleichnamigen Abenteuer. Er fügt hinzu, daß er auf den Berghängen Ziegen hütete und einen kleinen braunen spitznasigen Köter hatte.
Sollte unsere Vermutung, daß Marko Vukcic und Nero Wolfe Zwillingsbrüder waren, nicht zutreffen, so müssen die beiden sich in ihrer Kindheit doch wenigstens sehr gut gekannt haben. Im April 1937, beim Treffen der ›Quinze Maîtres‹ in Kanawha Spa, bemerkt Wolfe, er hätte mit Vukcic »in den Bergen Libellen gejagt«; und im April 1950, als es Wolfe nach einem Zusammenstoß mit dem geheimnisvollen Arnold Zeck für ratsam hielt, eine Weile unterzutauchen, sagt Vukcic klar und deutlich: »Wir kannten einander als Jungen in einem anderen Land.«

11 Porträt von Archie als junger Mann

Lily Rowan: »Ist da überhaupt was Wahres dran?«
Archie Goodwin: »Nein, nichts als Flausen.«
›Der rote Bulle‹

Die widerspruchsvollen Angaben über Archie Goodwins Vorleben bilden eine zu auffallende Parallele zu den widerspruchsvollen Angaben über Nero Wolfes Vorleben, als daß man sie ignorieren könnte.

Es scheint festzustehen, daß Archie Ende 1930 in Wolfes Dienste trat, daß er auf einer Farm in Ohio geboren wurde, und zwar am 23. Oktober, und daß er zumindesten noch eine Schwester hat. Eine heillose Konfusion herrscht hingegen in bezug auf das Geburtsjahr und den Geburtsort.

Im Jahr 1937 begann Mrs. Jasper Pine, die unmißverständliche Absichten auf Archie hatte und sich selbst als äußerst vorsichtige Frau bezeichnete, der Sache auf den Grund zu gehen. Sie beauftragte eine Detektei mit Nachforschungen, doch kannte Archie die fragliche Agentur offenbar gut genug, um die Berichte zu manipulieren. Die Recherchen ergaben, daß er 1914 in Canton, Ohio, geboren war, daß der Mädchenname seiner Mutter Leslie lautete, daß sein Vater James Arner Goodwin hieß und noch am Leben war, und daß er zwei Brüder und zwei Schwestern hatte.

Archie hätte also schon im zarten Alter von sechzehn Jahren seinen Job bei Wolfe angetreten, und dies ist für sich allein betrachtet absurd genug, um den ganzen Bericht zu entwerten.

Einer Äußerung Archies in ›Der rote Bulle‹ könnte man entnehmen, daß er 1910 oder 1911 geboren ist.

Im März 1947 (›Zu viele Frauen‹) jedoch behauptet er 33 Jahre alt zu sein und wäre somit 1913 geboren, (falls der 23. Oktober tatsächlich sein Geburtstag ist).

Ein andermal, in ›Über meine Leiche‹ (1938) sagt Archie: »Ich zähle bis neunundzwanzig, jeweils eins pro Jahr meines Lebens und eins, damit ich groß und stark werde, und noch eins, in dem ich heirate« – was wiederum ein Votum für das Geburtsjahr 1911 ergäbe.

Unserer Ansicht nach wurde Archie im Oktober 1912 geboren und trat etwa achtzehn Jahre später, im Herbst 1930, in Wolfes Dienste.

Einmal, in ›The Silent Speaker‹, deutet Archie an, daß er aus Zanes-

ville stammt, und ein andermal, in ›Erstens kommt es anders . . .‹, daß er in oder bei Chillicothe geboren ist.
Ganz am Anfang erzählt uns Archie, daß seine Eltern gestorben seien, als er »noch ein Kind war«. Später sagt er: »Ich habe eine Mutter und drei Tanten.« Von seiner Tante Anna wissen wir, daß sie eine köstliche Hähnchenpastete machte.
In ›Der rote Bulle‹ erzählt er Lily Rowan, sein Vater hieße Titus Goodwin, aber gleich darauf spricht er von lauter »Flausen«.
Über seine Oberschuljahre gibt es ein paar Angaben: Im Haus gegenüber wohnte die sogenannte Witwe Rowley, und er hatte damals den Ehrgeiz, Baseballspieler zu werden. Er war auch ganz gut im Rugby und absolvierte die Oberschule in allen Ehren, aber ohne besondere Auszeichnungen.
Archie sagt in ›Erstens kommt es anders . . .‹, daß seine Mutter der geborene Tyrann war. »Sie redete mir in alles drein; ich durfte nichts selbst entscheiden. Ich war damals erst siebzehn und hatte gerade die Oberschule hinter mir. Schließlich platzte mir der Kragen. Ich sagte ihr, ich würde künftig selbst für mich sorgen. Dann hab ich meine Klamotten unter den Arm genommen und bin abgehauen.«
Wieder lauter Lügen? Mit einem Körnchen Wahrheit darin?
Als Archie später Bericht erstattet, sagt Wolfe listig: »Merkwürdig. Als Ihre Mutter letztes Jahr in New York war und zweimal hier dinierte, schienen Sie sich doch ausgezeichnet mit ihr zu verstehen.«
Falls wir glauben dürfen, was Archie uns als nächstes, in ›Fourth of July Picnic‹, erzählt, dann »ging er zwei Wochen lang aufs College, fand den ganzen Schulbetrieb kindisch, kniff nach New York aus, bekam einen Job als Wachmann am Hafen, erschoß zwei Männer und wurde rausgeschmissen, wurde Nero Wolfe für einen Auftrag empfohlen, erledigte den Auftrag zufriedenstellend und blieb bei Wolfe hängen«.
Die Akribie, mit der die Wahrheit vor uns vertuscht wird, zwingt uns zu dem Schluß, daß Archies Geburt und Kindheit irgendwie mit dem Geheimnis in Wolfes Leben verknüpft sind oder zumindest einen Einfluß darauf haben.
Wir wollen versuchen, wenigstens einen Zipfel des Geheimnisses zu lüften, und als erstes Wolfes Einstellung zu Archie unter die Lupe nehmen. Seine Haltung ist beinahe väterlich. Gewiß, er mokiert sich über Archie und kuranzt ihn, doch ist es eigentlich die Haltung eines strengen, aber liebevollen Vaters einem irgendwie aus der Art geschlagenen Sohn gegenüber. Immer wieder fragte Wolfe Archie be-

sorgt: »Haben Sie gut geschlafen?« oder »Haben Sie schon gegessen?« Dennoch wäre es ganz verfehlt, Nero Wolfe für Archie Goodwins Vater zu halten; nichts in den Berichten unterstützt eine solche Hypothese.

Sind Wolfe und Archie etwa Vettern?

Holmes hatte keine Schwester, (obwohl phantasievolle Kommentatoren ihm eine angedichtet haben) und keiner von Holmes' zwei Brüdern hat England je verlassen. Zugegeben, Irene Adler hatte eine Schwester, eine höchst achtbare Dame; da jedoch ihr Lebenslauf dokumentarisch belegt ist, müssen wir sie streichen.

Sind Wolfe und Archie vielleicht Brüder oder Stiefbrüder?

Aus der Liaison zwischen Irene Adler und Sherlock Holmes gingen bestenfalls Zwillinge hervor, und Archie ist ganz sicher nicht gleichaltrig mit Wolfe. Irene Adlers spätere Geschichte ist, zum Teil wenigstens, bekannt. Es gibt keinen Beweis dafür, daß eine Altistin ihres Ranges in den fraglichen Jahren eine Tournee durch Ohio machte.

Es stimmt, daß Holmes sich von 1912 bis Anfang 1914 in den Vereinigten Staaten aufhielt. »Ich begann meine Wallfahrt in Chicago, promovierte in einer irischen Geheimgesellschaft in Buffalo, hatte Ärger mit der Polizei in Skibbareen«, erzählt er uns in ›His Last Bow‹. Aber Holmes war in einer lebenswichtigen internationalen Mission unterwegs; er hatte keine Zeit für einen Flirt auf einer Farm in Ohio, selbst wenn er Lust dazu gehabt hätte. Wir müssen auf das Bruder-Stiefbruder-Verhältnis verzichten.

Bleibt nur noch eine einzige verwandtschaftliche Beziehung, nämlich die zwischen Onkel und Neffe.

Nehmen wir mal an, wie wir das bereits früher getan haben, daß Nero Wolfe und Marko Vukcic Brüder waren, Zwillingsbrüder — natürlich keine eineiigen Zwillinge, aber nichtsdestoweniger Zwillinge.

Nehmen wir ferner an, daß Marko Vukcic, der — wie wir mit Sicherheit sagen können — spätestens im Jahr 1927 Europa endgültig den Rücken kehrte, in Wirklichkeit schon fünfzehn Jahre früher in die Vereinigten Staaten kam; entweder führte er den Namen seines Stiefvaters schon vorher oder nahm ihn bei dieser Gelegenheit an.

Wir wissen, daß Vukcic — mit Sergeant Purley Stebbins Worten — »ein Schürzenjäger« war.

Nehmen wir weiterhin an, daß er 1911 oder Anfang 1912 aus freien Stücken oder zufällig in den mittleren Westen kam und schließlich in Ohio landete.

Diese Hypothese würde die sorglich getarnten Beziehungen zwischen Nero Wolfe und Archie Goodwin erklären, denn irgendeine derartige Beziehung existiert ganz bestimmt.
In ›Wenn Licht ins Dunkel fällt‹ wiederholt Paul Whipple einen Ausspruch seiner Frau, als er zu Wolfe sagt: »Ich wünschte, er wäre ein Neger.« Wolfe grunzt und antwortet: »Dann müßte Mr. Goodwin aber auch einer sein.«
Natürlich kann man diese Äußerung auch anders interpretieren, aber bevor wir nicht aus berufenem Mund die volle Wahrheit und nichts als die Wahrheit hören, halten wir jedenfalls an der Überzeugung fest, daß Nero Wolfe und Archie Goodwin Onkel und Neffe sind.
Wie durchtrieben und wie bezeichnend erscheint uns nun Wolfes Frage in ›Die rote Schatulle‹: »Wußten Sie schon, daß ich ein Onkel bin, Archie?«

»O Gott, Sie sind meine einzige Hoffnung – das ist mir eben erst klar geworden.«
Andrew Hibbard zu Nero Wolfe, ›Die Liga der furchtsamen Männer‹

Am 4. Juni 1933, einem Sonntagnachmittag, spielte Peter Oliver Barstow, der 58jährige Präsident der Holland Universität, Golf auf dem Golfplatz des Green Meadow Clubs bei Pleasantville, einem Städtchen, das dreißig Meilen nördlich von New York liegt. Man spielte zu viert – Barstow, dessen Sohn Lawrence, ein Nachbar namens E. D. Kimball, von Beruf Getreidemakler, und dessen Sohn Manuel.

Als Barstow zum ersten Schlag ausholte, schrie er leise auf und rieb sich mit erschrockener Miene den Bauch. Die anderen fragten ihn, was los wäre; er murmelte etwas von einer Wespe oder Hornisse und begann sein Hemd aufzuknöpfen. Sein Sohn besah sich die Stelle und entdeckte einen winzigen kaum wahrnehmbaren Stich. Barstow erklärte, die Sache hätte nichts auf sich. Aber eine halbe Stunde später, vor dem vierten Loch, hatte er einen Kollaps, bei dem er um sich trat und die Hände ins Gras krallte. Er lebte noch, als sein Caddy ihn am Arm packte, starb jedoch, bevor die anderen ihn erreichten.

Es ist dies der erste Bericht über die Abenteuer von Nero Wolfe und Archie Goodwin, und Archie gab ihm den Titel ›Die Lanzenschlange‹. Wolfe übernahm den Kriminalfall am Mittwoch, den 7. Juni, und schloß ihn zwei Wochen später, am Mittwoch, den 21. Juni, erfolgreich ab.

Wohl war es der erste Fall, der aufgezeichnet wurde, doch findet man in den verschiedenen Texten zahlreiche Hinweise auf frühere Fälle.

1927, drei Jahre bevor sich Wolfe als Privatdetektiv niederließ, muß es zwischen ihm und Cramer zu einem Zusammenstoß gekommen sein. Bei der Gelegenheit sprach Cramer die denkwürdigen Worte: »Eines Tages werden Sie auf die Nase fallen und sich eklig weh tun.« Diese seine Prophezeiung kehrt nahezu in jedem Bericht wieder, unter anderem auch in ›Die Gummibande‹. Betätigte sich Wolfe womöglich als Amateurdetektiv, bevor er seine Lizenz bekam?

Der vermutlich erste Fall, bei dem Archie Wolfe assistierte, war der

Fall Goldsmith. Er war kein Erfolg. Fletcher M. Anderson, damals noch stellvertretender Distriktanwalt in New York, drehte die Sache so, daß Wolfe dabei nichts außer einem wunderschönen blauen Auge erntete.

Als nächstes haben wir die Entführung des kleinen Tommie Williamson, ein Fall, bei sich Wolfe mit Ruhm bedeckte. Die Eltern bekamen ihren Jungen heil und sicher zurück, und zur Feier dieses Tages dinieren Mr. und Mrs. Burke Williamson seitdem jedes Jahr mit Wolfe und Archie.

1930 kam ein »sehr hübscher« Fall von Erpressung. Seit dieser Zeit tanzt Albert Wright, Vizepräsident der Eastern Electric, nach Wolfes Pfeife. Und das gehört sich auch so, denn er verdankt Wolfe das Leben seiner Frau und Kinder.

1931 wandte sich Anthony D. Perry, Präsident der Seaboard Products Corporation, zum erstenmal an Wolfe, mit dem Auftrag, die Geschäftspraktiken seiner Konkurrenten zu untersuchen; er protestierte danach gegen Wolfes gesalzene Rechnung.

Anfang 1932 ereignete sich die Banister-Schurman Affäre, bei der Dick Morley vom Büro des Distriktanwalts seinen Posten eingebüßt hätte, wenn Wolfe ihm nicht zu Hilfe gekommen wäre.

In den Zeitraum bis 1933 gehören unserer Ansicht nach noch drei weitere Fälle: Der Fall Moschenden; die Diplomatenclubaffäre, in die Nyura Pronn verwickelt war; und der Pine-Street-Fall, über den wir nur wissen, daß Wolfe und Archie dabei von einem Taxifahrer elendiglich im Stich gelassen wurden.

Ende 1932 oder Anfang 1933 klärte Wolfe einen Juwelendiebstahl auf. Del Bascom nannte ihn »den Heuschnupfenfall« und Archie »Lon Graves Abenteuer mit den Smaragden«. Allem Anschein nach klaute der pfiffige Mr. Graves die kostbaren Steinchen in einem Juwelierladen, als der Verkäufer in einem Anfall von Heuschnupfen heftig niesen mußte. Wolfe trieb innerhalb eines Nachmittags den Dieb auf und zur Verzweiflung, und Archie hetzte ihn durch den gesamten Pike Distrikt.

Unmittelbar vor der ›Lanzenschlange‹ kam die Affäre mit der Fairmont National Bank, auch ›Fairmont-Avery-Fall‹ genannt. Obwohl Wolfe den Täter kannte, verzögerte er den letzten Akt um vierundzwanzig Stunden, weil es ihm einen Heidenspaß machte, Archie und Dick Morley mit einem alten Narren, der sein Hörrohr nicht finden konnte, Katz und Maus spielen zu sehen. Dann überführte er den Bankpräsidenten Pete Avery »nur aufgrund der Tatsache, daß der

Füllfederhalter auf Averys Schreibtisch leer war«. Avery erschoß sich eine Stunde später. Wir wissen auch, daß dieser Fall Wolfe einen neuen Feind eintrug – Lanzetta vom Büro des Distriktanwalts.

Zwischen Juni 1933 und Oktober 1934 befaßte sich Wolfe mit zwei Fällen, der sogenannten »Whittemore-Affäre« und mit dem »Mordskerl«. Im ersten Fall zeichnete sich einer von Wolfes Mitarbeitern in Übersee aus, »ein kluger Bursche in Rom«; beim »Mordskerl« handelte es sich um einen Parfümvertreter aus New Rochelle, der junge Katzen in der Badewanne zu ertränken pflegte und dabei eines Tages seine Frau mit einer Katze verwechselte.

In den Oktober 1934 fiel die Mission, die »nicht nur nichts einbrachte, sondern sogar Geld kostete«. Archie war zehn Tage lang unterwegs, und Wolfe mußte zwei Männer als Lückenbüßer einstellen und bezahlen.

Darauf folgte dann die höchst dramatische, um nicht zu sagen, phantastische Affäre der ›Liga der furchtsamen Männer‹; es ist der zweite Fall, den Archie ausführlich schildert.

Für Wolfe und Archie begann sie am Freitagnachmittag, den 2. November 1934; (ihre verblüffende Lösung fand sie am Montag, den 12. November). In Wirklichkeit entspann sie sich jedoch schon im Jahr 1909, als der Novellist Paul Chapin, infolge eines »Lausbubenstreichs« seiner Studienkameraden in Harvard, zum lebenslänglichen Krüppel wurde. Die Schuldigen gründeten »eine Wiedergutmachungsliga«, um Paul zu helfen, und alles schien glatt zu gehen bis zu jenem Tag im Juni 1934, an dem sich die bewußte Liga auf dem Landsitz von Fillmore Collars, bei Marblehead, Massachusetts, versammelte. Richter Harrison wurde am Abend seiner Ankunft vermißt, und am folgenden Morgen fand man seine verstümmelte Leiche am Fuße eines Felsens in der Brandung. Zu der Trauer gesellte sich bald Angst: alle überlebenden Mitglieder der Liga erhielten ein Gedicht zugeschickt, eine Art Preislied auf den Mord an dem Richter. Als Verfasser kam nur Paul Chapin in Frage.

Dann wurde der Kunsthändler Eugene Dryer vergiftet, und der Psychologe Andrew Hibbard verschwand spurlos. Und jedes Unheil, das die Liga traf, wurde mit einem neuen Satz von Gedichten gefeiert . . .

13 Eine Gummibande, eine rote Schatulle, zu viele Köche und ein roter Bulle

> »Ich habe noch nie einen so lästigen Fall erlebt. Wir wissen alles, was wir wissen müssen, verfügen aber noch nicht mal über das Krümchen eines Beweises.«
> Nero Wolfe, ›Die rote Schatulle‹

Seit einem Zwischenfall, von dem wir nur wissen, daß er sich im Februar 1935 ereignete, fragt sich Archie jedes Mal, wenn er in Wolfes Auftrag das Haus verläßt, ob er nicht lieber ein Schießeisen mitnehmen soll.
Auch in der Affäre mit der ›Gummibande‹ hagelte es blaue Bohnen. Wolfe erwischte es am Arm, und der zweifache Mörder kriegte eine Kugel ins Herz. Das Haus in der 35th Street West wurde zum Schauplatz einer veritablen Schießerei. Bevor es jedoch dazu kam, mußten Wolfe und Archie einem Geheimnis nachspüren, das vierzig Jahre zurücklag und lauter schreckliche Dinge – Lynchmord, Erpressung, falsche Alibis und sogar einen Haftbefehl für Wolfe – auslöste. Am Montag, den 7. Oktober 1935, wandte sich Anthony D. Perry zum zweiten Mal an Wolfe um Hilfe; zwei Tage später, am Mittwoch, den 9. Oktober, klärte Wolfe den Fall auf.

Die ersten drei Monate des Jahres 1936 waren für Wolfe und Archie nicht sehr ergiebig. Archie machen solche Flauten kribblig. »Schon seit Monaten kein Fall mehr, der sich gelohnt hätte«, beschwerte er sich bei Wolfe. »Ich krieg allmählich Schwielen vom ewigen Herumsitzen.«
So war es gewissermaßen für Archie eine Erlösung, als am Montag, den 23. März 1936, in den Geschäftsräumen der Boyden McNair Comp., 52nd Street und Madison Avenue, Molly Lauck mit Blausäure vergiftet wurde. Eine Woche später, am 30. März, beauftragte der Theaterproduzent Llewellyn Frost Wolfe mit den Nachforschungen. Archie war in seinem Element, denn er hatte es vorwiegend mit einer Fülle reizvoller Mannequins zu tun; Wolfe hingegen fühlte sich wie ein Fisch auf dem Trockenen. Die Umstände nötigten ihn, den Schauplatz des Verbrechens aufzusuchen, und dort fand er weder einen Stuhl, in den er hineinpaßte, noch die Sorte Bier, die ihm schmeckte. Sein seelisches und körperliches Unbehagen war so groß,

daß er den Täter in Rekordzeit, nämlich innerhalb von fünf Tagen, entlarvte.

Im April 1937 wurde Wolfe als Ehrengast zu einem Bankett der ›Quinze Maîtres‹ nach Kanawha Spa, West Virginia, eingeladen. Die fünfzehn besten Küchenchefs der Welt pflegten sich alle fünf Jahre in einem Hotel zu treffen, wo einer ihrer Senioren arbeitete, um dort viel zu kochen, viel zu essen, neue Mitglieder zu wählen und viele Reden zu schwingen. Wolfe konnte die ehrenvolle Einladung nicht gut ablehnen, obwohl ihm vor der Eisenbahnfahrt graute. Er veranlaßte, daß auch Archie eingeladen wurde, und nahm ihn als moralische Stütze mit.

Aber Wolfe wäre wohl kaum auf Reisen gegangen, wenn er geahnt hätte, was ihn in Kanawha Spa erwartete. Er mußte Geld für Ferngespräche ausgeben, für vierzehn Farbige mehrere Runden schmeißen, den Schlaf zweier Nächte opfern, einem Mörder als Zielscheibe dienen, einen Mord aufklären und konnte für alle seine Mühen nicht einen Cent kassieren. Immerhin kam er dann doch noch zu einem Honorar, das ihn mehr als hinreichend entschädigte: Meisterkoch Jerome Berin verriet Wolfe sein Geheimrezept für die weltberühmte ›Saucisse Minuit‹.

Auch Wolfes nächster Fall war mit einer Reise verbunden, diesmal jedoch per Automobil.

Am 12. September 1938, einem Montag, trafen Wolfe und Archie nach einer Fahrt von 245 Meilen in Crowfield im nördlichen Teil des Staates New York ein, um dort an der Nordatlantischen Messe teilzunehmen.

Abermals war es eine private Liebhaberei, die Wolfe aus seinen eigenen vier Wänden in die »nördliche Wildnis« lockte. Auf der Messe gab es auch eine Blumenschau, auf der mehrere prominente Orchideenzüchter mit ihren Kollektionen vertreten waren. Wolfe verspürte den verständlichen Wunsch, seine eigene Sammlung von Orchideen vorzuführen und persönlich zu überwachen. Die Ausstellung wurde für ihn ein rauschender Erfolg. Er heimste sämtliche Preise ein und klärte nebenbei drei Morde auf; bei einem der Opfer handelte es sich übrigens um den preisgekrönten Bullen.

In die Chronik ging der Fall unter dem Titel ›Der rote Bulle‹ ein.

14 Leichen, letztwillige Verfügungen und zweimal schwarze Orchideen

> »Ich habe noch nie eine so widerwärtige und dabei simple Methode erlebt, um einen Menschen zu beseitigen.«
> Nero Wolfe, ›Der Tod gibt sich die Ehre‹

Zwei Monate nach der Rückkehr aus Crowfield, Mitte November 1938, wickelten Wolfe und Archie die Compton-Gore-Affäre ab.
Danach pflegte Wolfe der Ruhe. Er wies innerhalb von drei Wochen neun Aufträge zurück – nicht gerechnet den Fall der armen kleinen Emigrantin, deren Freund eine Schwäche für Diamanten hatte. Wenn Wolfe im Bewußtsein getaner Pflicht und eines übermäßig angeschwollenen Bankkontos sich dem Dolcefarniente hingibt, bedarf es kräftiger Mittel, um ihn wieder in Schwung zu bringen. Den Anstoß gab eine Affäre, bei der Wolfe seine langvermißte Adoptivtochter Anna wiederfand. Archie berichtet darüber unter dem Titel ›Über meine Leiche‹.
Schauplatz der Ereignisse war eine Tanz- und Fechtschule, in der Anna unter einem falschen Namen als Lehrerin arbeitete. Inhaber der Schule war das undurchsichtige Ehepaar Miltan. Als ein Schüler von einem Florett durchbohrt wurde, dessen Spitze nicht mit einem Knopf abgesichert war, schaltete sich Wolfe ein; Archie erschien am Tatort und raste, mit der Polizei auf den Fersen und der Mordwaffe in der Tasche, in die 35th Street West zurück.
Dann kam der Fall Wetzler, den Wolfe auf Drängen des Außenministeriums übernahm. Vermutlich handelte es sich um eine Bande von Geldfälschern. Nachdem er den Auftrag zufriedenstellend erledigt hatte, überließ er sich, vom Erfolg beflügelt, einer Einkaufsorgie. Resultat: In der Kasse herrschte Ebbe wie schon lange nicht mehr, und im Geschäft war der Wurm drin.

Rettung brachte die merkwürdige Erbschaft der drei berühmten Schwestern Hawthorne. Sie hießen April, May und June, und ihr millionenschwerer Bruder Noel vermachte in seinem Testament April einen Pfirsich, May eine Birne und June einen Apfel. Eine exzentrische Geste, die die drei Schwestern mit Fassung trugen, da sie eigenes Vermögen hatten. Als die Polizei herausfand, daß Noels Tod doch kein Unfall gewesen war, machte sich Wolfe an die Arbeit. Er mußte drei Dingen auf den Grund gehen: Noels letztem Willen, dem Mord an Noel und dem Mord an Naomi Karn. Zum Schluß handelte er sich noch einen Vorführbefehl als wichtiger Zeuge ein. Archie hat das Dokument als Erinnerung an den Fall aufgehoben, denn »wo ein Wille ist, da ist auch ein Weg«.

Das Jahr 1940 muß für Wolfe ein sehr lukratives Jahr gewesen sein; seine Einkommensteuer belief sich nämlich auf 11 412,83 Dollar. Ferner wurde Archies Foto in der ›Gazette‹ veröffentlicht, weil er in letzter Minute einem Mann den Revolver aus der Hand schoß. Mehr wissen wir nicht über die Tätigkeit der beiden.
Auch das Jahr 1941 begann vielversprechend. In den ersten drei Monaten heimsten Wolfe und Archie mehrere fette Aufträge ein, und bereits im März war das Budget auf Monate im voraus gesichert. Folglich gehörte mehr als Geld dazu, um Wolfe für einen Fall zu interessieren. Er wurde schwach, als sich ihm die einzigartige Chance bot, die von Lewis Hewitt gezüchteten berühmten schwarzen Orchideen zu verdienen. Er verdiente sie sich im Handumdrehen und mit einem Bravourstück, bei dem Archie himmelangst wurde.

Schwarze Orchideen lagen auf dem Sarg von Bess Huddleston, der bekannten New Yorker Partyarrangeuse. Archie, der an der Beerdigung teilnahm, erspähte Wolfes Blumenangebinde und wunderte sich darüber. Wolfe hatte nämlich zu Lebzeiten der Dame nicht viel für sie übrig gehabt. Im August 1941 wandte sie sich an ihn um Hilfe, weil irgendeine böswillige Person sie zu ruinieren versuchte. Anonyme Briefe liefen um, in denen behauptet wurde, Bess Huddleston tratsche Geheimnisse ihrer Klienten aus. Bevor Wolfe in der Sache etwas unternehmen konnte, starb Bess an Wundstarrkrampf. Vermutlich wäre der Fall nie geklärt, der Mörder nie entlarvt worden, wenn Cramer nicht das Sakrileg begangen hätte, einen Essensgast, direkt unter Wolfes Nase weg, aus dem Büro zu entführen. Wolfe war darüber so wütend, daß er ein Beruhigungsmittel einnehmen mußte. Er schwor Cramer Rache, und der Mörder hatte das Nachsehen . . .

15 Wolfe und Archie ziehen in den Krieg

> »Ich werde ein paar Deutsche töten. Ich habe 1914 nicht genug von ihnen getötet.«
> Nero Wolfe, ›Not Quite Dead Enough‹

Bei Ausbruch des Krieges hieß es Major Archie Goodwin, US Heeresnachrichtendienst. Sein erster Auftrag bestand Anfang 1942 darin, »irgendeine Schweinerei unten in Georgia« auszubügeln, was er zur Zufriedenheit seiner Vorgesetzten erledigte.

Der Heeresnachrichtendienst wollte, vor allem auf dem Gebiet der Spionageabwehr, auch gern mit Wolfe zusammenarbeiten, aber Wolfe hatte andere Pläne und lehnte ab. So bekam Archie als nächstes den Auftrag, Wolfe umzustimmen.

Als Archie im März 1942 das alte Braunsteinhaus in der 35th Street West betrat, war er wie vom Donner gerührt. Auf Wolfes Schreibtisch im Büro lagen Stapel ungeöffneter Post herum. Seit »Jahren« war kein Staub gewischt worden. Was er in der Küche sah, überzeugte ihn davon, daß Wolfe und Fritz Brenner tot sein mußten: die Töpfe und Pfannen waren genauso verstaubt wie die Schreibtische im Büro; dasselbe galt für den Gewürzständer. Archie linste in einen Schrank und entdeckte nichts darin außer einer Schüssel mit Orangen und sechs Kartons mit Pflaumen. Im Kühlschrank entdeckte er vier Köpfe Salat, vier Tomaten und eine Schale Apfelmus.

»Mr. Wolfe kümmert sich nicht mehr um die Pflanzen«, berichtete Theodore Horstmann traurig. »Er kommt bloß noch rauf, um zu schwitzen. Er schwitzt, um abzunehmen, und weil er sich abhärten und Muskeln kriegen will, geht er mit Fritz zum Fluß und läuft da auf und ab. Nächste Woche wollen sie anfangen zu rennen. Er ißt Diät und trinkt kein Bier mehr. Er weigert sich, Brot und Sahne und Butter und Zucker zu kaufen, weil das dick macht, und wenn ich Fleisch essen möchte, muß ich's mir selber kaufen.« Es war Wolfes Arbeitshypothese, daß von zwei Millionen Amerikanern jeder zehn Deutsche töten sollte, und er beabsichtigte, sein Soll zu erfüllen.

Archie wird seinen ersten Eindruck von Wolfe unter dem neuen Regime nie vergessen. Wolfe wirkte nicht dünner sondern bloß eingeschrumpft. Die Hosen, die er trug, alte blaue Köperhosen, waren sein Eigentum. Die Schuhe, derbe Militärstiefel, kannte Archie noch nicht. Der Pullover gehörte Archie; es war ein Artikel aus dicker kastanienbrauner Wolle, den Archie sich mal für einen Campingausflug angeschafft hatte, und er saß auf Wolfe so stramm, daß Wolfes gelbes Hemd durch die Löcher schimmerte.

Wolfe verstand sich schließlich dazu, seinen verrückten Plan, persönlich gegen die Deutschen zu marschieren, aufzugeben. Er kehrte zu seiner normalen Lebensweise zurück, ging nicht mehr um Punkt neun Uhr schlafen, trank wieder Bier und erklärte sich bereit, für G-2 zu arbeiten.

Der erste Fall, betitelt ›Not Quite Dead Enough‹, spielte Anfang März 1942 und ging innerhalb von drei Tagen über die Bühne. Im nächsten Jahr folgte dann ›Booby Trap‹.

G-2 (Feindnachrichten und Sicherheit) hatte natürlich weit mehr Aufträge für die beiden. Es waren so viele, daß Archie nicht dazu kam, im einzelnen darüber zu berichten, und daß Wolfe für die Dauer des Krieges seine Privatpraxis aufgeben mußte. Er ließ sich seine Arbeit für die Regierung nicht bezahlen; das einzige, was er verlangte und auch bekam, war genügend Benzin für seinen Wagen. Er opferte noch mehr für den Sieg: er verzichtete klaglos auf die täglichen Stelldicheins mit den Orchideen, wenn ein militärischer Auftrag dazwischenfunkte. Er wurde beweglich bis zum Extrem und verließ sogar das Haus, wenn es sein mußte. Und er kaufte weniger Lebensmittel. Dennoch vollbrachten Fritz und er mit dem, was sie auf ihre Lebensmittelkarten bekamen, in der Küche wahre Wunder, und das mitten in New York, wo der Schwarze Markt blühte.

Für den Rest des Krieges war Archie Wolfe als Assistent zugeteilt, ein Posten, der nicht nach seinem Geschmack war; er roch ihm zu sehr nach Etappe. Dreimal bat er um seine Versetzung nach Übersee an die Front, und dreimal wurde sein Gesuch abgelehnt. Er scheint noch einmal, kurz vor Ende des Krieges, eine Zusammenkunft mit General Carpenter in Washington vereinbart zu haben, doch kam es offenbar nicht mehr dazu.

Um es mit Archies Worten zu sagen: »Ich würde gern einen Deutschen zu Gesicht kriegen. Ich möchte mir einen kaschen, wenn sich das ohne zu großes Risiko machen läßt, möchte ihn kneifen und ihm ein paar Wahrheiten verpassen. Ich hab mir eine niederschmetternde Bemerkung ausgedacht, und die würd ich gern mal ausprobieren.«

16 Sie werden demnächst sterben, Blei ist ungesund, zu viele Frauen und drei weitere Fälle

> »Ich habe bloß meine Pflicht getan«, murmelte Wolfe, als wüßte er, was Bescheidenheit ist.
> ›Sie werden demnächst sterben‹

Wolfes letzter aktenkundiger Militärauftrag begann an einem Dienstag im Mai 1944. Archie gab ihm den Titel: ›Sie werden demnächst sterben‹.

Ein paar Monate zuvor waren dem Verleger und Politiker Ben Jensen vertrauliche Informationen aus den Kreisen der Armee angeboten worden. Archie hatte den stillen Verdacht, daß Jensen sie höchstwahrscheinlich sogar gekauft hätte, wenn ihm eine Möglichkeit eingefallen wäre, wie er, ohne Gefahr für sich selbst, von ihnen Gebrauch machen könnte. Die Vorsicht siegte, und Jensen arbeitet tugendhaft mit Wolfe zusammen.

Dann erhielt Jensen einen Drohbrief: ›Sie werden demnächst sterben – und ich will Ihnen dabei zusehen!‹ Am nächsten Morgen machte Jensens Tod Schlagzeilen. Es gehörte Finesse dazu, den Fall aufzuklären – Wolfes spezielle Art von Finesse.

Archie war erst seit einer Woche aus der Uniform heraus, als er und Wolfe mit dem Fall konfrontiert wurden, den Archie später ›Instead of Evidence‹ nannte.

Conroy Blaney und Eugene R. Poor waren seit zehn Jahren Geschäftspartner. Die Firma Blaney und Poor fabrizierte Scherzartikel – Streichhölzer, die nicht zünden, Stühle mit Gummibeinen und Bonbons, die wie Seife schmecken. Nun, ganz plötzlich, war der arme Gene Poor überzeugt davon, daß sein Partner ihm nach dem Leben trachtete. Irgend jemand wollte ihn in der Tat ermorden, und zwar auf besonders gehässige Art, mit einer geladenen Zigarre. Sie explodierte direkt unter Poors Nase.

Daß die ›Bullet for One‹-Affäre ins Jahr 1945 fällt, entnehmen wir Archies Anmerkung, daß er »Lily Rowan nun schon seit sieben Jahren kennt«. An einem Dienstagmorgen im Oktober hatte Sigmund Keyes, ein hochbezahlter Industriedesigner, pünktlich um halb sieben sein Pferd Casanova bestiegen und war in den Central Park ausgeritten. Vierzig Minuten später wurde er von einem berittenen Polizisten, der seine Runde machte, unweit der 66th Street gesehen. Wiederum fünfundzwanzig Minuten später, um sieben Uhr 35, tauchte Casanova ohne Reiter aus dem Park auf und trabte gemächlich die Straße hinunter zur Reitschule Stillwell, wo er seinen Stall hatte. Eine dreiviertel Stunde danach fand ein Cop Keyes' Leiche hinter einem Gebüsch, etwa zwanzig Meter vom Reitweg entfernt, im Bereich der 95th Street. Bei der Autopsie holte man eine .38er Kugel aus Keyes' Brust.

In den Monaten vor dem nächsten bedeutenden Kriminalfall ›The Silent Speaker‹ (März/April 1946) beschäftigte sich Wolfe mit zwei anderen Fällen. In der Chesterton-Best-Affäre handelte es sich um einen Burschen, der in sein eigenes Haus einbrach und einen Wochenendgast in den Bauch schoß. Bei der Boeddiker-Affäre in Queens kam Wolfe gar nicht erst zum Zug, weil Inspektor Ash in seiner Sturheit dem Staatsanwalt genügend Beweismaterial verschaffte, um einen Mörder zu verurteilen, an dessen Schuld kein Zweifel bestand.
»Eintausend Menschen, die alle ein Motiv, die Gelegenheit und das Mittel zum Mord hatten!« sagte Wolfe in ›The Silent Speaker‹.
Der Sachverhalt war folgender: Cheney Boone, Direktor der Abteilung für Preisüberwachung, war als Hauptredner zu einem Festessen der Industrie- und Handelskammer eingeladen worden. Das Essen fand an einem Dienstagabend im Großen Ballsaal des Waldorf-Astoria statt. Boon traf zehn Minuten vor sieben Uhr ein, ehe die vierzehnhundert Gäste sich zu Tisch begaben; alles stand herum, plauderte und trank Cocktails. Nachdem Boon eine Menge obligatorischer Händedrucke und Vorstellungszeremonien über sich hatte ergehen lassen und rasch etwas getrunken hatte, erkundigte er sich nach einem stillen Winkel, wo er seine Rede noch mal durchsehen konnte, und wurde zu einem Gelaß direkt neben der Bühne geführt. Seine Nichte Nina Boone begleitete ihn dorthin, doch schickte er sie beinahe sofort wieder in den Empfangssaal zurück, wo sie dann auch blieb.
Kurz nachdem Boone und seine Nichte zum Mordzimmer – wie es in den Zeitungen genannt wurde – gegangen waren, tauchte Phoebe Gunther auf, Boones Privatsekretärin. Sie hatte zwei Büchsenöffner, zwei Universalschraubenschlüssel, zwei Oberhemden, zwei Kugelschreiber und einen Kinderwagen bei sich, Demonstrationsstücke, die Boone brauchte, um bestimmte Punkte in seiner Rede zu veran-

schaulichen. Nachdem sie den Kinderwagen plus Inhalt bei Boone abgeliefert hatte, stärkte sie sich im Empfangssalon mit einem Cocktail.
Um halb acht wurden sämtliche Gäste in den Ballsaal gelotst und aufgefordert ihre Plätze an den Tischen und auf dem Podium einzunehmen; bei den Kellnern war alles klar zum Start. Etwa zehn Minuten später traf Mr. Alger Kates, ein Mitarbeiter Boones, ein. Er brachte noch einiges statistische Material, das in die Rede eingebaut werden sollte. Er sah sich auf dem Podium nach Boone um, und Mr. Frank Thomas Erskine, Präsident der Industrie- und Handelskammer, bat einen Kellner, Kates zu Boone zu führen. Der Kellner brachte ihn hinter die Bühne und zeigte ihm die Tür zum Mordzimmer.
Alger Kates entdeckte die Leiche. Sie lag auf dem Boden, mit zerschmettertem Schädel; das Mordwerkzeug, der eine Universalschraubenschlüssel, lag daneben. Statt in den Ballsaal zurückzukehren und die Prominenz von der IHK zu informieren, machte Kates ein Telefon ausfindig und benachrichtigte die Hotelleitung und die Polizei.
Der Fall entwickelte sich zu einem Knüller. Wolfe verlangte einen Vorschuß von 10 000 Dollar; das Honorar plus Spesen belief sich am Schluß auf 100 000 Dollar.
›Blei ist ungesund‹, der letzte Fall des Jahres 1946, brachte Wolfe und Archie mit der New Yorker Unterwelt in Berührung. Der Gangsterboß Dazy Perrit bot Wolfe fünfzig Hunderter — »Das reicht für den Anfang«, sagte er zu Wolfe. »Ich werde nämlich erpreßt, und Sie sollen dafür sorgen, daß das aufhört.«

Das Jahr 1947 begann mit einem Fall, an den Archie sich stets mit besonderem Vergnügen erinnert; der Titel ›Zu viele Frauen‹ verrät bereits, warum.
Die Firma Naylor-Kerr beschäftigte vorzugsweise hübsche junge Frauen, und als es Ärger gab, hielt Archie es für seine Pflicht, unter dem Namen »Peter Truett, seines Zeichens Personalchef, für die Verbesserung des Betriebsklimas zu sorgen«.
Der Fall war auch insofern bemerkenswert, »als wir die längste Trockenperiode, was den Bierkonsum anbelangt, durchmachten, die ich bei Wolfe in all den Jahren miterlebt habe«.
Im Juni desselben Jahres (›Man Alive‹) ging Wolfe sich selbst ins Garn. Es gibt für ihn nichts Widerwärtigeres, als vor Gericht als Zeuge auftreten zu müssen, und zumeist gelingt es ihm auch, sich dieser unbequemen Pflicht zu entziehen. Aber diesmal war es Archie

vergönnt, von seiner Bank im Gerichtssaal aus Wolfe auf dem Zeugenstand zu bewundern.
Wolfe war verärgert, und die Rechnung, die er Cynthia Nieder schickte, fiel dementsprechend gesalzen aus. Der Ärger kam ihm erneut wieder hoch, als er in der Zeitung las, daß die Geschworenen nach einer Beratung von nur zwei Stunden vierzig Minuten auf Mord ersten Grades erkannt hatten. Damit sei bewiesen, erklärte er, daß man seine Zeugenaussage gar nicht gebraucht hätte.
Die Eigentümer von Daumery und Nieder luden Archie nicht nur zu allen ihren Modeschauen ein, sondern versprachen ihm außerdem, daß sie jeden von ihm ausgewählten Artikel, mit den besten Komplimenten des Hauses, an jede von ihm gewünschte Adresse schicken würden.

»Ich sagte Ihnen, daß ich den Namen von
X kenne, aber X selbst habe ich nie gesehen.«
Nero Wolfe, ›Das zweite Geständnis‹

»Von der Existenz des Mannes, den ich X nennen möchte, erfuhr ich zuerst im Jahre 1938«, erzählte Wolfe der Familie Sperling in ›Das zweite Geständnis‹. »Damals suchte mich ein höherer Polizeibeamter auf. Er wollte meinen Rat in einer Mordsache einholen, mit der er damals gerade beschäftigt war.

Aus reiner Neugier habe ich damals einige Ermittlungen angestellt, ein Luxus, den ich mir heute nicht mehr leiste. Ehe ich mich's versah, führte meine Spur auf höchst schlüpfriges Gelände, auf alle Fälle zu schlüpfrig für einen Privatdetektiv. Da ich damals keinen zahlenden Kunden hatte und mich der Fall nichts anging, habe ich mich damit begnügt, das Ergebnis meiner Ermittlungen dem betreffenden Polizeioffizier mitzuteilen. Was ich damals wußte, war, daß es einen Mann wie X gibt. Ich wußte auch dies und das über sein Betätigungsfeld. Doch sein Name war mir unbekannt. In den folgenden fünf Jahren spürte ich bei vielen Gelegenheiten, daß X seine Hand im Spiel hatte. Aber ich hatte genug mit meinen eigenen Fällen zu tun, die zufälligerweise nie in sein Betätigungsfeld hineingriffen.«

Am Mittwoch, den 9. Juni 1943, rief X, der sich »Duncan« nannte und als Telefonnummer MIdland 5-3748 angab, Wolfe zum erstenmal an, um ihm bezüglich eines Jobs, den Wolfe gerade für General Carpenter vom Heeresnachrichtendienst ausführte, einen Wink zu geben. Worin dieser »Wink« bestand, wissen wir nicht.

Mitte Januar 1946, als Wolfe gewisse Nachforschungen für eine Mrs. Tremont anstellte, kam wieder ein Telefonanruf. Die Stimme von X, eine schroffe und sehr energische Stimme, die es übrigens mit der Grammatik sehr genau nahm, forderte ihn auf, seine Tätigkeit in Sachen seines Klienten etwas einzuschränken. Wolfe erwiderte ihm, das Ausmaß seiner Nachforschungen richte sich einzig und allein nach der Aufgabe, die er zu lösen habe. Die Stimme beharrte auf ihrer Forderung. Am nächsten Tag hatte Wolfe die ihm übertragene Arbeit zu Mrs. Tremonts vollster Zufriedenheit abgeschlossen. Und damit war die Sache erledigt.

Zunächst wenigstens. Denn Wolfe war nicht zufrieden. Er hatte das

Gefühl, daß er der Sache doch noch etwas weiter nachgehen sollte. Da er seine offiziellen Mitarbeiter, von Archie ganz zu schweigen, nicht in diese Sache verwickeln wollte, engagierte er einige Angestellte von einer Privatdetektei in einer anderen Stadt. Innerhalb eines Monats verfügte er über alle benötigten Informationen:

1. X hieß Arnold Zeck.
2. Er war ein ungewöhnlich begabter willensstarker Mann.
3. Seine beträchtlichen jährlichen Einkünfte stammten aus illegalen höchst anrüchigen Geschäften — Rauschgift, Prostitution, Erpressung und dergleichen mehr.
4. Er hatte, einem on dit zufolge, zwanzig Mitglieder des Repräsentantenhauses und sechs Bezirksleiter in der Tasche.
5. Falls ein Zeitungsmann etwas über Zeck brachte, das diesem nicht in den Kram paßte, wurde die von Haien verstümmelte Leiche des betreffenden Journalisten ein paar Tage später beim Montauk Point an Land geschwemmt. Im Archiv der ›Gazette‹ war nichts über Zeck zu finden. Diese Information stammte von Lon Cohen.
6. Zecks luxuriöses Landhaus ›Eastcrest‹ stand auf der höchsten Erhebung in Westchester; er hatte auch eine Jacht besessen, sie jedoch der Marine geschenkt.

Wolfe entließ die Leute, die er für diese Arbeit angeworben hatte, und vernichtete ihre Berichte. Er gab sich der Hoffnung hin, daß seine und die Wege von X sich nie wieder kreuzen würden.

Aber sie kreuzten sich doch . . .
Sie kreuzten sich im März 1948.
Wieder war Wolfe mit einer Mordsache befaßt. Bei dem Opfer handelte es sich um einen Mann namens Orchard, der während der Mitwirkung bei einer Rundfunksendung vergiftet worden war. Wolfe steckte bis zum Hals in den Ermittlungsarbeiten, da rief dieselbe Stimme wieder an und befahl Wolfe, die Suche nach dem Mörder aufzustecken. Diesmal war X nicht so redselig wie das erste Mal, vielleicht weil Wolfe nebenbei erwähnte, daß ihm der Name Arnold Zeck kein Geheimnis mehr sei; Wolfe gab später zu, daß dies sein Verhalten höchst kindisch gewesen wäre. Im übrigen kümmerte er sich nicht um Zecks Befehl.
Bald stellte sich heraus, daß Mr. Orchard sowie eine Frau, die ebenfalls ermordet worden war, von gewerbsmäßiger Erpressung gelebt hatten, wobei sie sich einer Methode bedienten, die darauf schließen ließ, daß eine weitverzweigte Organisation hinter ihnen stand, die

in fast genialer Weise geleitet wurde. Es gelang Wolfe, den Mörder festzustellen. Auch er hatte zu ihren Opfern gehört und war von den beiden rücksichtslos erpreßt worden.
Einen Tag, nachdem der Mörder verurteilt worden war, kam abermals ein Anruf von X. Er gratulierte Wolfe dazu, daß er – X's Wunsch entsprechend – seine Ermittlungen innerhalb gewisser Grenzen gehalten hatte.
»Ich freue mich, daß Sie meinen Rat befolgt haben«, sagte Zeck. »Meine Bewunderung für Sie ist größer denn je.«
»Ich lasse mich gern bewundern«, erwiderte Wolfe kurz, »aber ansonsten befinden Sie sich in einem Irrtum. Ich habe einen Mörder zur Strecke gebracht, sachgemäß, wie es sich gehört. Daß ich nicht auf verbotenes Gebiet geriet, lag in der Natur der Sache. Es geschah ohne mein Zutun.«
»Das war Ihr Glück . . . oder meins«, sagte Zeck und legte auf.
Wolfe wandte sich Archie zu.
»Sollte ich je beruflich gegen diesen Mann etwas unternehmen müssen, sollte ich gezwungen sein, ihn zu liquidieren, dann werde ich dieses Haus verlassen, mir irgendeinen Ort suchen, wo ich arbeiten, essen und schlafen kann. Und ich werde dort so lange bleiben, bis ich's geschafft habe.«

Dreizehn Monate lang hörte Wolfe nichts von X, weil er keine Fälle zu bearbeiten hatte, die X interessierten. Aber das Glück währte nicht ewig – konnte wohl nicht ewig währen, weil beide, Wolfe und Zeck, das gleiche Feld abgrasten. Im Juni 1949 meldete X sich wieder. Wolfes Bankkonto erforderte keine besondere Werbeaktion, um einen Klienten anzulocken, aber die 5000 Dollar Spesenvorschuß von der Familie Sperling aus Chappaqua nahm er trotzdem gern entgegen. Er schickte Archie übers Wochenende auf den Landsitz der Familie und beschäftigte sich selbst wie gewöhnlich, im Büro mit seinen Büchern und im Gewächshaus mit seinen Orchideen.
Der Anruf von X kam am Samstagabend, den 18. Juni, um zehn nach sechs. Seine Stimme klang noch bestimmter und rücksichtsloser als sonst, und er stellte Wolfe ein Ultimatum. Er verlangte, daß die Ermittlungen in Sachen Louis Rony unverzüglich abgebrochen würden, und gab Wolfe vierundzwanzig Stunden Zeit, um Archie von seinem Weekendbesuch abzuberufen.
Wolfe war über den Ton von X verstimmt und zeigte das; außerdem wies er das Ultimatum zurück. Aber er war besorgt, und als Archie

in der Sonntagnacht aus Westchester zurückkehrte, erzählte er ihm von dem Anruf.

Die beiden saßen noch lange im Büro und besprachen die Lage, da hörten sie zwischen zwei und drei Uhr morgens einen ohrenbetäubenden Spektakel.

Drei von X angeheuerte Männer waren auf das Dach des gegenüberliegenden Hauses gestiegen und hatten mit Maschinenpistolen Wolfes Treibhaus unter Beschuß genommen. Daß Theodore Horstmann mit dem Leben davonkam, grenzte an ein Wunder; dreißig Leute rackerten sich tagelang mit den Bergungs- und Reparaturarbeiten ab. Wolfe veranschlagte die Gesamtkosten für Reparaturen und Neuanschaffungen auf 40 000 Dollar – »und einige der beschädigten oder zerstörten Pflanzen sind unersetzbar«.

Die Täter wurden natürlich nie gefunden. Und selbst wenn man sie gefunden hätte? Es war nicht ganz korrekt, zu sagen, daß sie von X gedungen worden waren. Sie waren von einem D oder C oder B gedungen ... Wolfe tippte auf einen C. Denn X stand ganz bestimmt nicht in unmittelbarem Kontakt mit kriminellen Profis, die mit Maschinenpistolen Jagd auf Menschen und Orchideen machten.

Wolfe, vor Wut außer sich, stürzte sich Hals über Kopf in die Arbeit und löste das Problem der Familie Sperling. Aber damit war das Problem Arnold Zeck nicht gelöst.

Im April 1950 prallten die beiden Gegner direkt aufeinander, als Mrs. Barry Rackham Wolfe einen Scheck über 10 000 Dollar ausschrieb und ihn beauftragte, herauszufinden, womit ihr Mann sein Geld verdiente.

Wolfe schmeckte die Geschichte nicht, aber zehn Tausender waren, beim damaligen Tiefstand seines Kontos, nicht zu verachten.

Dann meldete sich Arnold Zeck zum sechstenmal. »Geben Sie ihr das Geld zurück, lassen Sie den Auftrag sausen und Sie bekommen von mir in sechs Monaten zehntausend Dollar bar auf den Tisch.«

Wolfe gab am 10. April 1950 bekannt, daß er seine Privatdetektei aufgäbe, und verschwand, nachdem er vorher seine irdischen Angelegenheiten geordnet hatte. Archie bekam sein Gehalt durch Marko Vukcic ausgezahlt, Fritz Brenner arbeitete in Rusterman's Restaurant und Theodore Horstmann hegte Lewis Hewitts Orchideen auf Long Island.

Was Archie angeht, so machte er seine eigene Detektei im zehnten Stockwerk eines Gebäudes auf der Madison Avenue auf. Zusammen mit Fred Durkin legte er einem Schreiber von anonymen Briefen das Handwerk und bearbeitete für Del Bascom einen glühheißen Versicherungsbetrug, bei dem ihm um ein Haar der Schädel eingeschlagen worden wäre.

Als Wolfe wieder in New York aufkreuzte, hatte er 117 Pfund abgenommen; seine Haut schlug Falten, er hatte sich einen braunen Spitzbart zugelegt und sprach durch die Nase. Aber er hatte sich als Mr. Roeder aus Los Angeles in Zecks Organisation eingeschlichen und beabsichtigte, auch Archie dort einzuschmuggeln.

Archie wird seinen ersten Anblick von Arnold Zeck nie vergessen. »Was einem zuerst auffiel, waren die Stirn und die Augen. Stirn ist ein schwacher Ausdruck; eigentlich war es mehr eine Kuppel, die sich bis zum Ansatz seiner ausgeblichenen dünnen Haare emporwölbte. Und bei den Augen muß Mutter Natur irgendein Versehen unterlaufen sein. Sie waren nämlich ursprünglich für einen Hai bestimmt gewesen und bei der Lieferung ist dann irgendwas schiefgegangen. Da Arnold Zeck sie aber schon seit gut fünfzig Jahren in Gebrauch hatte, blickten sie inzwischen verdammt intelligent drein.«

Obwohl Archie durchaus bereit und willens war, Zeck ein für allemal den Garaus zu machen, blieb ihm die Mühe erspart. Ein gewisser höchst unersprießlicher Mörder nahm ihm den Job ab.

Über Zecks hingemähten Körper gebeugt sagte Schwartz, Zecks Leibwächter: »Er ist hinüber.«

18 Flashback: Offene Türen, hinter denen der Tod lauert, und Mord unter Orchideen

> »Das geht nicht. Er sitzt im Gefängnis.
> Man beschuldigt ihn des Mordes. Er ist in
> einer verzweifelten Lage und halbtot vor Angst.«
> Marko Vukcic zu Nero Wolfe, ›Die offene Tür‹

Es wäre falsch, zu glauben, daß alle Fälle, die Nero Wolfe und Archie Goodwin Ende der vierziger Jahre aufklärten, mit dem geheimnisvollen Mr. Arnold Zeck zu tun hatten. Deshalb wollen wir rasch einen Blick zurückwerfen.
Archies Ansicht nach gehörte der Fall zu Wolfes beruflichen Bestleistungen, obwohl er nicht einen Cent damit verdiente. Zum Teil übernahm er den Auftrag aus reiner Gefälligkeit gegenüber seinem alten Freund Marko Vukcic, aber seine Entscheidung mag auch noch von anderen Faktoren beeinflußt worden sein.
Als junger Mann war Virgil Pompa — im Juli 1948 achtundsechzig Jahre alt — der beste Saucenkoch in Frankreich gewesen. »Er war ein Genie«, sagte Marko, der bei ihm gelernt hatte, »und er hatte ein großzügiges Herz. Ich verdanke ihm viel.«
Einem berechtigten Appell an seine Freundschaft vermochte Wolfe nie zu widerstehen. Er übernahm den Auftrag, bei dem es so manche Nuß zu knacken gab. Denn Pompa, inzwischen Manager einer Kette von Lokalen namens Ambrosia, wurde ein brutaler Mord zur Last gelegt, den er nicht begangen hatte . . .

Am 5. Dezember 1948, einem Sonntag, flatterte ein Telegramm in das alte Braunsteinhaus in der 35. Straße West. Es brachte Theodore Horstmann, Wolfes Gärtner, die traurige Nachricht, daß seine Mutter in Illinois schwer erkrankt sei. Horstmann mußte sofort abreisen und wie lange er wegbleiben würde . . . tjah, wer konnte das wissen.
Wolfe brauchte natürlich jemanden, der sich während Theodores Abwesenheit um die Orchideen kümmerte. Lewis Hewitt empfahl ihm einen Mann namens Andrew Krasicki, und Wolfe und Archie fuhren im Wagen nach Katonah, um dieses Muster von einem Gärtner unter die Lupe zu nehmen.
Aber in Katonah stießen sie auf eine Tür, hinter der der Tod lauerte . . .

Im August 1949 traf Margaret Mion eine Verabredung mit Nero Wolfe. Sie überreichte Wolfe zunächst einen Scheck über 5000 Dollar und rückte dann mit ihrem Anliegen heraus. Es war verhältnismäßig bescheiden: sie wollte bloß den Mond haben . . .
Wie es scheint, war ihr Gatte Alberto Mion, der Opernsänger, an einem Dienstagabend im April in ihrer Wohnung auf der East End Avenue erschossen worden. Wolfe sollte nun einen vier Monate alten Mord untersuchen, aber so tun, als wäre es keiner gewesen; er sollte ferner beweisen, daß weder Mrs. Mion noch ihr Liebhaber den armen Alberto gekillt hatten, was wiederum bedeutete, daß er den wahren Täter ausfindig machen mußte; und er sollte das Ganze vergessen und ad acta legen, falls sich Gattin oder Liebhaber doch als der Mörder entpuppten.
Nero Wolfe übernahm den Auftrag.

Sechs Monate später schlug Bill McNab, Gartenexperte der ›Gazette‹, Wolfe vor, die 189 Mitglieder des Manhattan Blumenklubs zu einer Besichtigung der Orchideen einzuladen. Archie hielt das Ganze für eine Kateridee und meinte, Wolfe wäre nicht bei Trost, wenn er darauf einginge. Doch Wolfe ging darauf ein.
Die Kateridee wuchs sich zu einem Mordfall aus. Er trug Wolfe und Archie zwar kein Honorar ein, dafür aber eine Menge kostenloser Publicity. Nachdem sie den Mörder zur Strecke gebracht hatten, veröffentlichten die Zeitungen sogar ihr Foto.
Und Inspektor Cramer hatte wieder mal das Nachsehen.

»Ich habe nicht die leiseste Ahnung, wer der Täter ist. Aber ich werde zur Attacke vorgehen und ihn — oder sie — überrumpeln. Verwünscht, Archie, mittlerweile sollten Sie mich eigentlich gut genug kennen, um zu wissen, wann ich angriffsbereit bin!«
Nero Wolfe zu Archie Goodwin, ›The Zero Clue‹

Der Januar und die erste Hälfte des Februars 1951 waren ruhig gewesen. Wolfe und Archie hatten nur ihre Mitarbeiter Saul Panzer, Fred Durkin und Orrie Cather bei ihren üblichen Aufgaben zu kontrollieren, und außerdem gab es einen kleinen Zusammenstoß mit einer Bande von Pelzräubern, bei dem auf Fred und Archie geschossen wurde.
Dann rief ein Mann namens John R. Wellman an. Seine Tochter Joan war vor siebzehn Tagen im Van-Cortlandt-Park von einem Wagen überfahren worden. Wolfe sollte den Täter ausfindig machen und verlangte — und bekam — einen Vorschuß von fünftausend Dollar.
Etwa um die gleiche Zeit tauchte Cramer bei Wolfe auf »wegen einer Kleinigkeit über einen Totschlag«. Leonard Dykes, Privatsekretär in der Anwaltskanzlei von Corrigan, Phelps, Kustin und Briggs, Anfang vierzig, war am ersten Januar unterhalb der 90th Street mit einer Beule am Kopf tot aus dem East River gefischt worden. Dykes war unverheiratet, ehrbar, vertrauenswürdig und tüchtig gewesen. Man kannte niemanden, der ihn gehaßt oder gefürchtet oder ihm Böses gewünscht hätte.
Wer hatte Joan Wellman getötet?
Wer hatte Leonard Dykes getötet?
Und bestand ein Zusammenhang zwischen den beiden Morden?
Das war die Affäre, die Archie ›Orchideen für sechzehn Mädchen‹ nannte.

Im Sommer 1951 hatten Wolfe und Archie alle Hände voll zu tun. Sie bearbeiteten für einen guten Kunden namens Pendexter einen komplizierten Fall von Vertragsbruch, und Archie hatte den wohlverdienten Scheck gerade bei der Bank hinterlegt, als sie in einen neuen Fall verwickelt wurden, bei dem ein Cop daran glauben mußte.

Die kleine Affäre mit dem Angeber und dem Affen fiel in den Winter 1951/52. Im folgenden Juni jedoch war Wolfes Konto wieder mal beängstigend zusammengeschrumpft, was ihn aber nicht daran hinderte, vier Aufträge schlankweg abzulehnen.

Dann schneite eines Abends Perry Helmar herein und offerierte Wolfe 5000 Dollar plus Spesen, damit er eine gewisse junge Dame ausfindig machte; er war sogar bereit den Betrag zu verdoppeln, falls Wolfe die betreffende junge Dame frisch und lebendig bis zum Vormittag des 30. Juni in New York vorführen könnte. Der Fall – Archie betitelte ihn ›Gast im dritten Stock‹ – hielt einige Überraschungen bereit. Die gesuchte junge Dame war bereits gefunden und schlief in Wolfes Südzimmer, und wenig später wurde Archie, nach einem dramatischen Auftritt bei der New Yorker Anklagebehörde, Wolfes Klient.

In den gleichen Zeitraum – 1952–1953 – fällt die Affäre ›Einladung zum Mord‹. Sie begann damit, daß Mr. Herman Lewent aus New York, Paris, Toulouse und Rom an einem Freitag bei Wolfe aufkreuzte und ihm 1000 Dollar auf den Schreibtisch blätterte. Mr. Lewent hatte drei Mätressen, und eine davon wollte ihn vergiften. (Archie hegte stille Zweifel; das Gift nahm er Lewent ab, nicht aber die drei Mätressen.)

Aber der Ärger mit den Mädchen war Lewents geringste Sorge. Er kam wegen seiner Schwester Beryl. Sie hatte alles Geld ihres Vaters geerbt, mit der Verpflichtung für Bruder Herman zu sorgen. Doch die gewissenlose Person hatte zuerst Theodore Huck geheiratet, war dann gestorben und hatte ihr gesamtes Vermögen ihrem Ehemann vermacht.

Nun wollte der übergangene Bruder die ganz simple Frage beantwortet haben: welche von drei Frauen – Haushälterin, Pflegerin oder Sekretärin – war darauf aus, sich Huck zu angeln?

Die Situation in ›This Won't Kill You‹ war kompliziert und bedarf ausführlicher Erklärungen.

Bevor die Meisterschaftsspiele zwischen den New Yorker Giants und den Bostoner Red Sox richtig angefangen hatten, gab es bereits ein Durcheinander. Pierre Mondor, Besitzer des berühmten gleichnamigen Restaurants in Paris, hielt sich zu Besuch in New York auf und war in dem alten Braunsteinhaus in der 35th Street West abgestiegen. Er verfiel plötzlich auf die Idee – Gott weiß, wieso und warum –, daß Wolfe ihn zu einem Baseballspiel einladen müßte, und

Wolfe brachte es nicht übers Herz, seinen Gast zu enttäuschen. Die Eintrittskarten waren kein Problem, da Emil Chisholm, Ölmillionär und Miteigentümer der Giants, sich wegen eines Jobs, den Wolfe und Archie vor Jahren für ihn getätigt hatten, tief in beider Schuld fühlte.
Archie bugsierte also an einem Mittwochnachmittag im Oktober den berühmten Privatdetektiv und den berühmten Küchenchef zum Baseballstadion, lotste sie durch das Menschengewühl zur Tribüne und in ihre Box. Aber das Vergnügen war von kurzer Dauer. Das Spiel hatte kaum begonnen, da wurden Wolfe und Archie ins Klubhaus zitiert. Archie öffnete die Tür zu einem Gelaß und fand Nick Ferrone in vollem Dreß mit eingeschlagenem Schädel auf dem Boden liegen. Neben der Leiche das Mordwerkzeug, ein Baseballschläger.

Der nächste Klient war Pete Drossos, ein Junge aus der Nachbarschaft. Pete erzählte, daß eine Frau in einem Cadillac mit einem Mann neben sich ihm das Gesicht zugewendet und lautlos die Lippen bewegt hätte. Sie hätte zu ihm gesagt: »Hilfe! Hol die Polizei!« – das hätte er ganz deutlich erkannt. Auf ein Inserat hin meldete sich die betreffende Dame bei Wolfe und Archie. Der Kratzer an ihrer linken Wange, der schräg zum Mundwinkel hinablief, war schwach, fiel auf ihrer glatten hellen Haut aber doch auf, und es war kein Wunder, daß Pete ihre goldenen Spinnenohrringe förmlich ins Auge gesprungen waren. Dann wurde ein Mord verübt, und Wolfe und Archie begannen mit den Ermittlungen. Das Honorar – vier Dollar 30 Cent – war nicht der Rede wert.

Einige Monate später engagierte der Präsident einer großen Firma Wolfe, um festzustellen, wer von seinem Personal Firmengeheimnisse an die Konkurrenz verkaufte. Archie war gerade mit einem anderen Auftrag beschäftigt, und so ließ Wolfe die Ermittlungen von Orrie Cather durchführen. Orrie riß sich nicht die Beine aus, und ehe Wolfe und Archie es sich versahen, mußten sie sich vom Chef der Firma sagen lassen, daß er die Geduld verloren und Leo Heller, den Wahrscheinlichkeitsberechnungsmeister, mit dem Problem betraut hätte. Heller wirtschaftete mit seinen Formeln herum und zog die richtige Antwort aus dem Hut.
Heller wiederum hegte aufgrund seiner Berechnungen den Verdacht, daß einer seiner Kunden ein Verbrechen verübt hätte, und beauftragte Wolfe mit den Nachforschungen. Das Dumme an der Sache

war jedoch, daß Heller umgebracht wurde, bevor Archie ihm auf den Zahn fühlen konnte. Glücklicherweise hinterließ Heller auf seinem Schreibtisch einen Hinweis auf seinen Mörder, und so hatte Wolfe verhältnismäßig leichtes Spiel.

»Vielleicht hätte ich die Geschichte überhaupt nicht erzählen sollen, aber es widerstrebte mir irgendwie, sie ganz auszulassen.«
Archie Goodwin, ›Der Schwarze Berg‹

Nero Wolfe wußte, daß sein ältester und bester Freund Marko Vukcic Mitglied einer nationalistischen montenegrinischen Untergrundbewegung war, einer Geheimgesellschaft, die sich der ›Geist vom Schwarzen Berg‹ nannte. Er wußte ferner, daß seine inzwischen verwitwete Adoptivtochter Carla Britton Markos Einstellung und Interesse teilte. Aber das war schließlich beider Privatangelegenheit.
Wolfe mußte sich um seine eigenen Geschäfte kümmern – bis Marko von unbekannter Hand abgeknallt wurde und Paolo Telesio von Bari aus mitteilte, daß der Mörder nach Montenegro zurückgekehrt sei. Kam noch hinzu, daß Carla dem Mörder gefolgt war und irgendwo in dem wilden gebirgigen Land ebenfalls getötet worden war.
Diese doppelte Tragödie bewirkte bei Wolfe eine ungewohnte Betriebsamkeit. (»Es ist direkt ein Schock, wenn man sieht, wie sich eine Bildsäule urplötzlich in einen Dynamo verwandelt«, klagte Archie.) Saul wurde verpflichtet, die Stellung im Büro zu halten, Nathaniel Parker bekam Bankvollmacht, Fritz mußte sich um Rusterman's Restaurant kümmern, und Theodore wurde die Pflege der Orchideen ans Herz gelegt, mit einer ganzen Latte völlig überflüssiger Anweisungen.
Archie fischte die Marley und zwei Schachteln mit Patronen aus der Schreibtischlade.
»Das Ding bleibt hier«, erklärte Wolfe. »Damit kriegen wir bloß Ärger beim Zoll. Legen Sie's zurück.«
Das war ein Befehl, und Wolfe war der Boß, aber Archie setzte seinen Dickkopf auf. »Ich denke gar nicht dran, in einem fremden Land hinter einem Killer herzuwetzen mit nichts als einer lahmen Knallbüchse, von der ich nicht mal weiß, ob sie überhaupt losgeht.«
»Unsinn. Wir müssen aufbrechen.«
»Schön, brechen Sie auf.« Archie legte die Beine übereinander.
»Nun denn«, fauchte Wolfe, »in Gottesnamen! Wenn ich mich nicht so an Sie gewöhnt hätte, könnte ich diese Sache ohne Sie unternehmen. Kommen Sie endlich.«

Es stellte sich später als ein Segen heraus, daß Archie ein Schießeisen vorsorglich mitgenommen hatte.

Kaum wieder daheim in den Vereinigten Staaten bekamen sie den Besuch von zwei jungen Leuten, Paul und Caroline Aubry, die gedacht hatten, sie wären verheiratet; allem Anschein nach waren sie es aber nicht. 1950 hatte sich Caroline mit einem sehr vermögenden jungen Mann namens Sidney Karnow verheiratet. Ein Jahr später wurde Sidney eingezogen und nach Korea geschickt. Kurz darauf bekam sie die amtliche Mitteilung, daß er im Einsatz getötet worden sei. Wiederum ein Jahr später lernte sie Paul Aubry kennen; sie verliebten sich ineinander und heirateten. Doch drei Wochen nach der Hochzeit erschien Karnow gesund und munter und durchaus lebendig wieder auf der Bildfläche . . . allerdings nur ganz kurze Zeit . . .

›Der nächste Zeuge‹ war Nero Wolfe in eigener Person. Der Fall spielte im Spätsommer 1954. Wolfe hatte vom Staat New York eine Vorladung bekommen, um bei der Verhandlung gegen Leonard Ashe, dem der Mord an Marie Willis zur Last gelegt wurde, als Zeuge auszusagen. Wolfe gedachte jedoch nicht, diese Tortur stillschweigend über sich ergehen zu lassen; er stand auf, zwängte sich an zwei Paar Knien vorbei und strebte dem Ausgang des Gerichtssaals zu. Er hatte beschlossen, den Mord aufzuklären und sich die Sache damit ein für allemal vom Hals zu schaffen.

Ende des Jahres – oder vielleicht auch schon Anfang 1955 – ereignete sich die Hundeaffäre. Ein großer schwarzer Neufundländer namens Bootsy brachte Wolfe und Archie auf die blutbefleckte Spur eines Malermodells, das als vermißt gemeldet worden war.
Dann kam der außergewöhnliche Fall, den Archie mit gutem Grund ›Vor Mitternacht‹ betitelte.
Zu den Hauptkunden der LBA – der Werbefirma Lippert, Buff und Assa – gehörte die Heery AG, die unter anderem kosmetische Artikel herstellte, darunter ein Parfüm mit der Markenbezeichnung ›Pour Amour‹. Dies Parfüm wurde vor ein paar Jahren in den Handel gebracht und war ein recht ansehnlicher Erfolg. Dann hatte ein junger Mitarbeiter der LBA namens Louis Dahlmann eine gute Werbeidee für ›Pour Amour‹. Sein Plan wurde der Heery AG vorgelegt, fand dort großen Anklang und wurde akzeptiert. Der 27. September 1954 wurde für den Start der neuen Werbekampagne angesetzt.

Es handelte sich um ein Preisausschreiben. Noch nie hatte es Preise in dieser Höhe gegeben. Erster Preis: eine halbe Million Dollar in bar. Zweiter Preis: eine viertel Million Dollar. Dritter Preis: hunderttausend Dollar. Ferner gab es noch 57 kleinere Preise. Zwanzig Wochen lang erschien einmal wöchentlich in Zeitungen und Zeitschriften ein Vierzeiler, in dem »irgendso ein Frauenzimmer aus der Geschichte beschrieben wurde, das sich auf Kosmetik verstand«. Man mußte aus den in den Versen versteckten Hinweisen den Namen der historischen Persönlichkeit erraten.
Letzter Einsendungstag war der 14. Februar. Die Beteiligung an dem Preisausschreiben belief sich auf über zwei Millionen, und Dahlmann hatte dreihundert Männer und Frauen im Sortieren und Prüfen der eingesandten Antworten ausgebildet. Als sie mit der Sichtung fertig waren, gab es 72 Einsender, die ganz korrekt die zwanzig gesuchten Frauennamen angeführt hatten. Dahlmann hatte nun noch einige weitere Vierzeiler bereit, und am 28. März sandte er fünf neue Rätselverse an alle 72 Einsender – an die entfernt wohnenden per Luftpost; der letzte Einsendetermin für die neuen Lösungen lautete: Mitternacht, 4. April. Diesmal liefen fünf korrekte Antworten ein. Dahlmann setzte sich mit diesen fünf Leuten fernmündlich in Verbindung und forderte sie auf, nach New York zu kommen. Er sagte ihnen, daß die ersten drei Preise an sie verteilt würden, ebenso zwei der Zehntausend-Dollar-Preise. Die fünf glücklichen Gewinner kamen tatsächlich nach New York und nahmen alle an einem kleinen Festessen in einem Privatsalon des Hotels Churchill teil. Talbot Heery von der Heery AG war zugegen, ferner Vernon Assa und Patrick O'Garro. Dahlmann wollte ihnen fünf weitere Vierzeiler geben mit einer Lösungsfrist von einer Woche, aber eine Frau, die in Los Angeles wohnte, war dagegen. Sie sagte, sie arbeite lieber zu Haus, und durch die lange Rückreise würde sie kostbare Zeit verlieren. Daraufhin wurde nun beschlossen, den letzten Einsendetermin abzustufen – je nach der Zeit, die jeder von ihnen für die Heimfahrt benötigte. Kurz vor elf Uhr abends trennte man sich. Vier der Wettbewerbsteilnehmer, die von auswärts gekommen waren, hatten Zimmer im Hotel Churchill. Eine junge Dame, die in New York wohnte, ging vermutlich nach Haus.
Auch Dahlmann ging wahrscheinlich nach Haus. Er war Junggeselle und lebte allein in einer Wohnung in der Perry Street. Um sieben Uhr früh kam eine Aufwartefrau, um ihm das Frühstück zu bereiten. Sie fand seine Leiche auf dem Boden des Wohnzimmers liegen. Man

hatte ihn von hinten angeschossen, und eine Kugel war ihm mitten durchs Herz gegangen. Zur Dämpfung des Schalls hatte der Täter ein Sofakissen benutzt.
Außer Louis Dahlmann kannte niemand die Antworten auf die letzten Verse. Er hatte sie alle selbst gedichtet und die 72 Einsendungen in der Vorschlußrunde ganz allein überprüft. Bei den letzten fünf Versen, die die Entscheidung bringen sollten, da hütete er die Verse nicht minder sorglich als die Antworten. Vereinbarungsgemäß sollte von der Lösung nur ein einziges Exemplar vorhanden sein, das versiegelt in einem Safe ruhte. Doch trug Dahlmann noch einen Zettel mit den richtigen Antworten in seiner Brieftasche mit sich herum. Als man seine Leiche fand, war er noch angekleidet; alles war noch in seinen Taschen — alles mit Ausnahme der Brieftasche.
»Und Sie, Mr. Wolfe, sollen nun im Auftrag von Lippert, Buff und Assa feststellen, wer von diesen fünf Leuten die Brieftasche an sich nahm«, sagte der Rechtsanwalt Rudolph Hansen zu Wolfe, »und zwar bis Mitternacht des 20. April . . .«

»Alles fabelhaft organisiert und sehr demokratisch. Sie sind hier bloß der Koch, und jetzt schauen Sie sich mal Ihr Zimmer an. Ia Komfort; eigenes Bad. Mein Zimmer ist ein bißchen kleiner, aber ich bin ja auch nur der Küchengehilfe oder — vornehmer ausgedrückt — der kulinarische Attaché.«
Archie Goodwin zu Nero Wolfe, ›Immune to Murder‹

Bertram Fyfe hatte das Glück gehabt, irgendwo in Kanada, an einem gottverlassenen Ort namens Black Elbow, ein ergiebiges Lager von Uranerzen zu finden und in seinen Besitz zu bringen, bevor andere Interessenten Wind davon bekamen. Im August 1955 war er, nach zwanzigjähriger Abwesenheit, nach New York zurückgekehrt, hatte ein Appartement in den Churchill Towers genommen und sich mit seiner Familie in Verbindung gesetzt. Er war außerdem prompt an Lungenentzündung gestorben, und sein älterer Bruder David beauftragte Wolfe, den Todesfall zu untersuchen.
Wolfe sondierte die Frage, wieso der Patient ausgerechnet zwischen *leeren* Wärmflaschen gelegen hatte, und förderte ein Mordwerkzeug zutage, das die praktische Eigenschaft hatte, sich buchstäblich in Luft aufzulösen.

Es war im Herbst des folgenden Jahres. Mit dem Versicherungsfall für Lamb und McCullough ging es gar nicht vorwärts, und Wolfe war schwer verstimmt. Da kam ein Telefonanruf vom Außenministerium. Der neue Botschafter eines Staates, mit dem die USA ein Abkommen treffen wollten, hatte auf die Frage, ob er einen speziellen Wunsch hätte, geantwortet, ja, den hätte er; er wollte eine amerikanische Bachforelle angeln, und Nero Wolfe sollte sie gleich an Ort und Stelle zubereiten. Anfrage des Außenministeriums: Würde Wolfe ihnen den Gefallen tun? Alles wäre schon vorbereitet; der Botschafter und eine kleine Gesellschaft würden sich eine Woche lang in River Bend aufhalten, einem geräumigen Blockhaus in den Bergen, das dem Ölmagnaten O. V. Bragan gehörte und unmittelbar am Crooked River lag. Es würde schon genügen, wenn Wolfe für ein, zwei Tage herüberkäme oder wenigstens lange genug, um ein paar Forellen zu kochen.

Wolfe fragte, was Archie davon hielte. Archie sagte, zuerst müßten sie den Lamb-McCullough-Job erledigen. Wolfe erwiderte, wenn sein Land ihn um Hilfe bäte, müsse er diesem Ruf Folge leisten. Archie sagte, Blech; wenn Wolfe schon unbedingt für sein Land kochen wollte, dann könnte er in die Armee eintreten und sich bis zum Küchenbullen hocharbeiten; im übrigen hätte ihm schon des längeren geschwant, daß der Lamb-McCullough-Job für Wolfe zu kompliziert wäre. Die Partie endete unentschieden. Mehrere Tage verstrichen. Mit dem Auftrag klappte es auch weiterhin nicht, und Wolfe wurde immer ungenießbarer. Schließlich brachen sie eines morgens gegen elf Uhr auf und legten die 328 Meilen bis River Bend in nicht ganz sieben Stunden zurück.

Am folgenden Tag gab es massenhaft Forellen und einen Mord.

Auch in seinem nächsten aktenkundigen Fall begab sich Wolfe auf eine Reise, diesmal allerdings gezwungenermaßen.

Die Affäre begann kurz nach Neujahr 1956, als mehrere Privatdetekteien durch einen Abhörskandal plötzlich ins Kreuzfeuer der öffentlichen Meinung gerieten. Dabei stellte sich heraus, daß von den insgesamt 590 lizensierten Privatdetektiven im Staate New York 482 in New York City lebten und arbeiteten; daß bei Erteilung der Lizenz weder eine schriftliche Prüfung noch eine Auskunft über das Vorleben des Bewerbers verlangt wurde; daß es über die Zahl der in Privatdetekteien beschäftigten Personen keine Unterlagen gab, weil Angestellte keine behördliche Genehmigung zu haben brauchten; und so weiter und so fort.

Der Staatssekretär von New York beschloß, alle 590 Privatdetektive einem Verhör zu unterziehen. Natürlich wurden auch Wolfe und Archie vorgeladen. Wolfe empfand das als eine verdammte Plage, hätte sich aber wohl, da er immerhin 589 Leidensgenossen hatte, knurrend und brummend damit abgefunden, wenn man ihm nicht noch einen zusätzlichen Tort angetan hätte: die Verhöre fanden teils in New York, teils in Albany statt, und ihn und Archie hatte man nach Albany zitiert. Außerdem war die einzige Abhöraktion, mit der er sich je befaßt hatte, ein Debakel gewesen, und daran wollte er nicht gern erinnert werden.

Die Aktion hatte damit begonnen, daß ein Mann in Wolfes Büro vorsprach, sich als Otis Ross vorstellte und erklärte, er wolle seine private Telefonleitung überwachen lassen. Wolfe lehnte zunächst ab; mit ehelichen Schwierigkeiten befasse er sich grundsätzlich nicht. Ross erwiderte, darum handele es sich nicht; er sei Witwer, tätige je-

doch seine geschäftlichen und finanziellen Transaktionen überwiegend von zu Haus aus, mit Hilfe einer Sekretärin, der er aber neuerdings nicht mehr recht traue. Er wollte herausfinden, ob sein Verdacht begründet sei, und zu diesem Zweck sein Telefon abhören lassen.
Wolfe übernahm den Auftrag und begann, wie er eingestehen mußte, »an seinen eigenen Sinnen zu zweifeln«. Der Mann, der sich Otis Ross genannt hatte, war gar nicht der echte Otis Ross. Wolfe kam ihm erst in Albany auf die Sprünge, als ›Otis Ross‹ mit seiner eigenen Krawatte erdrosselt wurde. Bei dieser Gelegenheit landete Wolfe zum ersten Mal in den Vereinigten Staaten im Kittchen.

»Ich möchte Ihnen noch sagen, Mr. Wolfe, daß ich in dieser Notlage zu Ihnen gekommen bin, weil ich in Ihre Fähigkeiten, Ihre Rechtschaffenheit und Diskretion vollstes Vertrauen setze.«
Millard Bynoe, ›Easter Parade‹

»P. H. Wir wissen, daß Sie unschuldig sind und bedauern das Unrecht, das Ihnen angetan wurde. Geben Sie uns die Chance, das Unrecht wiedergutzumachen. Archie Goodwin«

Mit dieser harmlosen Suchanzeige begann der Fall, den Archie ›P. H. antwortet nicht‹ nannte. Als Archie ihn schließlich aufstöberte, saß P. H. in der Todeszelle eines städtischen Gefängnisses. Er war eines Mordes wegen verurteilt worden, den er nicht begangen hatte. P. H. verdächtigte sein Mädchen, und sein Mädchen verdächtigte ihn. Er wollte nicht mal seinen richtigen Namen verraten. Alle Beteiligten deckten irgend jemanden, womit sie unwissentlich dem wahren Täter Vorschub leisteten. Er konnte erst drei Morde später entlarvt werden.
Archie spricht von dem »verrücktesten Fall, mit dem ich je zu tun hatte. Es gibt nicht viel, was Nero Wolfe aus der Fassung bringt, aber diesmal hätte man ihn mit einer kleinen Orchidee mühelos umhauen können.«

So unwahrscheinlich es sich auch anhört, aber im darauffolgenden Juli ließ sich Wolfe zur Teilnahme an einem Picknick überreden.
Den Anstoß gab Felix Courbet, ›maître d'hôtel‹ in Rustermann's Restaurant. Er bat Wolfe nämlich, am Unabhängigkeitstag beim Picknick der URWA (United Restaurant Workers of America) eine Rede zu halten.
Wolfe lehnte ab. Doch Felix ließ nicht locker und rückte eines Tages mit Verstärkung an. Die vier Herren, die seinen Antrag unterstützten, waren: Paul Drago, Saucenchef im Churchill; James Korby, Präsident der URWA; H. L. Griffin, ein Lebensmittel- und Weinimporteur, der nicht nur Rusterman's sondern auch Wolfes eigenen Tisch belieferte; und Philip Holt, Geschäftsführer der URWA. Sie fuhren schweres Geschütz auf: der Mann, der nach Marko Vukcics Tod da-

für verantwortlich sei, daß Rusterman's sich seinen guten Ruf erhielte, dürfe bei dem Picknick nicht fehlen.
Diesem Appell vermochte Wolfe auf die Dauer nicht zu widerstehen. Und es war gut, daß er sich an dem Ausflug nach Culp's Meadow auf Long Island beteiligte. Denn ein Mörder war auch dabei und stieß, zur Feier des Tages, Philip Holt ein Tranchiermesser bis zum Heft in den Rücken.

Anfang 1957 kam Wolfe die Neuigkeit zu Ohren – »Ich habe es von Mr. Lewis Hewitt, und der hat es von seinem Gärtner, und der hat es von Mr. Millard Bynoes Gärtner« –, daß Bynoe eine flamingorosa Vanda erzielt hatte, »mit Blüten- und Kelchblättern von reinem unvermischtem Rosa«.
Natürlich wollte Wolfe die Neuschöpfung gern sehen, aber Bynoe machte Schwierigkeiten. Dann verbreitete sich das Gerücht, daß Mrs. Bynoe die Orchidee bei der Osterprozession tragen würde, woraufhin Wolfe den Wunsch äußerte, jemand möge sie für ihn klauen.
Archie heuerte einen Burschen namens Tabby an und begab sich selbst in der Maske eines Pressefotografen an Ort und Stelle, um den Diebstahl zu überwachen.
Die Andächtigen verließen die St. Thomas Kirche und wallten die 54th Street entlang, Mrs. Millard Bynoe mitten unter ihnen. Am Straßenrand drängten sich die Schaulustigen. Tabby hatte sich an seine Beute herangepirscht, und auch Archie war nicht weit weg, als Mrs. Bynoe plötzlich stehenblieb, sich an den Arm ihres Mannes klammerte und mit halberstickter Stimme zu ihm sagte: »Ich kann nicht mehr! Ich wollte nicht ... hier mitten auf der Straße ... ich krieg keine Luft mehr! Mil, du –« Sie ließ ihn los, bäumte sich auf, erschauerte und sackte in sich zusammen. Es war Mord – aber wer hatte ihn verübt und wie?
Wolfe löste das Problem. Sein Honorar – außer einem Scheck von Mr. Bynoe – die flamingo-rosa Vanda.

»Ich möchte, daß Sie eine Schlange aus meinem Haus entfernen!« tobte Otis Jarrell, einer der reichsten Männer der Welt, wobei er mit der Schlange seine verführerische Schwiegertochter Susan meinte.
Wolfe gefiel der Auftrag nicht, und er akzeptierte ihn nur, um Archie zu ärgern. Aber Wolfe verfing sich in seiner eigenen Schlinge, als eine Leiche mit einer Kugel im Schädel auftauchte, und die Cops Archie den Mord in die Schuhe schieben wollten.

Im Herbst 1957 hatte Kurt Bottweil Wolfe und Archie beauftragt, ihm einige gestohlene Wandteppiche wieder beizuschaffen; die beiden erledigten die Sache im Handumdrehen.
Es hing mit diesem Job zusammen, daß Wolfe am Mittwoch, den 20. Dezember 1957, auf Archie fuchsteufelswild war. Archie sollte ihn am kommenden Freitag nach Long Island zum Landsitz von Lewis Hewitt fahren, wo gerade ein Mr. Thompson, der beste englische Hybridenzüchter, zu Gast weilte. Statt dessen beabsichtigte Archie jedoch zu einer Weihnachtsparty in den Bottweil Büros zu gehen; und was sehr viel schlimmer war, es sah bedrohlich danach aus, als würde er die Innenarchitektin Margot Dickey heiraten.
»Mein Zimmer könnte unser Schlafzimmer werden und das Südzimmer unser Wohnzimmer«, schwärmte Archie.
Als Archie in Bottweils Firmenräumen eintrudelte, schlug die Party bereits hohe Wogen. Bottweil hatte sogar einen Santa Claus in Maske, rotem Mantel, mit Bart und weißen Baumwollhandschuhen angeheuert, damit er den Champagner servierte.
»Fröhliche Weihnachten! Alles Gute euch allen!« rief Kurt Bottweil, hob sein Glas mit seinem Lieblingsgetränk Pernod, prostete der Gesellschaft zu und trank. Dann griff er sich mit beiden Händen an die Kehle.
»Holt einen Arzt!« brüllte Archie, obwohl er wußte, daß Bottweil nicht mehr zu helfen war.
Bei der Lösung des Rätsels entpuppte sich der Santa Claus als wertvoller Bundesgenosse.

23 Ene Mene Mörder Mo

»Wir wußten, daß einer von drei Männern ein Mörder war, und wir wußten, wo und wann der Mord verübt worden war, blieb die große Preisfrage, welcher von den dreien war nun eigentlich der Täter?«
Archie Goodwin, ›Ene Mene Mörder Mo‹

Bertha Aaron sagte zu Archie Goodwin: »Ich bin die Privatsekretärin von Mr. Lamont Otis, dem Seniorpartner der Anwaltsfirma Otis, Edey, Heydecker und Jett. Unsere Kanzlei ist in der 41st Street, unweit der Madison Avenue. Ich habe kürzlich eine Beobachtung gemacht, die mich beunruhigt, und wollte Mr. Wolfe bitten, der Sache nachzugehen.«
Miss Aaron war beunruhigt, weil sie ein Mitglied ihrer Firma im tête-à-tête mit einem Prozeßgegner – »es handelt sich um einen unserer wichtigsten Fälle« – in einem Lokal gesehen hatte, dessen Wahl nur den einen Schluß zuließ, daß die zwei ihre Zusammenkunft geheimhalten wollten. Archie sagte Wolfe, der sich im Gewächshaus aufhielt, Bescheid; doch Wolfe wollte mit dem Auftrag nichts zu tun haben. »Schicken Sie sie weg«, fauchte er.
Als Archie ins Büro zurückkam, lag Bertha Aaron tot auf dem Boden; sie war mit Wolfes Krawatte erdrosselt worden.
Wolfe war zutiefst empört und fest entschlossen, die Scharte möglichst rasch auszuwetzen.

Mrs. Robert Robilotti hatte Wolfe »vor ein paar Jahren« beauftragt, Schmuck im Wert von einer Million Dollar, der ihr gestohlen worden war, wieder beizuschaffen. Oder wie Archie es ausdrückte: »Sie heuerte Wolfe an, aber *ich* hatte die Arbeit. Übrigens konnte sie mich nicht leiden. Eine meiner Bemerkungen erregte ihr Mißfallen.«
»Ach, das ist unwichtig«, sagte Dinky Byne, Mrs. Robilottis Neffe, am Telefon zu Archie, »solche Sachen merkt sie sich sowieso nicht. Sie haben doch vermutlich von dem Dinner gehört, das sie jedes Jahr am Geburtstag meines verstorbenen Onkels veranstaltet.«
Archie hatte davon gehört. Besagtes Dinner sollte noch am gleichen Abend steigen. Dinky Byne war eingeladen, konnte aber nicht hingehen, weil er einen Schnupfen hatte. Würde Archie so nett sein und ihn vertreten?

Der selige Mr. Albert Grantham – Mrs. Robilottis erster Mann und Dinkys Onkel Albert – hatte die letzten zehn Jahre seines Lebens offenbar mit guten Werken verbracht, was ihm bei einem ererbten Vermögen von drei- oder vierhundert Millionen nicht weiter schwerfiel. Unter anderem hatte er sich der Besserung von Mädchen gewidmet, die zwar ein Baby, aber keinen Ehemann hatten. Vier unverheiratete Mütter waren die Ehrengäste bei der Party, bei der Archie den Lückenbüßer spielen sollte.

Die Festivität verlief ohne größere Pannen. Archie fand Faith Usher, die eine unverheiratete junge Mutter, ganz besonders reizend, und er stand direkt neben ihr, als es geschah.

Der erste Schluck Champagner tötete sie, und Archie erkannte den typischen Bittermandelgeruch von Blausäure.

Wolfe löste den Fall mit Hilfe einer Demonstration, die Archie zu den glanzvollsten in Wolfes Laufbahn zählt.

Irgendwann im Februar 1958 erzählte Lewis Hewitt, Millionär und Orchideenzüchter, Wolfe und Archie von dem Klub der Aristologen, einer Gruppe von zehn Männern, die im Essen und Trinken nach dem Vollkommenen strebten.

Die zehn Feinschmecker veranstalteten jedes Jahr, und zwar immer am 1. April, ein Bankett. Diesmal richtete der Schiffsmagnat Benjamin Schriver das Essen aus, und Fritz Brenner sollte es kochen.

Nach einem längeren Disput über die korrekte Bedeutung des Wortes ›Aristologie‹ überließ Wolfe Fritz die Entscheidung darüber, ob er das ehrenvolle Angebot akzeptieren wolle oder nicht. Fritz sagte zu, nachdem er die Küche im Hause Schriver inspiziert hatte.

Am 1. April 1958, einem Dienstag, versammelten sich also die Bewohner des alten Braunsteinhauses nahezu vollzählig an der Stätte des Aristologendinners – Wolfe, weil er eingeladen war, Archie, weil Wolfe nirgendwo ohne ihn hinging, und Fritz, weil er als Küchenchef sowieso die Hauptperson war.

Die Bedienung bei Tisch besorgte wie immer eine Schar ausgesucht hübscher Mädchen, angehende Schauspielerinnen, die eine Theateragentur vermittelt hatte. Dies Detail war Wolfe unbekannt gewesen, sonst hätte er wohl dankend auf die Einladung verzichtet.

Alles verlief programmgemäß, bis Vincent Pyle, Theaterfinanzier und Wallstreetmann, der rechts neben Archie saß, seine Gabel fallenließ, das Gesicht verzerrte und im Eiltempo auf die Tür zusteuerte. Wie sich später herausstellte, war seine Portion Blini mit Kaviar zusätzlich mit einer Prise Arsen abgerundet worden. Wolfe rückte dem Mörder mit einem ausgeklügelten technischen Apparat zu Leibe und erwischte ihn in flagranti.

Philip Harvey, Verfasser von ›Warum die Götter lachen‹ und Sprecher des Vereinigten Komitees Amerikanischer Autoren und Verleger, betraute Wolfe mit einem recht ungewöhnlichen Auftrag. In den vergangenen vier Jahren waren fünf namhafte Autoren des Plagiats beschuldigt worden; in jedem Fall handelte es sich bei dem Kläger um einen obskuren Schreiberling, der eine hohe Entschädigungssumme forderte und auch zugesprochen bekam. Das Ganze sah nach organisiertem Betrug aus, und Wolfe sollte der Sache auf den Grund gehen.
Wolfe verlangte einen Spesenvorschuß von 5000 Dollar und machte sich an die Arbeit.
Es blieb jedoch nicht bei literarischem Diebstahl; sehr bald kam noch Mord hinzu.
»Ich stieß die Tür auf und trat ein«, schreibt Archie. »Die Bewohnerin der Klause lag auf dem Boden. Eines ihrer hübschen Beine war ein wenig angewinkelt. Auf dem Kittel, in Höhe des Herzens, war ein handtellergroßer dunkelroter Fleck. Ich sah mich um. Alles war wie es sein sollte – bis auf die Tote. Ich sagte laut und mit Gefühl: ›Dieser gottverdammte Schuft!‹«
Wer hätte gedacht, daß ausgerechnet ein Kinderbuch mit dem Titel ›Die Motte, die Erdnüsse aß‹ Wolfe den entscheidenden Fingerzeig liefern würde.

»Eines Tages werden Sie sich die Finger verbrennen, und das wird ein Freudentag für mich sein.«
Inspektor Cramer zu Nero Wolfe, ›Tod eines Dämons‹

»Das ist der Revolver, mit dem ich meinen Mann nicht erschießen werde«, sagte Mrs. Barry Hazen zu Wolfe. Archie hatte nicht erwartet, daß der erste Klient des Jahres 1960 einen solch billigen Theatercoup landen würde.

Lucy Hazen hatte fernmündlich um eine halbstündige Zusammenkunft mit Wolfe gebeten. Sie wollte ihm hundert Dollar dafür zahlen, und er brauchte dabei nichts zu tun als ihr zuzuhören.

Ende des Jahres, wo das Finanzamt praktisch den Rahm abschöpfte, hätte Wolfe das Ansinnen abgelehnt, aber zu Beginn des Jahres war selbst ein magerer Hunderter willkommen. Folglich stimmte er zu.

Bevor Mrs. Hazen Wolfe ihr Herz ausschüttete, stellte sie eine Bedingung: sollte ihrem Mann etwas zustoßen, dann müsse Wolfe die Polizei über ihren Besuch und alles, was sie ihm dabei anvertraut hätte, informieren.

»Die Geschichte wird Sie bei der Polizei stark belasten«, warnte Wolfe.

»Nicht, wenn ich unschuldig bin.«

»Irrtum. Falls man den wirklichen Täter nicht bald erwischt, wird sich die Polizei an Sie halten.«

Als Archie wenig später das Radio einschaltete, hörte er in den Zwölf-Uhr-Nachrichten, daß man auf der West Side von Manhattan, in einer Sackgasse bei der Norton Street, die Leiche von Barry Hazen gefunden hatte. Er war in den Rücken geschossen worden und schon seit mehreren Stunden tot.

Thomas G. Yeager machte auf Archie zunächst keinen vielversprechenden Eindruck. Es war im Mai 1960, in Nero Wolfes Kasse herrschte Ebbe, und lukrative Aufträge gab es auch keine. Archie war, wie gesagt, skeptisch, aber der potentielle Klient entpuppte sich als ein Vizepräsident der Continental Plastic Products mit Büros im Empire State Building.

Mr. Yeagers Anliegen war nicht der Rede wert; er glaubte, daß er beschattet würde, und Archie sollte feststellen, ob Yeagers Verdacht zu-

traf. Ein Kindergarten-Job, den Archie nur aus Langeweile akzeptierte.
Aber sehr bald wendete sich das Blatt. Mr. Yeager meldete sich nicht mehr, und als Archie in Yeagers Wohnung anrief, drang ihm das heisere Organ seines speziellen Freundes Purley Stebbins ans Ohr. Die Erklärung dafür lieferte Lon Cohen. Yeagers Leiche war inzwischen in einer Ausschachtung in der 82nd Street entdeckt worden.
Nun rannten die Klienten Wolfe förmlich die Bude ein, es waren viel zu viele. Aber es zahlte sich für ihn aus. »Und nun zu meinem Honorar«, sagte Wolfe nach erfolgreicher Beendigung des Falles. »Finden Sie, daß ich meine Dienste mit fünfzigtausend Dollar zu hoch bewerte?«
Die mageren Zeiten waren wieder einmal vorbei.

Als Lily Rowan hörte, daß Harvey Greve zur größten Rodeoveranstaltung der Welt nach New York kommen würde, wollte sie ihm zu Ehren eine Party geben, der ein Lassowettbewerb vorausgehen sollte. Sie dachte sich die Sache so: ein Cowboy würde durch die 63nd Street reiten, und die anderen müßten versuchen, ihn aus etwa 30 Meter Höhe, von Lilys Penthaus aus, mit dem Lasso einzufangen.
Der Clou der anschließenden Schmauserei sollten junge Birkhähnchen sein, die im August ungefähr zehn Wochen alt und mit Bergheidelbeeren schön angemästet sind. Nach Archies Meinung sind sie wohlschmeckender als alles Geflügel, das Fritz je zubereitet hat, Wachtel und Fasan nicht ausgenommen.
»Ein Jammer, daß Sie Lily nicht leiden können«, sagte Archie zu Wolfe. »Die Birkhähnchen sind nämlich eine Delikatesse.«
»Ich habe nichts gegen Miss Rowan«, erwiderte Wolfe und leckte sich die Lippen, »aber ich denke nicht daran, sie um eine Einladung zu bitten.«
»Natürlich nicht. Damit würden Sie sich was vergeben —«
»Aber Sie können mich ja fragen, ob ich eine Einladung akzeptieren würde.«
»Würden Sie?«
»Ja.«
»Okay. Lily bat mich, Sie einzuladen, aber ich wollte erstmal vorfühlen, bevor ich für Sie fest zusagte.«
So kam es, daß Wolfe und Archie an der Party teilnahmen. Wade Eisler, der Geldgeber der Rodeoveranstaltung, hatte freilich nichts mehr davon. Er war schon tot, als Archie ihn aufstöberte. Der Mör-

der hatte gründliche Arbeit geleistet und ihm ein Lasso zwölfmal um den Hals gewickelt.

Archie Goodwin war wieder mal stellungslos.
Im Laufe seiner vieljährigen Zusammenarbeit mit Nero Wolfe war das schon an die dreißig-, vierzigmal passiert; zuweilen ging die Kündigung von Archie aus, zuweilen von Wolfe; wer den Rekord hielt, war nicht mehr festzustellen.
Als Archie an jenem Abend im September 1960, nach einem Krach mit Wolfe, das alte Braunsteinhaus wie üblich für immer verließ, stieß er auf der Vortreppe mit einer hübschen jungen Frau zusammen. Sie hieß Mira Holt und wollte eigentlich Wolfe konsultieren. Archie riet ihr davon ab, und so erzählte sie statt dessen ihm ihre ebenso hirnrissige wie phantastische Geschichte.
Einer Wette wegen hatte sie sich das Taxi ihrer Freundin ausgeborgt; in New York gab es 93 Taxifahrerinnen, und ihre Freundin war eine davon. Später hatte sie dann auf dem Rücksitz des Wagens eine weibliche Leiche entdeckt, und es war ihr schleierhaft, wie die dorthin geraten war.
Archie nahm sich der verstörten Dame an gegen ein Pauschalhonorar von 50 Dollar. Dann entwickelten sich die Dinge mit verheerender Schnelligkeit.
Wolfe wollte die Hälfte von den 50 Dollar haben.
Archie zog eine Braue hoch. »Wozu?«
»Als Honorar. Sie haben mir bei so vielen Fällen geholfen, da ist es nur recht und billig, wenn ich jetzt Ihnen helfe. Übrigens, wenn Sie sich blamieren, bin ich auch blamiert, aber daran haben Sie natürlich nicht gedacht.«
Archie unterdrückte ein Grinsen und händigte Wolfe einen Zwanziger und einen Fünfer aus, und sie lösten den Fall gemeinsam.

Dreimal in der Woche – am Montag, Mittwoch und Freitag – gegen zwölf, sobald er seine Runde in einem Geschäftshaus in der Eighth Avenue hinter sich hatte, fand sich Pete Vassos in der 35th Street West ein, um Nero Wolfe und Archie Goodwin die Schuhe zu putzen.
An einem Montag im Dezember kam Pete eine Stunde früher als sonst, und das Grinsen, mit dem er Archie bedachte, fiel reichlich schief aus.
»Heute müssen Sie Nachsicht mit mir haben«, sagte er. »Warum ich

zu früh komme? Es ist etwas passiert. Ich gehe in Zimmer von Mr. Ashby, guter Kunde von mir, fünfundzwanzig Cents jeden Tag, und niemand ist da. Fenster weit offen und sehr kalt im Zimmer.«

Mr. Ashby hatte sich allem Anschein nach aus seinem Bürofenster gestürzt und war zehn Stockwerke tiefer auf dem Pflaster gelandet.

Als auch Pete dranglauben mußte, und Cramer mit Petes Tochter Elma grob wurde, platzte Wolfe der Kragen. Er verklagte fünf Personen, Cramer miteingeschlossen, auf eine Million Dollar Schadenersatz und lockte damit den Mörder aus seinem Bau.

»Sie sind doch ein Genie, oder etwa nicht? Wie wären Sie denn sonst zu dem Ruf gekommen, daß Ihnen nichts unmöglich ist?«
Althea Vail zu Nero Wolfe, ›Erstens kommt es anders . . .‹

Sie sagte, ihr Name wäre Hattie Annis, und sie würde gern mit Nero Wolfe sprechen. Sie sah bestimmt nicht danach aus, als könnte sie Wolfe ein Honorar zahlen, aber sie erklärte, sie würde die ausgesetzte Belohnung mit ihm teilen.
Angemeldet war sie nicht. Wolfe befand sich gerade im Gewächshaus, und Archie wollte zur Bank gehen. Deshalb nahm er ihr nur das Päckchen ab, das sie ihm unter die Nase hielt, und sagte ihr, sie sollte um elf Uhr wiederkommen und sich inzwischen den abgerissenen Mantelknopf annähen lassen.
Als Archie von der Bank zurückkam, wartete wieder jemand auf der Vortreppe. Im Gegensatz zu Miss Annis gehörte der Besuch zu der Sorte von Weiblichkeit, die Wolfe zu sehen erwartet, wenn Archie ihn vorschriftswidrig mit Klienten überrumpelt. Es war eine junge Schauspielerin namens Tamiris (Tammy) Baxter, die sich ihrer Zimmerwirtin wegen Sorgen machte. Die Zimmerwirtin entpuppte sich als Hattie Annis, und die Sorge um sie war keineswegs unbegründet. Miss Annis entging mit knapper Not einem Mordanschlag. Und das Päckchen, das sie Archie übergeben hatte, enthielt 500 Zwanzigdollarnoten, alle miteinander waschechte Blüten.

Auch Mrs. Jimmy Vail war nicht angemeldet, und auch bei ihr ging es um Geld – um eine halbe Million Dollar. Jimmy, ihr Gatte, war entführt worden, und der Kidnapper, ein Mann namens Knapp, wollte 500 000 Dollar sehen, bevor er den teuren Jimmy wieder laufenließ.
Wolfe startete seine Ermittlungen mit einem Inserat in sämtlichen Abendzeitungen. Es hatte folgenden Wortlaut:
›An Mr. Knapp
Die Dame, deren Eigentum sich in Ihrem Gewahrsam befindet, hat mich engagiert. Ich bin über die Anweisungen, die Sie ihr telefonisch erteilten, nicht im Bilde und lege auch keinen Wert darauf, sie in Er-

fahrung zu bringen. Mein Auftrag besteht lediglich darin, dafür zu sorgen, daß sie ihr Eigentum unversehrt zurückerhält. Das ist der Zweck dieses Inserats.
Sollte sie hingegen ihr Eigentum gar nicht oder in hoffnungslos beschädigtem Zustand zurückerhalten, dann werde ich weder Zeit noch Mühe sparen, um Sie für den angerichteten Schaden zur Rechenschaft zu ziehen. Ich rate Ihnen, sich über meine Person zu informieren. Sie werden dabei feststellen, daß ich meinen Verpflichtungen nachzukommen pflege.

Nero Wolfe‹

Tatsächlich tauchte Jimmy zwölf Stunden später gesund und munter im Landhaus der Familie Vail auf. Damit hätte der Fall kurz und schmerzlos enden können, wenn nicht etwa zum gleichen Zeitpunkt der Leichnam einer Frau entdeckt worden wäre, die von ihrem eigenen Wagen überfahren worden war. Bei der Toten handelte es sich um Dinah Utley, die Privatsekretärin von Mrs. Vail.

Der Fall Vail brachte Wolfe netto 99 925 Dollar ein, ein hübsches Sümmchen, das es ihm erlaubte, sich ab Mai auf seinen Lorbeeren auszuruhen. Für Archie, der Nichtstun nicht vertragen kann, war der Sommer 1961 eine nervenaufreibende Zeit. Er lebte erst wieder auf, als er zu Beginn der Maiskolbensaison in Mordverdacht geriet, ein Ereignis, das Wolfe aus seinem Phlegma aufrüttelte.
Schuld an der ganzen Geschichte war Wolfes Vorliebe für junge Maiskolben. Er hatte mit einem Farmer namens Duncan McLeod aus Putnam County vereinbart, daß ihm jeden Dienstag sechzehn frisch gepflückte Maiskolben ins Haus geliefert wurden – acht für Wolfe, und je vier für Archie und Fritz. Die Kolben wurden bei starker Hitze in der Hülse geröstet und so aufgetragen; bei Tisch tat jeder Salz und Butter nach Belieben daran.
Die Maiskolbensaison dauerte vom 20. Juli bis zum 5. Oktober, und Wolfe freute sich schon immer auf den Dienstag. Deshalb nahm er es übel, als die Maiskolben an einem Dienstag im Oktober ausblieben.
McLeod belieferte auch Rusterman's Restaurant mit Maiskolben. Und an dem bewußten Dienstag wurde in einer Passage hinter dem Restaurant die Leiche von Kenneth Faber gefunden, eines redseligen jungen Mannes, der McLeod auf der Farm half. Irgend jemand hatte ihm mit einem Stück Rohr den Schädel eingeschlagen.
Wolfe saß im Vorderzimmer am Kamin und verbrannte Blatt für

Blatt sein Exemplar von Websters Neuem Internationalen Konversationslexikon — »ein subversives ekelhaftes Machwerk«; infolgedessen war er nicht in der Stimmung, einer Frau sein Ohr zu leihen.
Es blieb ihm aber gar nichts anderes übrig, denn Sally Blount ließ sich nicht abwimmeln. Ihr Vater Matthew Blount, Präsident der Blount Textil Corp., saß nämlich wegen Mordverdacht im Kittchen; die Polizei glaubte beweisen zu können, daß er das Schachgenie Paul Jerin vergiftet hatte.
Schauplatz des Verbrechens war der Schachklub ›Gambit‹, dem Blount als Mitglied angehörte. Jerin hatte sich erboten, mit den besten Schachspielern des Klubs zwölf Simultanpartien blind zu spielen. Das Turnier fand am 30. Januar 1962 statt im Klubhaus in der 12th Street. Es war bekannt, daß Jerin mit Vorliebe heiße Schokolade trank. Als er im Laufe des Abends darum bat, brachte ihm Blount eine ganze Kanne voll. Jerin starb zwanzig Minuten nach drei Uhr nachts im St. Vincent Hospital. An Gift.
Blount hatte eine große Dummheit begangen, aber der Mörder war er nicht. Es sah schon besser für ihn aus, als Archie eine zweite Leiche entdeckte. Dennoch gehörte viel List und Tücke dazu, den wahren Täter zu überführen.

Lucy Valdon, Witwe des Schriftstellers Richard Valdon, dessen Bücher Wolfe schätzte, wünschte Wolfe in einer sehr vertraulichen, streng privaten Angelegenheit zu konsultieren.
Die streng private Angelegenheit entpuppte sich als ein Baby, das Lucy Valdon eines Morgens auf ihrer Türschwelle gefunden hatte. An sein Strampelhöschen war ein Zettel geheftet, auf dem stand:

»Mrs. Richard Valdon,
dieses Baby ist für Sie, weil ein Junge
im Hause seines Vaters aufwachsen sollte.«

War Richard Valdon der Vater des Babys? Und wenn ja, wer war dann die Mutter des Babys? 148 Frauen kamen beiläufig dafür in Betracht, eine erkleckliche Anzahl; Richard Valdon hatte nicht umsonst im Ruf eines Don Juan gestanden. Und die einzige Person, die vielleicht Auskunft hätte geben können, war tot.
Dennoch verfügte Wolfe über einen bizarren Fingerzeig: vier Knöpfe vom Overall des Babys, vier Knöpfe, die ganz bestimmt nicht Massenanfertigung waren. Sie führten Archie auf eine vielversprechende Spur, aber am Ende der Fährte lag eine Leiche. Der ganze Fall war ein einziges großes Fragezeichen.

Er war an Archie adressiert – der ungewöhnlich große elegante cremefarbene Briefumschlag, und der Absender lautete:

James Neville Vance
219 Horn Street
New York 12, New York

Archie hatte den Namen noch nie gehört.
Das dicke Kuvert enthielt eine lange schmale Seidenkrawatte, ein teures Stück, das seine zwanzig Dollar gekostet haben mußte. Aber James Neville Vance hatte sich offenbar in der Adresse geirrt; er hätte die Krawatte besser in die Reinigung schicken sollen, weil sie an dem einen Ende einen vier Zentimeter großen Blutfleck hatte.
Später meldete sich der seltsame Mr. Vance auch noch fernmündlich. »Bitte, verbrennen Sie die Krawatte«, sagte er zu Archie. »Eigentlich wollte ich ... aber das spielt jetzt keine Rolle mehr. Vergessen Sie das Ganze. Tut mir leid, daß ich Sie belästigt habe.«
Aber Archie dachte gar nicht daran, das Ganze zu vergessen. Nun wollte er's genau wissen und stattete James Neville Vance einen Besuch ab. Doch besagter Gentleman behauptete schlankweg, daß er Archie Goodwin weder etwas zugeschickt noch per Telefon mit ihm gesprochen hätte.

Nero Wolfe und Archie erkannten den Besuch nicht wieder.
Daraufhin setzte er zu einer Rede an:
»Die Vereinbarungen der menschlichen Gesellschaft schließen nicht nur den Schutz vor Mord, sondern eine Vielzahl anderer Dinge in sich, und es ist leider wahr, daß die Neger von verschiedenen Annehmlichkeiten dieser Vereinbarungen ausgeschlossen sind. Das gilt, so sagt man, mitunter selbst für einen Mord. Denn in manchen Teilen Amerikas kann ein Weißer einen Schwarzen töten – wenn nicht ungestraft, so doch mit einer guten Chance, der Strafe zu entgehen. Das ist beklagenswert, und ich kann es dem schwarzen Mann nicht verdenken, wenn er es übelnimmt. Aber wie soll man diesen Zustand ändern? ...«
Es war die Rede, die Wolfe vor vielen Jahren in Kanawha Spa vor einer Gruppe von Köchen und Kellnern gehalten hatte, und die einen von ihnen bewegte, mit der Sprache herauszurücken. Paul Whipple, damals ein blutjunger Student der Harward Universität, hatte es Wolfe ermöglicht, den Mord an Philip Laszio aufzuklären. Und derselbe Paul Whipple, inzwischen wohlbestallter Anthropologieprofessor an der Columbia Universität, saß nun im roten Besu-

chersessel, um Wolfe in einer Familienangelegenheit zu Rate zu ziehen.

Paul Whipples 23jähriger Sohn Dunbar arbeitete bei der ROCC, dem Komitee für Bürgerrechte. Und Dunbar wollte Susan Brooke heiraten, ein weißes Mädchen, das auch in dem Komitee tätig war. Diese Verbindung paßte Whipple Senior und Frau absolut nicht. Wolfe fand das bedauerlich, sah aber nicht recht, was er in der Sache unternehmen könnte.

Aus der Familienangelegenheit wurde ein Kriminalfall, als Susan Brooke in ihrem Zimmer im dritten Stock einer Mietskaserne tot aufgefunden wurde. Dunbar Whipple entdeckte die Leiche und wurde prompt wegen Mordverdachts verhaftet.

Es sah bös für Dunbar aus, bis Wolfe beim Nachdenken über ein Diphthong auf das Tatmotiv kam, wohl das ungewöhnlichste Motiv, das je einen Verbrecher zum Mord trieb.

> »Sie sollen etwas für mich tun, das vielleicht
> kein anderer Mensch vollbringen könnte.«
> Rachel Brunner zu Nero Wolfe,
> ›Per Adresse Mörder X‹

Nach Ansicht vieler Bewunderer ist der Fall, den Archie Goodwin ›Per Adresse Mörder X‹ betitelte, der unbedingte Höhepunkt in Nero Wolfes Berufslaufbahn.
Er begann damit, daß Rachel Brunner in der 35th Street West erschien und Wolfe einen Scheck über 100 000 Dollar dedizierte. Dann wollte Mrs. Brunner wissen, ob Wolfe ein Buch mit dem Titel ›Hinter den Kulissen des FBI‹ gelesen hätte. Wolfe hatte es gelesen.
Besagtes Buch hatte Mrs. Brunner so tief beeindruckt, daß sie zehntausend Exemplare kaufte und an Kabinettsmitglieder, Richter des Obersten Bundesgerichts, an die Gouverneure sämtlicher Bundesstaaten, alle Senatoren, Abgeordnete, die Mitglieder aller gesetzgebenden Körperschaften, an Zeitungs-, Zeitschriften- und Buchverleger, an die Leiter von Handelsgesellschaften und Banken, an die Verantwortlichen von Rundfunk und Fernsehen, an Leitartikler, Bezirksanwälte, Professoren und Polizeichefs schickte.
Seit dieser Aktion wurden sie, ihr Sohn, ihre Tochter, ihre Sekretärin und ihr Bruder bei Tag und Nacht beschattet. Und sie vermutete, daß auch ihr Telefon angezapft worden war. Und ihr Privatleben wurde auf zahllose andere Art und Weise gestört. Und sie hatte es satt, und sie wünschte, daß Nero Wolfe den fortwährenden Belästigungen ein Ende machte. Für einen Vorschuß von 100 000 Dollar, den größten Vorschuß, der Wolfe je angeboten worden war.
Wolfe akzeptierte den Vorschuß und den Auftrag.
Dann erzählte Cramer Archie von dem seltsamen Mordfall Morris Althaus. Morris Althaus war in die Brust geschossen worden, aber die Polizei fand weder die Tatwaffe noch die Kugel. Ein verdammt ordentlicher Mörder. Althaus hatte seit Wochen Material für einen Artikel über das FBI gesammelt, und auch diese Unterlagen waren aus seiner Wohnung verschwunden.
Cramer fügte hinzu, ein Augenzeuge hätte gesehen, daß drei FBI-Männer in der Nacht, in der Althaus ermordet wurde, sein Appartementhaus in Greenwich Village gegen elf Uhr verlassen hätten.

»Ich kann viele Mörder namentlich aufführen, aber was nützt mir das, wenn ich keine Beweise habe, und außerdem sind mir die Hände gebunden.«
Nero Wolfe und Archie Goodwin hatten freie Hand, und sie machten Gebrauch davon.

Orrie Cather, Wolfes gelegentlicher Mitarbeiter, hatte die Absicht, eine reizende kleine Luftstewardeß namens Jill Hardy zu heiraten. Doch war er nebenher noch mit einer etwas zweifelhaften Dame namens Isabel Kerr eng liiert. Er wäre Isabel gern losgeworden, aber sie ließ sich nicht so leicht abschütteln. Das Problem nahm eine unerwartete Wendung, als Archie Goodwin im Boudoir ihrer Wohnung auf Isabels wohlgeformte Leiche stieß; man hatte ihr den elegant frisierten Kopf mit einem Marmoraschenbecher eingeschlagen.
Bei der Durchsuchung des Appartements fand die Polizei das Tagebuch der Ermordeten; aus ihm ging hervor, daß Orrie Cather der einzige Mann gewesen war, den sie je wirklich geliebt hatte, und daß er der Vater des Kindes war, das sie in sieben Monaten erwartete. Orrie wurde sofort verhaftet. Für die Polizei war er der Täter.
Wolfe und Archie glaubten an seine Unschuld und machten sich daran, den wirklichen Schuldigen aufzuspüren. Verdächtige, die ein Motiv gehabt hatten, gab es genügend, nur die Beweise fehlten. Ein obskurer Mathematiker, der schon seit langem tot war, lieferte ihnen endlich den Schlüssel zur Identität des Mörders.

Dritter Teil: Aus Archie Goodwins Papieren

»In Ihnen steckt, weiß Gott, haufenweise Material.«
Archie Goodwin zu Nero Wolfe, ›Die Gummibande‹

27 Nero Wolfes Lebensweisheit

»Ich bin ein Philosoph.«
Nero Wolfe bei zahlreichen Gelegenheiten

Betrachtungen

über den Beruf des Schriftstellers:
»Nichts korrumpiert einen Menschen mehr als ein Buch zu schreiben; die Versuchungen sind zahllos und überwältigend.«

über die prahlerische Tapferkeit:
»Es gibt zwei unterschiedliche Arten von Bravado; die eine wendet sich an ein Publikum, die andere ist einzig und allein nach innen gerichtet; es ist ein Bravado der Seele. Menschen des ersteren Typs möchten anderen, Menschen des letzteren Typs möchten sich selbst imponieren.«

über die Tüchtigkeit:
»Ein tüchtiger Mensch ist eine solche Seltenheit, daß wir ihn festzuhalten trachten, wenn wir ihn finden.«

über die Höflichkeit:
»Höflichkeit ist Privatsache, aber Anstand ist eine Pflicht, die wir dem Leben schulden.«

über Kultur:
»Mit der Bildung ist es wie mit dem Geld; sie fällt denen am leichtesten, die sie am wenigsten brauchen.«

über Schulden:
»Schulden sind etwas Widernatürliches. Sie sind die neidische Vergangenheit, die mit ihren toten Fingern die Gegenwart an der Kehle packt.«

über die Würde:
»Auf seine Würde pochen, heißt sie verlieren.«
»Nichts in der Welt ist so unzerstörbar wie die menschliche Würde.«

über die Kunst:
»Vorzügliche Leistungen beruhen auf der Kunst des Weglassens; das ist eines ihrer größten Geheimnisse.«

über Gefühle und Nachspeisen:
»Ich bevorzuge im Umgang mit beidem die angelsächsische Theorie: Unterkühl sie und versteck sie in deinem Bauch.«

über Angestellte:
»Jeder x-beliebige kann seinem Arbeitgeber gegenüber loyal sein; Millionen Menschen üben diese Tugend beständig Tag für Tag aus; es ist die stumpfsinnigste und gewöhnlichste Art von Treue.«

über die Freundschaft:
»Es gibt, wie man sagt, zwei sichere Wege, einen Freund zu verlieren; erstens, indem man ihm Geld leiht, zweitens, indem man die uneigennützige Liebe einer Frau für ihn anzweifelt.«

über die Freiheit:
»Nur Menschen, die bereit und willens sind, für sie zu kämpfen, haben überhaupt die Chance, für sie zu leben.«

über die Artigkeit gegen Frauen:
»Galanterie ist nicht immer ein Lakai der Wollust.«

über die Gastfreundschaft:
»Für mich hat die Beziehung zwischen Gast und Gastgeber etwas Heiliges. Der Gast ist das Juwel, das auf dem Kissen der Gastfreundschaft ruht. Der Gast ist König — und sollte sich nie mit einer geringeren Rolle begnügen.«

über Humanität:
»Wenige von uns besitzen Weisheit genug, um gerecht oder Zeit genug, um menschlich zu sein.«

über den blinden Eifer:
»Ungestüm ist nur dann eine Tugend, wenn jeder Aufschub gefährlich ist.«

über die Trägheit:
»Es ist stets klüger, sich, wenn man die Wahl hat, auf die Trägheit zu verlassen. Sie ist die stärkste Kraft in der Welt.«

über die Unschuld:
»Unschuld ist negativ und kann nie bewiesen werden; man kann bloß Schuld nachweisen.«

über das Recht und die Rechtsanwälte:
»Das Recht ist ein eifersüchtiges Monstrum. Es kann die faire und rasche Beendigung eines Geplänkels zwischen einem Individuum und der sogenannten Gesellschaft nicht ertragen, so lange es in seiner Macht steht, besagtes Geplänkel in eine scheußliche und ausgedehnte Balgerei zu verwandeln. Das Opfer muß sich, nicht zehn Minuten sondern zehn Monate lang, wie ein Wurm in seinem Griff winden. Ich mag das Gesetz nicht. Nicht ich sondern ein großer Dichter sagte durch den Mund einer seiner Gestalten, das Gesetz ist ein Esel.«
»Böses Blut ist für einen Anwalt das gleiche wie ein schlimmer Zahn für einen Zahnarzt.«
»Sehr wenige Leute mögen Anwälte. Ich mag sie auch nicht. Sie sind eingefleischte Duckmäuser. Sie glauben, jedes Ding hätte zwei Seiten, was absoluter Humbug ist. Sie sind unerträgliche Schwätzer.«

über das Lernen:
»Nur der Mensch, der zuwenig weiß, weiß zuviel.«

über das Leben:
»Es gibt keine Momente im Leben eines Menschen, die zu unerfüllt sind, um dramatisiert zu werden.«
»Das ganze Leben ist ein wahnwitziger und sinnloser Aufruhr von Materie, die ursprünglich nur dazu bestimmt war, den Raum auszufüllen, ohne ihn durcheinanderzubringen. Aber, o weh, hier sind wir mitten im Durcheinander, und um es erträglich zu machen, ist uns nichts Besseres eingefallen als mitzuwimmeln und ordentlich auf die Pauke zu hauen.«

über den Blitz:
»Wir können uns vor dem Blitz nicht schützen, wir können nur beobachten, wie er einschlägt.«

über das Glück:
»Wir bilden uns alle mehr auf unser Glück ein als auf unsere Leistungen.«

über die Lüge:
»Man sollte nur dann lügen, wenn man gewitzt genug ist, um den richtigen Zeitpunkt für einen Rückzieher zu erkennen, und wenn man weiß, wie man ihn auf elegante Art macht.«

über Millionäre:
»Nichts ist bewunderungswürdiger als die Seelenstärke, mit der Millionäre die Nachteile ihres Reichtums ertragen.«

über den Unverstand:
»Man kann den Unsinn wohl aus der Bibliothek seiner Vernunft verbannen, nicht aber aus der Arena seiner Triebe.«

über das Offensichtliche und das Subtile:
»Nichts ist offensichtlich in sich selbst. Was auf der Hand liegt, ist immer subjektiv. Drei Verfolger erfahren, daß der Flüchtling einen Zug nach Philadelphia bestiegen hat. Für den ersten Verfolger ist es offensichtlich, daß der Flüchtling nach Philadelphia gefahren ist. Für den zweiten Verfolger liegt es auf der Hand, daß der Flüchtling in Newark ausgestiegen und woandershin gefahren ist. Für den dritten Verfolger, der die Schlauheit des Flüchtlings kennt, ist es offensichtlich, daß er den Zug nicht in Newark verlassen hat, weil das zu offensichtlich wäre, sondern nach Philadelphia weitergefahren ist. Ein subtiler Verstand jagt in einer endlosen Spirale hinter dem Offensichtlichen her und erhascht es nie gänzlich.«

über Beleidigungen:
»Jedem, der bereit ist, sich unbeliebt zu machen, steht es frei, andere zu beleidigen.«

über die Armut:
»Pleite zu sein ist keine Schande sondern eine Katastrophe.«

über Forderungen anderer:
»Die wenigst beleidigende Art eine Bitte abzuschlagen besteht darin, sie gar nicht erst aussprechen zu lassen.«

über die Einkommensteuer:
»Ein Mensch, der die Einkommensteuer wegen des Ärgers und der Ausgaben verdammt, die sie ihm verursacht, ist bloß ein Hund, der die Zähne fletscht, und verwirkt sich jegliches Anrecht auf einen zivilisierten Meinungsaustausch. Aber man darf sie aus objektiven Gründen kritisieren. Die Regierung, ebenso wie das Individuum, gibt Geld aus, weil sie es ausgeben muß, weil sie es ausgeben möchte oder einfach, weil es zum Ausgeben da ist. Der letzte Gesichtspunkt ist

bei weitem der schäbigste. Nach meinem Dafürhalten dient ein Großteil der Milliarden, die dem Fiskus jedes Jahr zufließen, dem letztgenannten verwerflichen Zweck.«

über das Ressentiment:
»Privater Groll über eine generelle Feststellung ist ein Rückstand aus den barbarischen Zeiten der Götzenverehrung.«

über die Heiligkeit:
»Die Essenz der Heiligkeit ist Buße.«

über Geheimnisse:
»Die einzig wirklich sicheren Geheimnisse sind die, die man selbst vergessen hat.«

über die Zweifelsucht:
»Skepsis ist ein guter Wachhund, solange man weiß, wann man ihn von der Leine lassen kann.«

über Snobismus:
»Wenn der Vertreter einer bestimmten Gesellschaftsklasse zu drastischen finanziellen Einschränkungen gezwungen ist, läßt er zuerst seine Familie im Stich, geht dann nackt und gibt zuletzt seinen Klub auf.«

über den Stil:
»Es ist leichter, den persönlichen Stil eines Schreibers an einem Satz zu erkennen als an einem einzelnen Wort.«

über das Unterbewußtsein:
»Das Unterbewußtsein ist kein Grab; es ist eine Zisterne.«

über letztwillige Verfügungen:
»Letztwillige Verfügungen sind eine gefährliche Sache. Es ist erstaunlich, welches Unheil der Zorn eines Menschen auch dann noch anrichten kann, wenn die Gehirnzellen, die seinen Zorn speisten, schon längst verwest sind.«

»Kunststück, wo Sie zehntausend Bücher gelesen haben.«
Archie Goodwin zu Nero Wolfe, ›Vor Mitternacht‹

Wenn Nero Wolfe je im Leben den herkömmlichen Schulunterricht hatte, dann erwähnt er es jedenfalls nie. Wolfe ist offenbar ein Autodidakt und hat sich auf dem Wege der Selbsterziehung ein enormes Wissen angeeignet.

Hier haben wir einen Mann, dessen Zitate, Hinweise, Aussprüche beweisen, wie vertraut er mit dem Leben und Werk von Männern und Frauen ist, die Jahrhunderte umspannen: Galba (3 v. Chr.—69 n. Chr.); Vitellius (15—69); Tacitus (c. 55—c. 117); Konfuzius (551 bis 479); Montaigne (1533—1592); Greene (wohl eher Robert, 1558? bis 1592, als Graham, 1904); Shakespeare (1564—1616); Webster (1580? bis 1625?); Pascal (1623—1662); Dorothy Osborne (1627—1695); Bunyan (1628—1688); Voltaire (1694—1778); ›Erzählungen aus Tausend und einer Nacht‹ (erste englische Übersetzung, 1704—1717); Franklin (1706—1790); Casanova (1725—1798); Gibbon (1737—1794); Lamb (1775—1834); Cornwall (1787—1874); Ranke (1795—1886); Hugo (1802—1885); Nietzsche (1844—1900); Veblen (1857—1929); Yeats (1865—1939); Paul Laurence Dunbar (1872—1906).

Wolfe gestand jedoch einmal, daß ihm John Haringtons ›Alicia‹ nicht bekannt sei; vor Jahren, so sagte er ein andermal, hätte er Narboisin gelesen, aber seine Bücher nicht aufgehoben. Manch einer wird seinen heftigen Widerwillen gegen Browning beklagen.

»Lesen und Essen sind nämlich seine Lieblingsbeschäftigungen«, erzählt Archie Sally Blount in ›Gambit‹. »Ich lese viel«, sagt Wolfe in ›Über meine Leiche‹ zu Inspektor Cramer.

Das ist keine Übertreibung. Wolfe liest nicht schnell, aber hintereinanderweg, falls er nicht gestört wird. Manchmal liest er gleich drei Bücher auf einmal, was Archie gegen den Strich geht, weil er es angeberisch findet.

Bei jedem neuen Buch streicht Wolfe zärtlich mit der Hand über den Einband. Doch macht es ihm anscheinend nichts aus, einzelne Sätze oder ganze Abschnitte zu markieren oder die Blätter mit Eselsohren zu verzieren; letzteres passiert freilich nur, wenn ihm ein Buch nicht gefällt. Sonst benutzt er als Lesezeichen einen schmalen Goldstreifen, den ihm ein dankbarer Klient verehrt hat.

In dem Regal in Wolfes Büro stehen etwa zwölfhundert Bände; beispielsweise fünf Bibelübersetzungen in vier verschiedenen Sprachen; ferner alle vierundzwanzig Bände der ›Encyclopaedia Britannica‹. Wolfe nimmt gelegentlich einen Band heraus und liest aufs Geratewohl irgendeinen Artikel. Er besitzt eine prachtvolle Ausgabe von Shakespeares Werken. Seine Ausgabe von Spensers Schäfergedichten ist dunkelblau, punziert, handgebunden »von einem jungen Schweden in dieser Stadt, der im kommenden Winter höchstwahrscheinlich verhungern wird«. »Ich habe Franz Boas kennengelernt«, sagte Wolfe in ›Zu viele Köche‹, »und habe mir seine Bücher von ihm signieren lassen«. Das Regal enthält gebundene Exemplare von ›Lindenia‹, mehrere Werke über Toxologie und mindestens eine Abhandlung über Gefängnisreformen. Auch Hendersons ›United Yugoslavia‹ ist vorhanden.

Wolfe bezieht seine Bücher von Murger, der ihm in ›Die Liga der furchtsamen Männer‹ sämtliche Romane von Paul Chapin und in ›Die rote Schatulle‹ alle Nummern der ›Metropolitan Biographies‹ besorgte.

In den Fächern finden wir vermutlich auch ›Warum die Götter lachen‹ von Philip Harvey, ›His Own Image‹ von Richard Valdon, ›Alice im Wunderland‹ und möglicherweise ›The Wind in the Willows‹. Daß Hogbens ›Mathematics for the Millions‹ dort steht, wissen wir genau.

Über die Jahre hinweg hat Wolfe Hunderte von Büchern gelesen, wenn auch nicht immer seinem Regal einverleibt. In ›Die Liga der furchtsamen Männer‹ beendet er ›The Native's Return‹ von Louis Admic und beginnt ›Outline of Human Nature‹ von Alfred Rossiter. In ›Die rote Schatulle‹ liest er ›Die sieben Säulen der Weisheit‹ von T. E. Lawrence zum drittenmal. In ›Zu viele Köche‹ tröstet ihn das Buch ›Inside Europe‹ von John Gunther über die Schrecken der Bahnfahrt hinweg.

Obwohl Wolfe Romane und Gedichte durchaus nicht verachtet, besteht seine Lektüre vorwiegend aus Sachbüchern, wie die folgende Liste deutlich zeigt:

›Under Cover‹ von John Roy Carlson (›Booby Trap‹)

›The Sudden Guest‹ von Christopher La Farge; ›Love from London‹ von Gilbert Gabriel; ›A Survey of Symbolic Logic‹ von C. I. Lewis (›Zu viele Frauen‹)

Ein Band Gedichte von Mark Van Doren (›And Be a Villain‹)

Ein Buch von Laua Z. Hobson (›Das zweite Geständnis‹)
›Power and Plenty‹ von Thomas K. Finletter (›Immune to Murder‹)
›But We Were Born Free‹ von Elmer Davis (›Der Schwarze Berg‹)
›Beauty for Ashes‹ von Christopher La Farge, und ›Party for One‹ von Clifton Fadiman (›Vor Mitternacht‹)
›A Secret Underständing‹ von Merle Miller (›P. H. antwortet nicht‹)
›Der Fall‹ von Albert Camus (›Fourth of July Picnic‹)
›Weltfrieden durch Weltgesetz‹ von Grenville Clark und Louis Sohn (›Die Champagnerparty‹)
›Inside Russia Today‹ von John Gunther (›Methode drei‹)
›An Outline of Man's Knowledge of the Modern World‹, herausgegeben von Lyman Bryson (›Zu viele Klienten‹)
›Von Heiligen und Automaten‹ von Arthur Koestler (›Erstens kommt es anders . . .‹)
›African Genesis‹ von Robert Ardrey (›Gambit‹)
›Meine Reise mit Charley‹ von John Steinbeck und ›Der stumme Frühling‹ von Rachel Carson (›Das große Fragezeichen‹)
›Aufstieg und Fall des Dritten Reiches‹ von William Shirer (›Morde jetzt — zahle später‹)
›Mein Leben bei Gericht‹ von Louis Nizer und ›The Coming Fury‹ von Bruce Catton (›Treffpunkt Sackgasse‹)
›The Minister and the Choir Singer‹ von William Kunstler und ›Science: The Glorious Entertainment‹ von Jacques Barzun (›Wenn Licht ins Dunkel fällt‹)
›The Treasure of Our Tongue‹ von Lincoln Barnett (›Per Adresse Mörder X‹)
›Invitation to an Inquest‹ von Walter und Miriam Schneir (›Leiche in bestem Verhältnis‹)
Im zuletzt genannten Abenteuer kehrt Wolfe auch zu einem alten Liebling zurück, zum ›Dschungelbuch‹ von Kipling.
In ständigem Gebrauch ist natürlich auch der Webster; Wolfe schlägt beispielsweise fast immer strittige Ausdrücke im Lexikon nach und hält auch Archie dazu an.
Aber das Buch in Wolfes umfangreicher Kollektion, über dem er am häufigsten brütet, ist sein Atlas, ein Gouchard, das Beste vom Besten. Wolfe sitzt stundenlang darüber, faltet die Karten auseinander und versenkt sich in die Betrachtung von Südamerika, Kleinasien, Arabien oder Australien. Sagt Archie in ›Die rote Schatulle‹: »Sollten wir jemals einen internationalen Auftrag kriegen, dann

würden wir uns — egal, wo es auch sei — immer auf vertrautem Boden bewegen.«
Wolfe liest auch Zeitschriften (er bewilligt sich zwanzig Minuten pro Woche für das Studium von Anzeigen) und selbstverständlich mindestens eine Tageszeitung. Die ›New York Times‹ muß drei Tage lang greifbar sein und wird dann etwa einen Monat lang in einem Fach des Bücherregals gestapelt. Wolfe hält die Zeitung beim Lesen stets mit lang ausgestreckten Armen weit von sich weg, eine blödsinnige Methode, die Archie ihm aber nie ausgeredet hat, weil es die einzige Anstrengung ist, der Wolfe sich freiwillig unterzieht.
»Ich höre, daß Sie ein Bücherfreund sind«, sagte Julius Haft, der Verleger, in ›Das große Fragezeichen‹ zu Nero Wolfe.
Damit hat Julius Haft den Nagel auf den Kopf getroffen.

»Ich wußte natürlich, daß Sie sich Ihr Geld als Privatdetektiv verdienen, das weiß jeder; aber für mich besteht Ihr Ruhm in Ihrem Beitrag zur amerikanischen Küche – in Ihrer ›sauce printemps‹, Ihrer Austernpastete, Ihren ›artichauts drigants‹.«
Paul Rago zu Nero Wolfe, ›Fourth of July Picnic‹

Obwohl Mr. Nero Wolfe stets einen gefüllten Keller für seine Gäste und Klienten bereithält, trinkt er selbst nur Bier und Wein.
»Sie können einen recht ordentlichen Port haben«, sagt er einmal, »einen Solera, Stout aus Dublin, Madeira und einen vorzüglichen ungarischen Landwein, den ich direkt vom Winzer beziehe.«
Er servierte einmal zum Lunch einen 28er Markobrunner; ein andermal war es ein Château Latour aus dem Jahre 1929 (»Er würde sogar einen Tiger zum Schmeichelkätzchen machen.«) Frauen empfiehlt er meistens einen Pasti Grey Riesling, obwohl er persönlich sich nichts daraus macht.
Nichts ist ihm mehr verhaßt, als wenn jemand – und sei es auch nur ein Greifer von der Polizei oder ein Wesen weiblichen Geschlechts – in seinem Haus um einen bestimmten Drink bittet, der nicht auf Lager ist. In ›Vor Mitternacht‹ zum Beispiel servierte er seinen Gästen und Klienten: acht verschiedene Sorten Whisky, zwei Sorten Gin, zwei Sorten Cognac, eine Karaffe mit Port, eine andere mit Sherry; außerdem gab es noch einen Armagnac und vier verschiedene Fruchtliköre. Cocktailkirschen, Oliven, Zitronenschalen sowie andere Zutaten waren im Kühlschrank.
Zum Kaffee, im Büro, gönnt sich Wolfe, vor allem, wenn er einen Gast hat, ein Gläschen Remisier; 1948 gab es in den gesamten Vereinigten Staaten nur noch neunzehn Flaschen dieses edlen Cognacs und alle neunzehn ruhten in Wolfes Keller. Wenn er mit Archie allein ist, schlürft er seinen Remisier zu Fritzens Apfelkuchen.
Wir erfahren von Archie, daß Wolfe früher das Bier der Brauerei Remmers trank; Schreirers Bier mochte er nie.
Das Bier muß natürlich gut gekühlt sein; es muß eine Schaumkrone haben und darf nicht *zu* kalt sein.
Wolfe gießt sich ein Glas voll ein, wartet, bis sich der Schaum einen halben Zentimeter unter den Rand des Glases gesenkt hat und

trinkt. Er setzt das leere Glas ab, fährt sich mit der Zunge über die Oberlippe und poliert mit dem Taschentuch nach. Wenn Besuch da ist, nimmt er nur das Taschentuch.
Im Jahr 1934 trank Wolfe knapp sechs Liter Bier am Tag, fand dann aber, er müßte seinen Bierkonsum auf fünf Liter zurückschrauben; seiner Ansicht nach entsprechen fünf Liter zwölf Flaschen, denn »in einer Flasche ist kein halber Liter«. Von diesen zwölf Flaschen verputzt Wolfe etwa die Hälfte tagsüber, nach elf Uhr morgens, wenn er aus dem Gewächshaus kommt, und zwischen sechs Uhr nachmittags und dem Dinner. Nach dem Dinner trinkt er die anderen sechs, und wenn ihm ein Fall besonders viel Scherereien macht, werden es auch sieben oder sogar acht.
Hat er das Gefühl, daß er seine Ration überschritten hat, dann läßt er die leere Flasche zuweilen im Papierkorb verschwinden statt sie auf das Tablett zurückzustellen. Aber bei den Kronenverschlüssen mogelt er nie; er sammelt sie getreulich in der obersten Schublade seines Schreibtischs, zählt sie von Zeit zu Zeit und schimpft mit sich selbst, wenn zu viele da sind.
Mitunter ißt Wolfe zum Bier ›il pesto‹; sein Lieblingsrezept ist Canestroto Käse gemischt mit Anchovis, Schweineleber, schwarzen Walnüssen, Schnittlauch, Basilikum, Knoblauch und Olivenöl.
»Ich hab's selten erlebt, daß Wolfe sich, im Drang der Geschäfte, veranlaßt fühlte, eine Mahlzeit abzukürzen«, sagt Archie. Was das Überspringen einer Mahlzeit anbelangt, so sagt Wolfe in ›Der rote Bulle‹ zu Lew Bennett: »Ich habe selbst inmitten äußerst komplizierter und chaotischer Probleme nie eine Mahlzeit ausgelassen. Denn ein hungriger Magen«, so fügt er hinzu, »verdünnt das Blut und legt das Gehirn lahm.«
Nur zwei Sorten Gäste essen je an Wolfes Tisch: a) Männer, die Wolfe privat schätzt – insgesamt sind es acht, und nur zwei davon leben in oder in der Nähe von New York (»Der Chefredakteur der ›Gazette‹ speist einmal im Monat bei mir«, sagt Wolfe in ›Where There's a Will‹) – und b) Leute, die in einen gerade aktuellen Fall verwickelt sind. Um wen immer es sich auch handeln mag, Wolfe bemüht sich bei Tisch stets, Gesprächsthemen anzuschneiden, von denen er glaubt, daß sie seine Gäste interessieren. Beispielsweise eine Unterhaltung über Steingärten oder Tammany Hall, Kühlschränke oder die Republikaner, die Schriftrollen vom Toten Meer oder den Mechanismus des Geldes, über Kosmetika oder Polo, die Bedeutung der überhängenden Oberlippe des Kamels oder die Theo-

rie, daß die Engländer ihr Talent für Kolonisation dem miserablen Klima ihrer Heimatinsel verdanken.

Ein Thema ist allerdings bei Tisch tabu; über die laufenden Geschäfte darf nicht gesprochen werden; das ist eine eiserne Regel.

Wenn Gäste da sind, serviert mitunter Archie; aber meist sind Wolfe und Archie allein, und dann serviert Fritz oder Wolfe und Archie bedienen sich selbst.

Es gibt kaum etwas Eßbares, das Wolfe, wenn es angemessen zubereitet ist, nicht goutiert. »Nero Wolfe läßt sich in punkto Fressalien nichts abgehen«, sagt Archie mal.

Bei einer Gelegenheit zumindest bestand Wolfes Frühstück aus Orangensaft, Eier ›au beurre noir‹, zwei Scheiben gegrilltem Georgia Schinken, Kartoffelpürree, heißen Blaubeermuffins und einer Kanne Kakao. (Wie bereits erwähnt, trinkt Wolfe zum Frühstück nie Kaffee oder Tee.)

Ein typischer Lunch setzt sich zusammen aus Kalbsbrieschen in Béchamel-Sauce mit Trüffeln und Kerbel, einem Salat aus roten Rüben und Wasserkresse und Brie-Käse. Ein typisches Dinner (laut Archie) aus Muschelfrikadellen mit Chilisauce, in Rotwein geschmortem Rindfleisch, Kürbis mit saurem Rahm und kleingehacktem Dill, einem Salat aus Avocados und Wasserkresse mit Walnußkernen, Liederkrantz Käse, Kaffee.

Manchmal beginnt Wolfe seinen Lunch oder sein Dinner mit Anchovis und Sellerie oder mit einer Suppe — einer ziemlich exotisch anmutenden Kastaniensuppe, zum Beispiel, oder einer soliden Steckrüben- oder einer Zwiebelsuppe. Als Vorspeise schätzt er auch Früchte, wie die Jahreszeit sie bietet; Pfirsiche oder Melonen oder frische Ananas mit Hüttenkäse, und das alles in Weißwein getränkt.

Für Nero Wolfe ist eine Mahlzeit ohne Fleisch eine Zumutung. Da gibt es Kalbsvögel oder falsche Schildkröte (aus Kalbsleber), Rindsfilet mit Sauce Abano oder ein zartes Lendenstück vom Schwein in einer mäßig gewürzten braunen Sauce. Oder Lammnieren, vielleicht mit Pfefferschoten oder vielleicht à la montagne serviert mit Klößen (aus gehacktem Rindsmark mit Semmelmehl, Schnittlauch oder Petersilie, geriebener Zitronenschale, Salz und Eiern) und braunem Zucker; oder vielleicht nach einem Spezialrezept von Fritz: auf Spießchen gesteckt, in Olivenöl getaucht, mit Salz, Pfeffer, Thymian, Senf, Muskat gewürzt, acht Minuten auf beiden Seiten gegrillt und zweimal mit Butter bestrichen. Oder Schinken aus Georgia von Schweinen, die mit Erdnüssen und Eicheln gemästet wurden, oder

eine Wurst mit zehn verschiedenen Kräutern, die Wolfe mehrmals im Jahr von einem Schweizer bei Chappaqua bezieht, oder Schisch-kebab. Bei Schisch-kebab à la Wolfe legt man dünne Streifen von Lammfleisch einige Stunden lang in Rotwein, den man mit Thymian, Muskat, Pfeffer, Knoblauch würzt . . .
Archie beschwerte sich mal darüber, daß er in dem alten Braunsteinhaus in der 35th Street West überhaupt kein Cornedbeef vorgesetzt bekäme, aber das fiel in die Zeit, bevor Wolfe das Geheimnis von Cornedbeef-Haschee von Maryella Timms lernte. Das ganze Geheimnis war frisches Schweinsgekröse, leicht angebraten in Olivenöl und mit Zwiebelsaft gewürzt. Dadurch wurde der Pökelgeschmack gemildert und die natürliche Trockenheit des Fleisches beseitigt, ohne daß das Haschee zu fett oder zu fad ausfiel.
Mitte Mai jeden Jahres schießt ein Farmer bei Brewster achtzehn oder zwanzig Stare, steckt sie in einen Sack und befördert sie in seinem Wagen nach New York. Es ist vereinbart, daß sie spätestens zwei Stunden nach dem Abschuß an Wolfes Haustür abgeliefert werden müssen. Fritz richtet sie zu, salzt sie, bestreicht sie mit brauner Butter, wickelt sie in Salbeiblätter, grillt sie und serviert sie auf einer Platte mit heißer Polenta (einem Maisbrei mit Butter, geriebenem Käse, Salz und Pfeffer). Es ist ein kostspieliges aber leckeres Gericht, auf das Wolfe sich Jahr für Jahr freut, obwohl es jedes Mal eine Meinungsverschiedenheit mit Fritz hervorruft. Wolfe mag es mit Salbei, während Fritz viel frischen Estragon und eine Prise Safran vorzieht.
Tennessee-Opossum oder Eichhörnchenstew erscheint auch auf Wolfes Speisekarte, und einer seiner speziellen Leckerbissen (er ißt für gewöhnlich drei Portionen) ist in Sahne marinierte, in Mehl gewälzte, mit Salz, Pfeffer, Muskat, Nelken, Thymian und gestampften Wacholderbeeren gewürzte, in Olivenöl sautierte Taube, die auf Toast mit rotem Johannisbeergelee und Madeira-Sauce angerichtet wird.
Wolfe schwärmt ferner für ein vier Monate altes Hähnchen, das von Geburt an auf Heidelbeeren dressiert war, und das mit Pilzen, Estragon in weißem Wein gekocht oder mit Zwiebeln, Petersilie und Eiern und Mais zu einem Pudding verarbeitet wird.
Aus Aal hingegen macht er sich nichts. Dafür verdrückt er Alsenrogen in ungeheuren Mengen, und auch hierbei gerät er sich jedes Jahr, in der Alsensaison, mit Fritz in die Haare. Was Schweineschmalz, Anchovisbutter, Kerbel, Schalotten, Petersilie, Lorbeerblatt,

Pfeffer, Majoran und Rahm anbelangt, sind sie sich einig; der ewige Stein des Anstoßes sind die Zwiebeln. Fritz ist dafür, Wolfe ist unbedingt dagegen.
Weitere Favoriten sind Austernpastete, in Butter, Hühnerbrühe und Sherry, gedünstete Schildkröte, Newburgh-Hummer, Philadelphia-Schildkrötensuppe, Scholle mit Käsesauce, Kammuscheln und Bouillabaisse.
»Ich habe Bouillabaisse in Marseille gegessen«, sagte Wolfe zu Jerome Berin, »in dieser Stadt, die Wiege und Tempel dieser göttlichen Speise ist. Das war damals, als ich noch jünger und beweglicher war. Aber diese Bouillabaisse in Marseille ist nur ein Fraß für Bierkutscher; wenn man sie mit der Bouillabaisse in New Orleans vergleicht . . .«
Und wir dürfen natürlich nicht Wolfes berühmte Forelle Montbarry vergessen. Er bereitet sie mit Petersilie, Zwiebeln, Schnittlauch, Kerbel, Estragon, frischen Pilzen, Cognac, Semmelmehl, Eiern, Paprika, Tomaten und Käse zu.
Ein Gericht für heiße Tage ist der brasilianische Hummersalat. Laut Wolfe nimmt man dazu acht kleine Hummern, acht Avocados und einen Kopf Salat und fügt Zwiebeln, Petersilie, Tomatenmark, Mayonnaise, Salz, Pfeffer, Paprika, Pimiento und einen trockenen Weißwein dazu. Als Nachtisch folgt Heidelbeerkuchen mit Schlagsahne.
Manchmal wählt Wolfe als Hauptgang ein Omelett à la Fritz: es besteht aus vier Eiern, Salz, Pfeffer, einem Teelöffel Estragonbutter, zwei Teelöffeln Sahne, zwei Teelöffeln Weißwein, einer Prise kleingehackter Schalotten, einer Vierteltasse Mandeln und zwanzig frischen Pilzen; es ist bekannt, daß Fritz daran dachte, die Komposition in letzter Minute mit einem Klecks Aprikosenmarmelade abzurunden, doch Wolfe wollte nichts davon hören. Gemüse kommen selten auf den Tisch außer beispielsweise als eine Art Eintopf, von Wolfe und Fritz hochtrabend ›cassoulet Castelnaudary‹ genannt; Archie nennt es schlicht Bohnen mit Fleisch.
Wolfe ißt auch leidenschaftlich gern Krapfen – Reis- und Pilzkrapfen mit schwarzer Johannisbeermarmelade, zum Beispiel, oder Maiskrapfen und dazu Honig, Würstchen und eine Schüssel Salat.
Obwohl Wolfe, wie wir gesehen haben, ein Meister der ausländischen Küche ist, beschränkte er sich bei dem Dinner, das er in Kanawha Spa zusammenstellte, weise auf die amerikanische Spielart der feinen Küche. Es folgt nun das Menü wie es am Donnerstag-

abend, den 8. April 1937, unter Wolfes Leitung den ›Quinze Maîtres‹ und ihren Gästen serviert wurde:

Austern in der Schale gebacken
Schildkrötensuppe Maryland   Brötchen aus Blätterteig
In der Pfanne geschmorter junger Truthahn
Reiskroketten mit Quittengelee
Limabohnen in Sahne   Sally Lunn[1]
Avocado Todhunter
Ananaseis   Biskuitgebäck
Wisconsin Käse   Kaffee

Dazu wurde Rotwein gereicht.

[1] Sally Lunn ist ein leichter Teekuchen, der heiß mit Butter gegessen wird.

> Diesmal prangten im kühlen Raum die Odontoglossum mit ihren langen gelb, rosa und weiß gefleckten Rispen; im tropischen Raum sprenkelten Miltonia hybrida und Phalaenopsis die Wände bis zum Glasdach mit rosa und grünen und braunen Farbklecksen, und im warmen Raum war wie immer jeder Fußbreit mit Cattleyas bedeckt.
> Archie Goodwin, ›Die Champagnerparty‹

Der Leser, der Nero Wolfes Leidenschaft für Orchideen teilt — oder gern teilen würde —, wird vieles Wissenswerte und Interessante in dem Band ›Orchideen: Pflanzenkunde und Kultur‹ von Alex D. Hawkes (1961) finden. Mit freundlicher Erlaubnis der Verleger, Harper und Row, bringen wir hier eine Beschreibung jener Orchideengattungen, die in unserem Text vorkommen.

Brassavola:
Die in etwa fünfzehn Arten verbreitete Brassavola ist wegen ihrer farbenprächtigen üppigen Blüten mit Recht beliebt. Ihr Wohngebiet erstreckt sich von Jamaika und Mexiko bis Bolivien, Brasilien und Peru. Die meisten Arten haben zylindrischen Stammknollen (Pseudobulben), gekrönt von einem einzigen ebenfalls zylindrischen fleischigen Blatt. Diese leicht zu pflegende Orchideengattung sollte ein wesentlicher Bestandteil jeder Sammlung sein.

Brassocattleya:
Eine Kreuzung zwischen Brassavola und Cattleya. Diese attraktiven sehr auffälligen Hybriden sind gärtnerisch als Brassocattleya, in der Naturwissenschaft jedoch als Rhyncholaelia und gemeinhin als Brassavola bekannt, welch letzterer Gattung sie früher auch zugezählt wurden. Wildwachsend bevorzugen sie kleinere Bäume in verhältnismäßig trockenen Regionen. Verbreitungsbereich: Mexiko und Mittelamerika. Es sind zwei Arten bekannt, aus denen inzwischen eine Unzahl von Hybriden entstanden sind.

Cattleya:
Die Cattleyas sind bestimmt die bekannteste Gattung der großen

Orchideenfamilie und mit ihren zahllosen Unterarten und Varietäten am häufigsten in Kollektionen anzutreffen. Die Gattung hat es auf 65 Arten gebracht, die sich von Mexiko über Bolivien, Paraguay bis Argentinien verteilen, mit Entwicklungszentren in Brasilien und den Anden. Die pompösen Blüten sind von unvergleichlicher Pracht und mittlerweile so bekannt geworden, daß sich die Beschreibung erübrigt. Sie wechseln stark in den Farben — oft innerhalb einer einzigen Art oder Variante — haben jedoch meist ein röhrenförmiges Labellum und geschwungene ausgezogene Kelch- und Blütenblätter. Die Blüte ist von bestürzender Schönheit und kann Riesenausmaße erreichen.

Coelogyne:
Diese Gattung mit über 150 Arten ist im tropischen Asien von China bis Neuguinea und den Fidschi-Inseln verbreitet. Coelogyne gehört in Orchideensammlungen zu den beliebtesten Schaustücken, speziell mit einigen ihrer sehr reizvollen Hybriden. Sie produziert oft einen wahren Blütenregen. Die Blüte selbst wirkt wie in Wachs getaucht und kommt meist in Schattierungen von Braun, Gelb oder Grün vor. Sie duftet häufig sehr intensiv und hält sich über lange Zeiträume. Die bekannteste der sogenannten ›schwarzen‹ Orchideen — C. pandurata — gehört zu dieser Gattung.

Cymbidium:
Die Gattung umfaßt etwa 70 Arten, die man in den tropischen und subtropischen Zonen Asiens und auf den benachbarten Inselgruppen findet. Typisch für die Pflanze sind die kurzen Pseudobulben und die langen bandförmigen lederigen Blätter. Sie hat aufrechtstehende oder herabhängende Blütentrauben; die Blütengröße wechselt von klein bis sehr groß. Die Färbung ist äußerst mannigfaltig und reicht von weiß oder gelb bis zu einem dunklen Kastanienbraun. Cymbidium gehört zu den populärsten und meist gezüchteten Orchideengattungen. Es gibt sogar eine internationale Cymbidium-Gesellschaft, die sich dem Studium dieser Pflanze widmet.

Dendrobium:
Dies ist eine der artenreichsten Gattungen mit über 1500 Spezies, die breit gestreut in den asiatischen Tropen und auf den benachbarten Inseln bis zu den Fidschi-Inseln vorkommen. Viele Dendrobiumarten sind bei Orchideenzüchtern sehr beliebt wegen ihrer hübschen

ungezählten Blüten. Die Pflanzen besitzen normalerweise verdickte Pseudobulben und wechselständige, mehr oder minder fleischige Blätter, die ziemlich häufig abgeworfen werden. Die in Trauben oder Büscheln angeordneten Blüten sind nach außen gebogen, die beiden miteinander verwachsenen seitlichen Kelchblätter bilden einen mehr oder minder ausgeprägten Sporn. Die Lippe ist oft auffallend gefärbt und größer als die anderen Blütensegmente. Viele Arten haben starkduftende Blüten, und es gibt bereits eine beachtliche Zahl von Hybriden. ›Dendrobium nobilius‹, die in unserem Text namentlich angeführt wurde, ist in Indien und Burma beheimatet.

Laelia:
Diese Gattung mit mehr als 75 Arten wird von Sammlern sehr geschätzt. Ihr Verbreitungsgebiet reicht von Mexiko bis Kuba und Argentinien mit dem Schwerpunkt in Brasilien. Die Pflanzen ähneln, was Lebensweise und Blüte anlangt, zumeist der Cattleya, obwohl die Blütenblätter der Laelia schmäler sind und das Labellum weniger dekorativ. Mehrere Arten haben Zwergwuchs und tragen in Ähren angeordnete leuchtend orangefarbene oder gelbe Blüten von großer Schönheit; andere erreichen gigantische Dimensionen mit Blütenständen von über drei Metern Länge.

Laeliocattleya:
Eine bigenerische Kreuzung zwischen Laelia und Cattleya.

Miltonia:
Miltonia findet man in etwa zwanzig Arten von Costa Rica bis Brasilien, und zwar vornehmlich in den Anden. Die Gattung verteilt sich auf zwei vom Standort her unterschiedliche Hauptgruppen, von denen sich die in großer Höhe angesiedelten Arten bei den Sammlern allgemeiner Beliebtheit erfreuen (und, als Aggregation, ›Stiefmütterchen-Orchideen‹ genannt werden wegen der Form und Zeichnung ihrer Blüten). Die zweite im tropischen Urwald Brasiliens beheimatete Gruppe ist in unseren Gewächshäusern ein verhältnismäßig neuer Gast. Die Pflanzen besitzen entweder einzelne große Blüten oder ungeheuer üppige Blütentrauben. Bei den Anden-Arten sind sie gewöhnlich weiß oder rosa, oft mit einem grellen karmesin- oder magentaroten Fleck in der Mitte, während die brasilianischen Arten mehr gewissen Odontoglossum-Arten ähneln, einer Gattung, mit der sie eng verwandt sind; diese haben gelb oder grünlich getönte

sternförmige Segmente, die braun, purpurn oder magentarot gestreift, gebändert oder gefleckt sind.

Oncidium:
Zu dieser Gattung gehören schätzungsweise 750 verschiedene Arten, die über Nord- und Südamerika von Südflorida über Mexiko bis Argentinien verbreitet sind. Sie sind heutzutage in Sammlungen häufig vertreten und gehören zu den kostspieligsten und dekorativsten Orchideen. Die Form und Fülle ihrer gelben und braunen äußerlich ziemlich einheitlichen Blüten hat ihnen den Namen ›Goldregen‹ eingetragen.

Odontoglossum:
Dies ist eine außerordentlich variable Gattung mit mehr als dreihundert Arten und vorwiegend in den höheren Regionen des tropischen Amerika heimisch. Sie sind mit Recht sehr beliebt. Die Blütenstiele entspringen der Basis der oft sehr dicken Pseudobulben und tragen bei manchen Arten eine einzige, bei anderen bis zu einem Dutzend großer Blüten mit wellig gekräuselten Blütenblättern. Von einem glänzenden reinen Weiß (zuweilen mit andersfarbigen Spritzern oder Punkten) variiert die Färbung über verschiedenerlei Gelbtöne bis zu Kastanienbraun.

Paphiopedilum:
Diese Gattung mit etwa fünfzig bekannten Arten ist besonders bemerkenswert wegen ihrer wunderschönen und sehr populären Hybriden. Sie ist weit verbreitet in ganz Südostasien von China über Indonesien bis Neuguinea. Die Angehörigen dieser Gattung werden wegen der Form ihrer Blütenlippe auch oft ›Frauenschuh‹ genannt; infolgedessen laufen sie bei vielen Orchideenzüchtern irrtümlich unter der Bezeichnung Cypridedium, dem Namen einer Orchideengattung der nördlich gemäßigten Zone, die mit Paphiopedilum nur entfernt verwandt ist. Das Schwergewicht selbst der kleinsten Orchideensammlung bilden heutzutage die Hybriden dieser Gattung, von denen viele Tausende künstlich erzeugt wurden.

Phalaenopsis:
Die legendären ›Mottenorchideen‹ – wie die Angehörigen dieser Gattung volkstümlich genannt werden – erfreuen sich sowohl bei Hobbyisten als kommerziellen Züchtern ungeheurer Beliebtheit. Die Zahl

der Hybriden ist astronomisch, und viele Arten werden in großen Mengen für den Blumenhandel gezogen, da die weißen Formen speziell für Hochzeitsbuketts geschätzt werden. Etwa siebzig Arten sind bekannt; ihr Wohnbereich erstreckt sich vom Himalaja durch Malaisia bis Indonesien und von Formosa durch die Philippinen nach Neuguinea und Queensland. Die Gattung hat einen kurzen Stengel mit wenigen oft sehr großen lederigen Blättern. Die Blütenstände mit einer einzigen oder mehreren Dutzend meist sehr haltbaren dekorativen Blüten sind manchmal verhältnismäßig kurz, manchmal in die Länge gezogen.

Vanda:
Von dieser Gattung sind mehr als siebzig Arten bekannt. Ferner gibt es Tausende prachtvoller Hybriden, die innerhalb der Gattung oder durch Kreuzung mit verwandten Gruppen erzielt wurden. Sie alle bilden einen Hauptbestandteil jeder Orchideensammlung von heute. Ihr Wohngebiet erstreckt sich von China über den Himalaja durch Südostasien und Indonesien bis Neuguinea und Nordaustralien. Die Blüten der verschiedenen Arten weichen im Aussehen stark voneinander ab, sind jedoch alle sehr groß, üppig und sehr haltbar.

Zygopetalum:
Zu dieser Orchideengattung gehören etwa fünfundzwanzig Arten, die in Venezuela und in Guayana, vorwiegend aber in Brasilien heimisch sind. Die Pflanzen produzieren wunderschöne, duftende lebhaft gefärbte Blüten, deren aufrecht stehende Stengel von der Basis der mittelgroßen Pseudobulben ausgehen. Wegen ihrer leuchtenden Farben – hellgrün, blau oder purpurrot – eignen sich diese Orchideen hervorragend als Ansteckblumen oder Schnittblumen; speziell eine bestimmte Art, ›Zygopetalum intermedium‹, spielt daher im Handel eine große Rolle.

»Sie mögen Geld.«
Distriktanwalt James Colvin zu Nero Wolfe,
›Immune to Murder‹

Es kostet monatlich mindestens 10 000 Dollar, um das alte Braunsteinhaus in der 35th Street West in Gang zu halten, und aus diesem kühlen Grund muß Nero Wolfe hohe Honorare verlangen.
»Vielleicht ist es schmutzige Arbeit«, sagte Wolfe in ›Zu viele Köche‹, »aber ich verkaufe mich nicht billig.«
In ›Über meine Leiche‹ sagt er zu Inspektor Cramer: »Wie Sie wissen, möchte ich bezahlt werden, wenn ich einen Auftrag übernehme. Ich versuche meine Habgier in gewissen Grenzen zu halten, möchte aber ein Honorar kassieren, selbst wenn ich, wie in diesem Fall, außer gutem Willen kaum etwas beigesteuert habe.«
»Guter Lohn macht hurtige Hände«, zitiert Nero Wolfe, und der Lohn beträgt meist 10 000 Dollar.
Zuweilen ist er aber viel höher: für seine Arbeit in der Lanzenschlangen-Affäre kassierte Wolfe insgesamt 60 000 Dollar; 50 000 Dollar betrug die Belohnung, die Mrs. Barstow für die Ergreifung des Täters ausgesetzt hatte, und 10 000 Dollar gewann Wolfe aufgrund einer Wette von seinem alten Feind Fletcher M. Anderson, damals noch Distriktanwalt von Westchester County.
Der Liga der furchtsamen Männer knöpfte er 56 915 Dollar ab, der Familie Sperling in ›Das zweite Geständnis‹ einen Scheck über 55 000 Dollar und der NIA in ›The Silent Speaker‹ einen über 100 000 Dollar.
Wolfe überwacht nicht nur die Einnahmen mit Argusaugen, er kontrolliert auch die Ausgaben. Er erhebt keinen Anspruch darauf, ein großzügiger Mensch zu sein. »Geben Sie nicht mehr aus als nötig und vermeiden Sie jegliche Extravaganz«, sagt er mahnend zu Archie. Und in ›Die goldenen Spinnen‹: »Ich verlange von Ihnen nicht, daß Sie bei Ihren Ausgaben knausern, doch muß ich jegliche Verschwendung untersagen.«
Doch Wolfe trägt auch sein Scherflein für die Freiheit bei. »Es handelt sich in der Hauptsache um Geldzuwendungen«, erklärt er in ›Der Schwarze Berg‹, »und ich bediene mich dabei höchst zuverlässiger Mittelsmänner.« Er unterstützte die Republikaner im spanischen

und wann der Liga der Jugo-
…ommen. Er bedenkt das ROCC,
…m kleinen aber regelmäßigen mo-

… er nicht mit der Wimper, als Archie
… Fiore statt hundert Dollar lieber tau-
… Während der Wirtschaftskrise zahlte er
… Architekten, zwanzig Dollar pro Tag für
… ›Die Liga der furchtsamen Männer‹. In ›P. H.
a… …kte er Johnny Keems' Witwe und Ella Reyes'
Mutte… …k über 16 666,67 Dollar.

Nachdem … der Gummibande abgeschlossen war, sagte Wolfe zu Archie: »Ic… …rhöhe Ihr Gehalt um zehn Dollar pro Woche rückwirkend vom letzten Montag.«

»Fünfzehn«, entgegnete Archie.

Wolfe seufzte und gab nach. »Verwünscht! Meinetwegen ... dann also fünfzehn.«

Wie hoch war Archies Gehalt in jenen Tagen?

Er berichtet uns, daß es »über den Daumen gepeilt dreimal so hoch« war wie sein Sold als Major im amerikanischen Nachrichtendienst. Im März 1942 wurde für diese Art von Sonderfunktion keine Gehaltszulage bewilligt. Die Grundlöhnung eines Majors mit weniger als drei Jahren Dienstzeit betrug 2400 Dollar jährlich; da Archie keine Familie hatte oder hat, stand ihm außerdem ein Wohngeld von 60 Dollar monatlich und ein Unterhaltszuschuß von 18 Dollar monatlich zu; beides hat er zweifellos nicht bezogen, wenn er bei Wolfe lebte, und das war fast den ganzen Krieg über der Fall.

Später verdiente Archie natürlich mehr. 1947, als er bei der Naylor-Kerr Corporation sein kurzes Gastspiel als ›Personalchef‹ gab, schlug Wolfe der Firma ein wöchentliches Gehalt von 200 Dollar vor. Und Wolfe fügte hinzu: »Ich habe dafür gesorgt, daß Sie bei der Firma das gleiche Gehalt bekommen wie bei mir.«

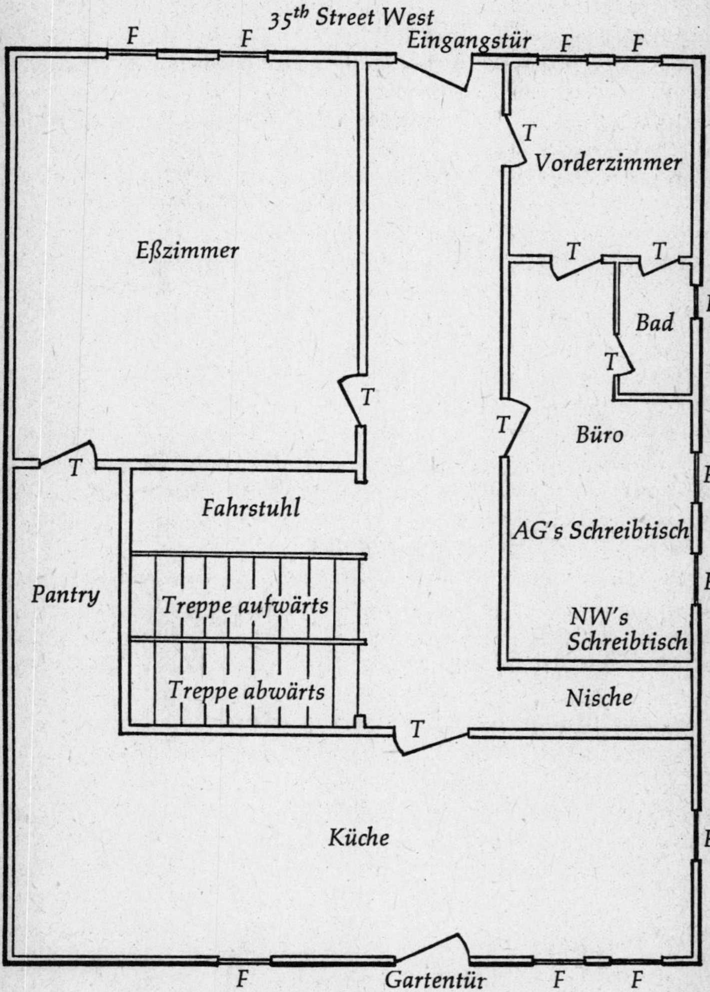

Das Erdgeschoß von Nero Wolfes Haus

»An alle, die es angeht:
Ich erkläre und bestätige hiermit, daß am Samstag, den 29. Januar 1966 . . .«

Der Mörder, ›Leiche in bestem Verhältnis‹

Ende 1892 oder Anfang 1893	Geburt Nero Wolfes und seines Zwillingsbruders Marko in Trenton, New Jersey.
Um 1900	Wolfes Mutter kehrt mit Nero und Marko nach Europa zurück. Läßt sich in Budapest nieder, heiratet einen Mann namens Vukcic. Geburt eines dritten Kindes. Gelegentliche Reisen nach Zagreb und Albanien. Nero und Marko hüten Ziegen, ›fangen Libellen‹ in den Bergen.
Ende 1911 oder Anfang 1912	Marko, der in Paris gearbeitet hat, kehrt in die Vereinigten Staaten zurück.
Mittwoch, den 23. Okt. 1912	Geburt Archie Goodwins auf einer Farm in Ohio.
1913	Eintritt Wolfes in den österreich-ungarischen Zivildienst und wenig später in den Geheimdienst. Geht in geheimer Mission nach Spanien; die Verfolgung führt ihn nach Algier, Ägypten und Arabien.
1914/15	Wolfe wird in ein verzweifeltes Abenteuer auf dem Balkan verwikkelt und von den Bulgaren gefangengesetzt, geht zu den Montenegrinern über und schließt sich der montenegrinischen Armee an.
1916	Wolfe ist »am Verhungern«, als die serbomontenegrinische Armee vernichtet wird, kämpft er »mit bloßen Händen gegen Maschinengewehre«.

1917/18	Landung der AEF in Europa. Wolfe läuft 600 Meilen, um sich den amerikanischen Truppen anzuschließen. Tötet angeblich 200 Deutsche. Wird, vermutlich in Frankreich, ehrenvoll aus den AEF entlassen.
1918–1920	Wolfe reist umher. Kehrt auf den Balkan zurück und »wird um eine Illusion ärmer«.
1921	Wieder in Montenegro adoptiert er die dreijährige Waise Anna. Er läßt sie, wie er glaubt, in guten Händen zurück und geht in die Vereinigten Staaten.
1922–1928	Dieser Zeitraum in Wolfes Leben ist nicht belegt. Es sind die Jahre, in denen er vielleicht viel gereist ist, viel gelesen und seine Weltkenntnisse erweitert hat. 1927 kommt es aus unbekannter Ursache zu einem Zusammenstoß mit Inspektor Cramer.
	Marko, der mittlerweile in London Dina Rossi geheiratet und wieder verloren hatte, kehrt nach New York zurück und gründet dort Rusterman's Restaurant.
1929	Rückkehr Wolfes nach Europa; besucht Zagreb, forscht vergebens nach Anna, landet im Gefängnis, muß innerhalb von 24 Stunden das Land verlassen. Rückkehr nach Amerika.
1930	Wolfe kauft das alte Braunsteinhaus in der 35th Street West, engagiert Archie Goodwin als Assistent, eröffnete seine Praxis als Privatdetektiv.
1930–1933	Der Fall Longren.
	Der Fall Fashalt.

	Der Fall Goldsmith.
	Die Kidnap-Affäre Williamson.
	Der »sehr hübsche« Fall von Erpressung.
	Der Fall Moschenden.
	Die Diplomatenklub-Affäre.
	Der Pine-Street-Fall.
	Der Fall des Burschen namens Hallowell.
1931	Der erste Fall mit Anthony D. Perry.
Ende 1932–Anfang 1933	Die Banister-Schurman-Affäre.
	Der Heuschnupfenfall.
	Der Fairmont-Avery-Fall.
Mittwoch, 7. Juni, bis Mittwoch, 21. Juni 1933	›Die Lanzenschlange‹, Nero Wolfes erster aktenkundiger Fall, in Buchform veröffentlicht im Jahre 1934.
Juni 1933–Oktober 1934	Die Whittemore-Affäre.
	Der Fall mit dem Mordskerl.
	Die höchst unrentable Mission.
Februar 1935	Der Zwischenfall, der Archie veranlaßte, künftig nicht ohne Schießeisen auszugehen.
Freitag, 2. November, bis Montag, 12. November 1934	›Die Liga der furchtsamen Männer‹, in Buchform veröffentlicht 1935.
Montag, 7. Oktober, bis Mittwoch, 9. Oktober 1935	›Die Gummibande‹, 1936 als Buch veröffentlicht.
Montag, 30. März, bis Samstag, 4. April 1936	›Die rote Schatulle‹, in Buchform veröffentlicht 1937.
Montag, 5. April, bis Freitag, 9. April 1937	›Zu viele Köche‹, in Buchform veröffentlicht 1938.
Juli 1937	Inspektor Cramer löst seinen eigenen Fall in ›Red Threats‹, in Buchform veröffentlicht 1939.
Montag, 12. September, bis Donnerstag, 15. Sept. 1938	›Der rote Bulle‹ in Buchform veröffentlicht 1939.
November 1938	Die Crampton-Gore-Affäre.
1938	Wolfe hört zum erstenmal von X.
November 1938	›Über meine Leiche‹, in Buchform veröffentlicht 1939.

Ende 1938, Anfang 1939	Der Fall Wetzler.
Freitag, 14. Juli, bis Sonntag, 16. Juli 1939	›Where There's a Will‹, in Buchform veröffentlicht 1940.
1940	Nicht belegt.
Donnerstag und Freitag im März 1941	›Schwarze Orchideen‹, in Buchform veröffentlicht 1942.
Montag, 18. August, bis Mittwoch, 27. August 1941	›Der Tod gibt sich die Ehre‹, in Buchform veröffentlicht in ›Schwarze Orchideen‹ 1942.
Anfang 1942	Archie, jetzt Major Goodwin, bügelt die Schweinerei unten in Georgia aus.
Montag–Mittwoch Anfang März 1942	›Not Quite Dead Enough‹, in Buchform veröffentlicht 1944.
Mittwoch, 9. Juni 1943	X telefoniert zum erstenmal mit Wolfe.
Montag, 9. August, bis Dienstag, 10. August 1943	›Booby Trap‹, veröffentlicht in Buchform in ›Not Quite Dead Enough‹ 1944.
Dienstag–Freitag im Mai 1944	›Sie werden demnächst sterben‹, veröffentlicht in Buchform in ›Trouble in Triplicate‹.
Donnerstag–Samstag im Oktober 1945	›Instead of Evidence‹, veröffentlicht in Buchform in ›Trouble in Triplicate‹ 1949.
Ein Dienstag im Oktober 1945	›Bullet for One‹, veröffentlicht in Buchform in ›Curtains for Three‹, 1950.
Vor März 1946	Die Chesterton-Best-Affäre. Der Fall Boedikker.
Dienstag, 26. März, bis Samstag, 6. April 1946	›The Silent Speaker‹, in Buchform veröffentlicht 1946.
April 1946	Der Fall Fremont und X' zweiter Anruf bei Wolfe.
Montag, 7. Oktober, bis Dienstag, 8. Oktober 1946	›Blei ist ungesund‹, veröffentlicht in Buchform in ›Trouble in Triplicate‹, 1949.
Dienstag, 18. März, bis Samstag, 5. April 1947	›Zu viele Frauen‹, veröffentlicht in Buchform 1947.

Montag, 9. Juni, bis Dienstag, 10. Juni 1947	›Man Alive‹, veröffentlicht in Buchform in ›Three Doors to Death‹, 1950.
Samstag, 18. März, bis Samstag, 3. April 1948	›And Be a Villain‹, veröffentlicht in Buchform 1948; X telefoniert zweimal mit Wolfe.
Dienstag, 6. Juli, bis Donnerstag, 8. Juli 1948	›Die offene Tür‹, veröffentlicht in Buchform in ›Three Doors to Death‹ 1950.
Sonntag, 5. Dezember, bis Dienstag, 7. Dezember 1948	›Door to Death‹, veröffentlicht in Buchform in ›Three Doors to Death‹, 1950.
Donnerstag, 16. Juni, bis Montag, 27. Juni 1949	›Das zweite Geständnis‹, veröffentlicht in Buchform 1948.
Sonntag, 14. August, bis Mittwoch, 17. August 1949	›The Gun With Wings‹, veröffentlicht in Buchform in ›Curtains for Three‹, 1950.
Montag–Mittwoch im März 1950	›Disguise for Murder‹, veröffentlicht in Buchform in ›Curtains for Three‹, 1950.
Donnerstag, 6. April, bis Freitag, 8. September 1950	›Sogar in den besten Familien‹, veröffentlicht in Buchform 1950. Archie entlarvt auf eigene Faust einen anonymen Briefschreiber und löst einen Versicherungsfall. Nach einem Zusammenstoß mit Arnold Zeck, bei dem das Gewächshaus in Trümmer geht, s. ›Das zweite Geständnis‹ (Juni 1949), taucht Wolfe unter. Nach Wolfes Rückkehr nach New York stirbt Arnold Zeck.
Januar oder Anfang Februar 1951	Der kleine Zusammenstoß mit einer Bande von Pelzräubern.
Montag, 19. Februar, bis Montag, 12. März 1951	›Orchideen für 16 Mädchen‹, in Buchform veröffentlicht 1951.
Dienstag, 31. Juli, bis Montag, 6. August 1951	›Home to Roost‹, veröffentlicht in Buchform in ›Triple Jeopardy‹, 1952.
Sommer 1951	Der Fall Pendexter.
	›The Cop-Killer‹, veröffentlicht in Buchform in ›Triple Jeopardy‹, 1952.

Montag—Mittwoch im Winter 1951/52	›The Squirt and the Monkey‹, veröffentlicht in Buchform in ›Triple Jeopardy‹, 1952.
Montag, 24. Juni, bis Montag, 30. Juni 1952	›Gast im dritten Stock‹, veröffentlicht in Buchform 1952.
Ein Freitag in der zweiten Hälfte 1952	›Invitation to Murder‹, veröffentlicht in Buchform in ›Three Men Out‹, 1954.
Ein Mittwoch im Oktober 1952	›This Won't Kill You‹, veröffentlicht in Buchform in ›Three Men Out‹, 1954.
Dienstag, 19. Mai, bis Freitag, 29. Mai 1953	›Die goldenen Spinnen‹, veröffentlicht in Buchform 1953.
Ein Mittwoch in der zweiten Hälfte von 1953	›The Zero Club‹, veröffentlicht in Buchform in ›Three Men Out‹, 1954.
Donnerstag, 11. März, bis Freitag, 19. März 1954	›Der Schwarze Berg‹, veröffentlicht in Buchform 1954.
Dienstag—Mittwoch im Mai 1954	›When a Man Murders‹, veröffentlicht in Buchform in ›Three Witnesses‹, 1956.
Sommer 1954	›The next Witness‹, veröffentlicht in Buchform in ›Three Witnesses‹, 1956.
Mittwoch—Donnerstag Ende 1954 oder Anfang 1955	›Die Like a Dog‹, veröffentlicht in Buchform in ›Three Witnesses‹, 1956.
Dienstag, 12. April, bis Dienstag, 19. April 1955	›Vor Mitternacht‹, veröffentlicht in Buchform 1955.
Samstag, 6. August, bis Donnerstag, 11. August 1955	›A Window for Death‹, veröffentlicht in Buchform in ›Three for the Chair‹, 1957.
Herbst 1955	Die Lamb und McCullough Versicherungsaffäre.
	›Immune to Murder‹, veröffentlicht in Buchform in ›Three for the Chair‹, 1957.
Montag—Dienstag Anfang 1956	›Zu viele Detektive‹, veröffentlicht in Buchform in ›Three for the Chair‹, 1957.

Montag, 9. April, bis Montag, 16. April 1956	›P. H. antwortet nicht‹, veröffentlicht in Buchform 1956.
Mittwoch, 4. Juli, bis Donnerstag, 5. Juli 1956	›Fourth of July Picnic‹, veröffentlicht in Buchform in ›And Four to Go‹, 1958.
Dienstag–Montag im Frühjahr 1957	›Easter Parade‹, veröffentlicht in Buchform in ›And Four To Go‹, 1958.
Montag, 20. Mai, bis Dienstag, 4. Juni 1957	›Der Schein trügt‹, veröffentlicht in Buchform 1957.
Oktober 1957	Der Fall der gestohlenen Wandteppiche.
Mittwoch, 5. Januar, bis Dienstag, 6. Januar 1958	›Christmas Party‹, veröffentlicht in Buchform in ›And Four to Go‹, 1958.
Montag, 5. Januar, bis Dienstag, 6. Januar 1958	›Ene Mene Mörder Mo‹, veröffentlicht in Buchform in ›Homocide Trinity‹, 1962.
Dienstag–Sonntag im März 1958	›Die Champagnerparty‹, veröffentlicht in Buchform 1958.
Dienstag, 1. April, bis Donnerstag, 3. April 1958	›Gift à la carte‹, veröffentlicht in Buchform in ›Three at Wolfe's Door‹, 1960.
Montag, 18. Mai, bis Mittwoch, 3. Juni 1959	›Das Plagiat‹, veröffentlicht in Buchform 1959.
Dienstag–Mittwoch im Januar 1960	›Tod eines Dämons‹ veröffentlicht in Buchform in ›Homicide Trinity‹, 1962.
Montag, 9. Mai, bis Samstag, 14. Mai 1960	›Zu viele Klienten‹, veröffentlicht in Buchform 1960.
Montag–Freitag im August 1960	›Mord beim Rodeo‹, veröffentlicht in Buchform in ›Three at Wolfe's Door‹, 1960.
Montag–Dienstag im September 1960	›Methode drei‹, veröffentlicht in Buchform in ›Three at Wolfe's Door‹, 1960.
Montag–Mittwoch im Dezember 1960	›Morde jetzt – zahle später‹, veröffentlicht in Buchform in ›Trio for Blunt Instruments‹, 1964.

Montag–Dienstag im Winter 1960/61	›Falschgeld gebündelt‹, veröffentlicht in Buchform in ›Homicide Trinity‹, 1962.
Dienstag, 25. April, bis Montag, 1. Mai 1961	›Erstens kommt es anders . . .‹, veröffentlicht in Buchform 1961.
Dienstag, 12. September, bis Freitag, 15. September 1961	›Treffpunkt Sackgasse‹, veröffentlicht in Buchform in ›Trio for Blunt Instruments‹, 1964.
Montag, 12. Februar, bis Freitag, 16. Februar 1962	›Gambit‹, veröffentlicht in Buchform 1962.
Dienstag, 5. Juni, bis Montag, 9. Juli 1962	›Das große Fragezeichen‹, veröffentlicht in Buchform 1963.
Dienstag, 7. August, bis Donnerstag, 9. August 1962	›Blood Will Tell‹, veröffentlicht in Buchform in ›Trio for Blunt Instruments‹, 1964.
Montag, 24. Februar, bis Freitag, 13. März 1964	›Wenn Licht ins Dunkel fällt‹, veröffentlicht in Buchform 1964.
Dienstag, 5. Januar, bis Freitag, 15. Januar 1965	›Per Adresse Mörder X‹, veröffentlicht in Buchform 1965.
Samstag, 29. Januar, bis Montag, 7. Februar 1966	›Leiche in bestem Verhältnis‹, veröffentlicht in Buchform 1966.
Donnerstag, 17. August, bis Freitag, 8. September 1967	›Die Sünden der Väter‹, veröffentlicht in Buchform 1968.

Apologie und Dank

Kaum jemand weiß besser als der Autor, wie lückenhaft dieser erste Bericht über das Leben und Wirken Nero Wolfes von der 35th Street West ist.

Zum Beispiel würden wir gern mehr, viel mehr, über die erste Begegnung zwischen Wolfe und Archie erfahren. Mr. Wolfe weigert sich schlankweg, darüber zu sprechen. Archie Goodwin wechselt das Thema. Rex Stout beruft sich auf die Loyalität, die er seinem Klienten schuldet. Doch wir glauben, daß die Geschichte eines Tages erzählt werden wird.

Unterdessen meinen herzlichen Dank:

dem verstorbenen Bernard DeVote, weil er einen neuen Zweig der historischen Literaturkritik begründet hat;

Dr. John D. Clark, Experte für Raketentreibstoff, Autorität auf dem Gebiet der Hyborian Kultur und Mitglied der Baker Street Irregulars, für die Erlaubnis, so umfangreiche Abschnitte aus seinen vorläufigen Mitteilungen über die Abstammung Nero Wolfes zu zitieren;

Alex D. Hawkes und seinen Verlegern, Harper und Row, für ihre von mir bereits erwähnte freundliche Unterweisung in Sachen Orchideen;

und schließlich natürlich Rex Stout.

In deutscher Übersetzung erschienen von Rex Stout:

Aufruhr im Studio (More Deaths Than One),
Kriminalroman, 1969

Blei ist ungesund (Before I Die),
Kriminalroman, 1963

Blutige Blaubeeren (Death Of A Dude),
Kriminalroman, 1970 – Ullstein Buch Nr. 1308

Das Geheimnis der Bergkatze (The Mountain Cat Murders),
Kriminalroman, 1966

Das grosse Fragezeichen (The Mother Hunt),
Kriminalroman, 1965 – Ullstein Buch Nr. 1326

Das Plagiat (Plot It Yourself),
Kriminalroman, 1963 – Ullstein Buch Nr. 911

Das tönende Alibi (Alphabet Hicks),
Kriminalroman, 1961

Das zweite Geständnis (The Second Confession),
Kriminalroman, 1958 – Ullstein Buch Nr. 744

Der Mord im Waldorf Astoria (The Silent Speaker),
Kriminalroman, 1952

Der rote Bulle (Some Buried Caesar),
Kriminalroman, 1957 – Ullstein Buch Nr. 735

Der rote Wollfaden (Read Threads),
Kriminalroman, 1961

Der Schein trügt (If Death Ever Slept),
Kriminalroman, 1962 – Ullstein Buch Nr. 879

Die Champagnerparty (Champagne For One),
Kriminalroman, 1962 – Ullstein Buch Nr. 859

Die geheimnisvolle Melone (The Hand In The Glove),
Kriminalroman, 1964

Die goldenen Spinnen (The Golden Spiders),
Kriminalroman, 1955 – Ullstein Buch Nr. 797

Die Gummibande (Rubber Band),
Kriminalroman, 1957

Die Lanzenschlange (Fer-de-lance),
Kriminalroman, 1968

Die Liga der furchtsamen Männer (The League Of Frightened Men),
Kriminalroman, 1968

Die rote Schatulle (The Red Box),
Kriminalroman, 1963

DIE SÜNDEN DER VÄTER (The Father Hunt),
Kriminalroman, 1968 – Ullstein Buch Nr. 1209
DIE ZERBROCHENE VASE (The Broken Vase),
Kriminalroman, 1960
ERSTENS KOMMT ES ANDERS . . . (The Final Deduction),
Kriminalroman, 1964 – Ullstein Buch Nr. 961
GAMBIT (Gambit),
Kriminalroman, 1966
GAST IM 3. STOCK (Out Goes She),
Kriminalroman, 1956 – Ullstein Buch Nr. 97
GIFT A LA CARTE (Poison A La Carte),
METHODE 3 (Method Three For Murder),
2 Kriminalerzählungen, 1964 – Ullstein Buch Nr. 982
HEIKLE GÄSTE – 2 Kriminalgeschichten –
DER GEFLÜGELTE REVOLVER (The Gun With Wings) und
EIN ZEUGE VERSTUMMT (Too Many Detectives),
1964
LEICHE IM BESTEN VERHÄLTNIS (Death Of A Doxy),
Kriminalroman, 1967 – Ullstein Buch Nr. 1140
MORD IM BUNGALOW (Double For Death),
Kriminalroman, 1964
MORDE JETZT, ZAHLE SPÄTER (Trio For Blunt Instruments),
3 Kriminalstories, 1966 – Ullstein Buch Nr. 1100
NUR ÜBER MEINE LEICHE (Over My Dead Body),
Kriminalroman, 1969
ORCHIDEEN FÜR SECHZEHN MÄDCHEN (Murder By The Book),
Kriminalroman, 1959 – Ullstein Buch Nr. 774
PER ADRESSE MÖRDER X (The Doorbell Rang),
Kriminalroman, 1968 – Ullstein Buch Nr. 1167
P. H. ANTWORTET NICHT (Might As Well Be Dead),
Kriminalroman, 1961 – Ullstein Buch Nr. 839
SCHWARZE ORCHIDEEN (Black Orchids),
DER TOD GIBT SICH DIE EHRE (Cordially Invited To Meet Death),
2 Kriminalerzählungen, 1964 – Ullstein Buch Nr. 991
SIE WERDEN DEMNÄCHST STERBEN (Help Wanted, Male),
Kriminalroman, 1963
SOGAR IN DEN BESTEN FAMILIEN (In The Best Families),
Kriminalroman, 1967.
1. Auflage unter dem Titel DER HUND KANNTE DEN TÄTER,
1952

Tod eines Dämons (The Death Of A Demon),
Ene mene Mörder mo (Eeny meeny Murder Mo),
2 Kriminalerzählungen, 1965 — Ullstein Buch Nr. 1003
Tod in zwei Raten;
Das Fenster in den Tod (A Window For Death),
Alibi nach Mass (Bullet For One),
2 Kriminalerzählungen, 1965
Verworrene Fäden;
Der nächste Zeuge (The Next Witness),
Wenn ein Mann mordet ... (When A Man Murders),
2 Kriminalerzählungen, 1966
Vor Mitternacht (Before Midnight),
Kriminalroman, 1961 — Ullstein Buch Nr. 816
Wenn Licht ins Dunkle fällt (A Right To Die),
Kriminalroman, 1967 — Ullstein Buch Nr. 1138
Zu viele Frauen (Too Many Women),
Kriminalroman, 1958
Zu viele Klienten (Too Many Clients),
Kriminalroman, 1961 — Ullstein Buch Nr. 933
Zu viele Köche (Too Many Cooks),
Kriminalroman, 1959 — Ullstein Buch Nr. 765

Nicolas Freeling

Valparaiso

Ullstein Buch 2819

Eine alte morsche Jacht, das ist Raymond Kapitans Heimat. Mit diesem Boot will er das Ziel seiner unerfüllten Sehnsucht erreichen: Valparaiso. Nur Geld fehlt noch — doch wie man das per Einbruch rasch erhält, weiß die Freundin. Die Tat gelingt, aber die Polizei kommt Raymond auf die Spur. Bei schwerem Sturm flieht er mit der ramponierten Jacht ...

ein Ullstein Buch

Len Deighton

Finale in Berlin

Ullstein Buch 2647

Gefahrenzulage — wenn auch nicht für alle dreiundzwanzig der hier protokollierten Tage aus dem Leben eines britischen Geheimagenten — hätte der mit Spezialauftrag in Berlin eingetroffene Mann aus London gewiß verdient: gilt es doch, einen sowjetischen Wissenschaftler unter den Augen salutierender Vopos via Checkpoint Charlie aus dem Ostsektor der Stadt per Sarg nach West-Berlin zu schmuggeln — lebend, versteht sich.
»Brillant konstruiert, extravagant stilisiert« nannte »Der Spiegel« diese spannungsgeladene Spionagestory.

ein Ullstein Buch

Raymond Chandler

Der tiefe Schlaf

Ullstein Buch 2705 ▪

Daß der Auftrag, sich des Erpressers seines neugewonnenen millionenschweren Klienten anzunehmen und gegebenenfalls Verhandlungsbereitschaft erkennen zu lassen, so rasch hinfällig werden sollte, hat Privatdetektiv Philip Marlowe wahrlich nicht vermuten können. Dabei hatte er bereits in Erfahrung gebracht, daß besagter Erpresser mit einem auf Erotika spezialisierten Buchhändler identisch ist; besonderes Kennzeichen: lebhaft funkelndes Glasauge. Eben dies Glasauge ist jedoch wenig später das weitaus Lebendigste an jenem Manne . . .

ein Ullstein Buch